臺灣歷史與文化 研究輯刊

八 編

第 22 冊

日據時期在台日人小說重要主題研究

林慧君 著

花木蘭文化出版社

國家圖書館出版品預行編目資料

日據時期在台日人小說重要主題研究／林慧君 著 -- 初版 -- 新
北市：花木蘭文化出版社，2015〔民104〕
目 4+246 面；19×26 公分
（臺灣歷史與文化研究輯刊 八編：第22冊）
ISBN 978-986-404-448-1（精裝）
1. 小說 2. 文學評論 3. 日據時期
733.08   104015145

ISBN- 978-986-404-448-1

臺灣歷史與文化研究輯刊
八 編 第二二冊   ISBN：978-986-404-448-1

日據時期在台日人小說重要主題研究

作　　者　林慧君
總 編 輯　杜潔祥
副總編輯　楊嘉樂
編　　輯　許郁翎
出　　版　花木蘭文化出版社
社　　長　高小娟
聯絡地址　235 新北市中和區中安街七二號十三樓
　　　　　電話：02-2923-1455／傳眞：02-2923-1452
網　　址　http://www.huamulan.tw 信箱 hml 810518@gmail.com
印　　刷　普羅文化出版廣告事業
初　　版　2015 年 9 月
全書字數　216243 字
定　　價　八編 29 冊（精裝）台幣 58,000 元

日據時期在台日人小說重要主題研究

林慧君　著

作者簡介

林慧君，淡江大學中國文學學系博士，現任長庚科技大學通識教育中心副教授。著作有：博士論文《日據時期在台日人小說重要主題研究》（2009）、碩士論文《晚清小說中所反映的中國商業界》（1989），曾獲國立臺灣文學館「台灣文學研究論文獎助」。近期有單篇論文〈新垣宏一小說中的台灣人形象〉、〈南方文化的理念與實踐——文藝臺灣作品研究〉、〈火野葦平與日據時期在台日人的戰爭書寫〉等。

提　　要

　　日據時期有不少日本人作家活躍於台灣文壇，筆者將日據時期在台日人小說視為「在台灣時空下發生的文學書寫」，認為研究在台日人作家對殖民地台灣感受的普遍性與個別性，以及對殖民地描寫的共同特色與個別差異，有助於完整掌握日據時期的台灣文學樣貌。

　　本論文以「日據時期在台日人小說重要主題」為研究課題，在台日人是指日據時期在台灣出生、從事文學活動，以及在日本出生但久居台灣並從事文學活動的日本人，他們以日文創作的新小說作為研究對象。但有部分作者只在台灣有短暫生活或旅行的經驗，卻以台灣的人、事、物為小說題材，完成後於日據時期發表在日本，這些小說也是本論文參酌的探討的對象。

　　本研究採文獻與文本分析法，蒐集日據時期雜誌，如《臺灣文藝》（臺灣文藝聯盟）、《臺灣新文學》、《文藝臺灣》、《臺灣文學》、《臺灣時報》、《臺灣新聞》、《臺灣公論》、《臺灣鐵道》、《臺灣文藝》（臺灣文學奉公會）、《旬刊臺新》、《新建設》、《臺灣新報》等所刊載的日人小說，以及日據時期刊行的小說集，進行文本原典閱讀、分析、比較，歸納出在台日人小說的六個重要主題，透過不同作家小說文本的對照分析，進行主題詮釋，論述在台日人小說的時代特色，並以反殖民的觀點提出評價。

　　對在台日人作家而言，「台灣文學」的意義是建立在「台灣」作為「日本新領土」、「日本南進基地」之下，因此仍不能跳脫以殖民地文學的特殊性供養、附庸帝國文學的姿態。本論文所歸納出的六個重要主題，也是作家所反映的殖民地重要問題。論及的在台日人作家，生活在封閉性殖民者社會，面對殖民地社會與人民，總有身為純日本人的優越意識，因而侷限了他們對台灣人民族處境的觀察與理解，潛藏著殖民父權體系的鄙夷視線。

　　台灣原住民在殖民宗主國的經濟利益考量下，被強迫脫野蠻入文明，直到成為文明的模仿者時，為免令殖民者露出破綻，卻遭禁止越界與噤聲，最終卻引發了令殖民者始終無法釐清原因的「霧社事件」。

　　「台灣女性」成為殖民者建構他者的對象，男性作家筆下的台灣女性並不被賦予主體意識遠離了傳統禮教束縛，在皇民鍊成中對身分認同毫不懷疑或掙扎，形成一種教化功能大於寫實的結果。女性作家較能跳脫統治者殖民地想像的框架，以女性視點反映出被殖民者在認同發展中所面臨的困境。

　　在台日人小說家們企圖為殖民地人民尋找一條成為「真正日本人」的道路。然而不論是透過精神系譜法，或是血統融合法，被殖民者即使已內化為皇民，遇上殖民者如影隨行的純血觀念，即反照出「一視同仁」的矛盾與虛妄。

隨著戰爭的進展，在台日人小說家積極呼應總督府的國策要求，與日本中央文壇同步投入順應時局與配合戰爭宣傳的寫作，從而規避了殖民地問題的深究與解決。透過「歷史小說」將日本帝國統治台灣的歷史，轉化為正當的、現代化的自然進程敘事。

　　日據時期日本人「在台灣時空下發生的文學書寫」，在國家權力的干擾下，無反省、無批判的國策文學成為主流，小說成了戰爭的文宣工具。不僅未能締造新的「外地文學」，本身也呈現出邊緣化現象，與滯礙難展的台灣新文學同樣失去了主體性。這種樹立「南方文學」、「皇民文學」典範的文學觀，注定了無法創作出擁有歷史現實價值的作品。

目

次

第一章　緒　論

第一節　研究動機

　　日據時期有不少日本人作家活躍於台灣文壇，對於這些日人作家的作品是否屬於「台灣文學」的範疇，自四〇年代起有不同的看法。島田謹二以日本中央文壇內地文學為主流的觀念，稱在台日人作家作品為「外地文學」，納入日本文學的一環，卻將同時期的台灣作家排除在文學史外。〔註1〕啟文社黃得時主張與台灣題材有關的作品即屬於台灣文學，在台灣從事文學活動的日本人，不論是長期或短期居住台灣，其作品也列入台灣文學的範疇。〔註2〕戰後文學研究者川村湊認為日本人在殖民地台灣的日文創作，即「日本的台灣文學」。〔註3〕黑川創稱殖民時期以日文創作的作品為「外地的日本語文學」，也包括台灣本土作家作品。〔註4〕尾崎秀樹〈決戰下的台灣文學〉一文中的「台灣文學」涵蓋了在殖民地台灣產生的文學，包括日本人作家及台灣本土作家。〔註5〕

　　對日據時期在台日人作家與作品的歸屬，研究者判斷的基準不盡相同，

〔註1〕〈臺灣の文學的過現未〉，《文藝臺灣》2.2（1941年5月），頁13～14。
〔註2〕〈臺灣文學史序説〉，《台灣文學》3.3（1943年7月），頁3。
〔註3〕《南洋・樺太の日本文學》（東京：筑摩書房，1994年12月），頁16。
〔註4〕《〈外地〉の日本語文学選──南方・南洋／台湾》（東京：新宿書房，1996年1月），頁4。
〔註5〕尾崎秀樹著，陸平舟、間ふさ子共譯，《舊殖民地文學的研究》（台北：人間出版社，2004年3月），頁181～219。

有「外地文學」、「殖民地文學」、「日本語文學」、「日本文學」與「台灣文學」
不同名稱，呈現以「日本文學」為中心或以「台灣文學」為中心的不同意識。
然而時至今日，日據時期在台日人作家與作品並未受日本文學史或台灣文學
史正視，除了它的「殖民性」、「邊緣性」，戰爭期作家屈從統治機構的寫作結
果，也使得此階段的在台日人作品未能獲得整體的觀照與討論。

　　中島利郎在〈「西川滿」備忘錄〉一文中指出：

> 研究被統治者的文學固然重要，但是，能正確地捕捉到統治者這一
> 邊的作家們在當地的感受，以及他們如何表現這些感受，才更能凸
> 顯出被統治者文學的細節部分。〔註6〕

只研究台灣作家的作品，並不能完整掌握日據時期的台灣文壇。本論文將日
據時期在台日人小說視為「在台灣時空下發生的文學書寫」，認為要完整掌握
日據時期台灣文學的發展，在台日人小說家的文學活動與作品的研究是不能
忽略的。

　　針對在台日人小說的相關研究，不論在台灣或者是日本，皆至九○年代
才正式開始。在全面性的研究，或針對個別作家的研究，雖然累積了不少成
果，但廣度與深度都還不能看出在台日人作家對殖民地台灣感受的普遍性與
個別性，以及對殖民地描寫的共同特色與個別差異。因此要凸顯被統治者文
學的細節，尚缺少具體的參照成果。

　　回顧日人作家在台灣的新文學發展，以純文學小說而言，最初受日本大
正時期（1912～26）中央文壇新文學盛行〔註7〕、三○年代無產階級文學盛行
的影響〔註8〕，出現個別零星的創作，隨著台灣的文藝雜誌、報紙創刊發行，
日人作家發表作品的質與量逐漸成長。中日戰爭爆發前後，臺灣的報刊在總
督府軍部的壓力下停止漢文欄，台灣進入戰時體制後，文學作品在語言制約
下發表，在台日人作家逐漸取得文學活動的主導地位。尤其以西川滿為首的
「臺灣文藝家協會」，結合島內台日文藝人士、學術文化菁英，於四○年代發

〔註6〕 涂翠花譯，收入黃英哲編，《台灣文學研究在日本》（台北：前衛出版社，1994
　　　　年12月），頁126～127。

〔註7〕 參考志馬陸平（中山侑），〈青年と臺灣——文學運動の變遷〉8，原刊於《臺
　　　　灣時報》204（1936年11月），引自黃英哲主編，《日治時期臺灣文藝評論集
　　　　雜誌篇》（台南：國家臺灣文學館籌備處，2006年10月）第2冊，涂翠花譯，
　　　　頁199～200。

〔註8〕 參考志馬陸平（中山侑），〈青年と臺灣——文學運動の變遷〉9，前引書，頁232。

行《文藝臺灣》，至 1944 年 1 月第七卷二期停刊爲止，刊載了在台日人的小說約六十部。1941 年 5 月對西川滿編輯方針不滿的張文環、中山侑等人另組「啓文社」發行《臺灣文學》，這個帶有繼承台灣新文學運動傳統的陣營，也有中山侑、中村哲、藤野雄士、田中保男、藤原泉三郎、坂口䙥子等在台日人作家加入，至 1944 年 12 月終刊爲止，《臺灣文學》刊載了約四十篇小說，其中在台日人的小說佔了一半。1944 年 5 月台灣文學奉公會發行機關誌《臺灣文藝》，至 1945 年 1 月爲止，刊登了十幾部小說，以《文藝臺灣》集團的作家佔大多數。此外，自 1920 年至 1945 年爲止，在台日人也刊行了二十多部的小說集，再加上散見於當時各雜誌的小說，目前可知的在台日人純文學小說共約二百部，不論從質或從量的角度而言，此一文學現象值得深入了解與客觀討論。

　　日據時期在台日人的作品，不論名之爲「外地文學」、「殖民地文學」或「日本語文學」，最終仍歸屬於「日本文學」範疇，應放入日本的「昭和文學史」〔註 9〕予以評論與定位。這些日人作品當年並不是對日本內地文學進行時空的移植，而是在殖民地生產的文學，本身包含著政治、文化與戰爭等複雜的問題。因此要正視日本殖民地文學就必須面對戰爭侵略等歷史問題，也不能忽略殖民地人民的視線。筆者希望能在台灣文學發展的觀察點上，針對日據時期日人「在台灣時空下發生的文學書寫」，考察當時在台日本作家如何觀看台灣、如何書寫台灣，尤其對於他們所不能看到或沒能寫出的，是筆者希望能進一步思考的問題。

第二節　研究概況

　　戰後最早鳥瞰日據時期在台日人小說的研究，始於尾崎秀樹六〇年代的論述，尾崎在〈決戦下の台湾文学〉〔註 10〕一文中以苦難深重的民族問題爲座標，討論此一時期的文學作品，在歷史發展的脈絡下評介台籍作家及日籍

〔註 9〕川村湊以「異鄉的昭和文學」視角審視「滿洲國」日本作家作品，觸及日本對亞洲文學、殖民地文學的責任問題。參考川村湊，《異鄉の昭和文學——「滿州」と近代日本——》（東京：岩波書店，1990 年 10 月）。

〔註10〕原載《文学》29（1961 年 12 月）、30（1962 年 4 月），後收入《近代文学の傷痕：旧植民地文学論》（東京：岩波書店，1991 年 6 月）。中文爲陸平舟、間ふさ子共譯，收入《舊殖民地文學的研究》。

作家作品，論及日人作家庄司總一、新垣宏一、濱田隼雄、西川滿、坂口䙡
子等人在台灣時期的小說。七○年代的〈霧社事件と文学──続・植民地文
学の傷痕〉﹝註11﹞討論了佐藤春夫、大鹿卓、中村地平、坂口䙡子等以霧社
事件為素材的小說。尾崎以反省、同情的眼光凝視舊殖民地文學活動，以尊
重異文化傳統的原則評價台灣文學的態度，對日本、台灣的研究者皆有啟示
作用，河原功認為尾崎的台灣文學研究發表至今雖有三十年了，仍值得反覆
閱讀，「因為他讓我的研究可以始終立於台灣文學研究的正確基點……是我
的台灣文學研究源泉、準則和力量。」﹝註12﹞尾崎的研究也是筆者對日據時
期在台日人小說認識與研究的起點，有助於本論文問題意識的形成。

　　河原功自七○年代起，以嚴謹的治學態度提出台灣新文學運動史論，並陸
續針對來台日人佐藤春夫、中村地平與大鹿卓，介紹作家的文學活動，探討
作家描寫台灣經驗的作品。﹝註13﹞由佐藤春夫〈殖民地の旅〉指出佐藤氏在
異國情調文筆之外，表現出對被殖民者台灣知識分子的同情；由中村地平的
台灣題材小說看出中村的台灣憧憬與確立「南方文學」極限的矛盾性；從大
鹿卓《野蠻人》以原住民描寫反思殖民體制統治異族的問題，指出大鹿卓作
品中「野蠻性」的雙向意指，以及作品的控訴意含。〈日本文學中的霧社事件〉
一文，蒐集了至八○年代為止，日本文學中以台灣原住民為題材的作品目錄，
探討霧社事件在文學上的反映，觸及了在台日人返回日本後的作品論，論述
範圍在時間與空間上有更大的開展。河原功有關在台日人作家的先行研究，
對筆者建構論點具有啟發作用。

　　台灣學者對日據時期在台日人小說研究，始於八○年代張良澤發表西川
滿論，有意對西川滿作歷史翻案﹝註14﹞，引起陳映真為文批判﹝註15﹞，文中

﹝註11﹞　〈霧社事件と文学──続・植民地文学の傷痕〉，原載《思想》548（1970年
　　　　2月），後收入《旧植民地文学の研究》（東京：勁草書房，1971年6月）。中
　　　　文為陸平舟、間ふさ子共譯，收入《舊殖民地文學的研究》。
﹝註12﹞　〈由尾崎秀樹《決戰下的台灣文學》所想到的〉，陸平舟、間ふさ子共譯，《舊
　　　　殖民地文學的研究》，頁367。
﹝註13﹞　這些陸續發表的論文，後結集成《台湾新文学運動の展開：日本文学との接
　　　　点》（東京：研文出版，1997年），中譯本為莫素微譯，《台灣新文學運動的展
　　　　開──與日本文學的接點》（台北：全華科技，2004年3月）。
﹝註14﹞　張良澤，〈戦前の台湾に於ける日本文学──西川満を例として〉，《アンドロ
　　　　メダ》125（1980年3月）。
﹝註15﹞　陳映真，〈西川滿與台灣文學〉，《文季》1.6（1984年3月）。

引用近藤正己〈西川滿札記〉〔註16〕的論點，指出西川滿的殖民者觀點與對台灣文學的壓抑，然而並未引起太大影響。九〇年代陳明台、陳藻香皆提出西川滿作品相關研究〔註17〕，主張排除非文學的論點，回歸作家本身的文學活動與文學作品，給予西川滿高度評價。而日本學者中島利郎對西川滿在台時期文學活動與作品的一系列研究，從考察西川在台文學活動等角度化解台灣文學論述中對西川的成見。〔註18〕然而論者聚焦在西川滿的特殊性時，往往忽略作家因「無心」而造成台灣主體性喪失的事實。陳芳明在〈台灣新文學史〉〔註19〕中以「皇民文學的指導者」定位西川滿，從敘事觀點、文學手法等層面，透視前行研究者抽離歷史脈絡而導出的西川式「熱愛台灣」的迷思。有關西川滿不同的研究結果，不但有助於筆者深入探索日據時期在台日人作家的處境，也更督促筆者對原典文本的掌握與分析。

河原功、中島利郎在研究外，還致力在文獻出土、出版、復刻與編目等工作。與在台日人小說家有關的有：河原功監修解題的《旬刊臺新》（綠蔭書房，1999 年）、《新建設》（総和社，2005 年）。中島利郎編有《日本統治期台湾文学小事典》（綠蔭書房，2005 年）、《日本統治期台湾文学集成 22・台湾鉄道作品集二》（綠蔭書房，2007 年）、《日本統治期台湾文学集成 23・「台湾新報・青年版」作品集》（綠蔭書房，2007 年）。中島利郎、河原功合編的，《日本統治期台湾文学日本人作家作品集》6 卷（綠蔭書房，1998 年）。中島利郎、河原功、下村作次郎合編《日本統治期台湾文学文芸評論

〔註16〕 近藤正己，〈西川滿札記〉，初發表於《臺灣風物》30.3、4（1980 年 9 月、12 月），後收入單行本《西川滿札記》（東京：日孝山房，1981 年 2 月），後轉載於《文學季刊》2.3（1984 年 9 月）。

〔註17〕 陳明台，〈西川文學研究──以其臺灣題材之創作爲中心〉（1996 年 11 月），收入《臺灣文學研究論集》（台北：文史哲出版社，1997 年 4 月）；陳藻香，〈日據時代日人在台作家──以西川滿爲中心〉，東吳大學日本文化研究所博士論文（1995 年）。

〔註18〕 參考中島利郎，《日本統治期台湾文学研究序説》（東京：綠蔭書房，2004 年 3 月）；〈日本統治期台湾文学研究──日本人作家の抬頭──西川滿と「台湾詩人協会」の成立〉，《岐阜聖德大学紀要・外国語学部編》44（2005 年）；〈日本統治期台湾文学研究──「台湾文芸家協会」の成立と『文芸台湾』──西川滿「南方の烽火」から〉，《岐阜聖德大学紀要・外国語学部編》45（2006 年）；〈日本統治期台湾文学研究──西川滿論〉，《岐阜聖德学園大学紀要外国語学部編》46（2007 年）。收入《日本人作家の系譜》（東京：研文出版，2013 年），亦包含長崎浩、川合三良、河野慶彦等作家相關研究。

〔註19〕 陳芳明，《台灣新文學史》（台北：聯經，2011 年 10 月），頁 193～199。

集》5 卷（綠蔭書房，2001 年）、《日本統治期台湾文学集成》（綠蔭書房，2002 年、2007 年）。這些努力使得珍貴的文學文獻重現，書中編者針對文獻的解題，以及對在台日人作家年譜的編撰與小說作品的解說等，是本論文界定研究範圍，並掌握在台日人小說家文學活動與文學觀的重要基礎。

　　九〇年代以後台灣出現了研究日據時期在台日人文學的碩士論文。王昭文《日治末期台灣的知識社群（1940～1945）──〈文藝台灣〉、〈台灣文學〉、〈民俗台灣〉三雜誌的歷史研究》〔註20〕探討戰爭時期文壇知識社群與新文化運動的關聯。柳書琴《戰爭與文壇──日據末期台灣的文學活動》〔註21〕對戰爭時期「新體制運動」與文壇興衰的關係，以及《文藝臺灣》與《臺灣文學》的文學主張、台日作家的關係等，運用日文原始史料進行綜合性研究，有助於掌握此時期文壇發展與日人文學觀形成的脈絡。井手勇《決戰時期台灣的日人作家與「皇民文學」》〔註22〕，詳述「皇民文學」一詞從提出到固定化的發展脈絡，以「皇民文學」的定義，針對《文藝臺灣》、《臺灣文學》、《臺灣文藝》所刊載的日人小說，以廣泛的文本調查與題材分類進行探討，雖然對小說文本的分析不夠深入，但他以檢討歷史的態度對日據時期在台日人小說提出切中的評論，具有高度參考價值。邱雅芳針對日據時期皇民化文學台人／日人的男性／女性作家四種不同性格文本的交叉分析，探討作家筆下呈現的戰爭與女性形象，對在台日人庄司總一、西川滿、龜田惠美子、坂口襆子的代表作有深入的論述，之後更持續對佐藤春夫、中村地平的台灣相關作品發表單篇論文。〔註23〕

〔註20〕王昭文，《日治末期台灣的知識社群（1940～1945）──〈文藝台灣〉、〈台灣文學〉、〈民俗台灣〉三雜誌的歷史研究》，清華大學歷史研究所碩士論文（1991年）。

〔註21〕柳書琴，《戰爭與文壇──日據末期台灣的文學活動》，台灣大學歷史學研究所碩士論文（1994 年）。近年〈誰的文學？誰的歷史？──日據末期台灣文壇主體與歷史詮釋之爭〉（《新地文學》4，2008 年 6 月）一文，聚焦在探討「皇民文學」出現之整體背景與經過，以及日台文藝知識分子在其間所扮演的角色，令筆者能更確切掌握在台日人學者、作家的文學活動與文學觀。柳教授長期投入日據時期台灣文學的研究，成果豐碩，筆者口試期間承蒙指點許多論述上的問題，受益良多，謹此誌謝。

〔註22〕井手勇，《決戰時期台灣的日人作家與「皇民文學」》，成功大學歷史研究所碩士論文（1995 年），2001 年 12 月由台南市立圖書館出版。

〔註23〕邱雅芳，《聖戰與聖女：以皇民化文學作品的女性形象爲中心（1937～1945）》，靜宜大學中文研究所碩士論文（2001 年）。單篇論文有：〈荒廢美的系譜──

　　針對日據時期在台日人作家的個別研究論文也陸續展開，如大原美智的坂口䙾子研究，松尾直太的濱田隼雄研究，橋本恭子的島田謹二「外地文學論」研究，鳳氣至純平的中山侑研究，邱若山對佐藤春夫台灣相關作品的系列探討，〔註24〕使得此階段具代表性作家、評論家的文學活動與作品，以及在文壇的地位與影響等呈現出個別的樣貌。以上各家的研究成果，是筆者掌握在台日人小說家在台灣文壇發展情形，以及面對小說文本分析細節時的重要參考。

　　九○年代以來日本有關日據時期在台日人作家的研究頗具深度，星名宏修對庄司總一、坂口䙾子、德澄晶、河野慶彥等單篇小說的深入分析非常有特色〔註25〕，特別點出在台日人小說中「血液政治學」的重點，以及殖民者描述被殖民者所可能產生的「共鳴的臨界點」，對於本論文研究主題的切入點與反殖民觀點的建立深具啓發性。此外，阮文雅從「南方文學」的視角分析中村地平的作品〔註26〕，李文茹從性別角度對日據時期中村地平、坂口䙾

試探佐藤春夫《女誠扇綺譚》與西川滿《赤崁記》〉，《文學與社會學研討會：2004青年文學會議論文集》（台南：國家台灣文學館，2004年12月）；〈殖民地的隱喻：以佐藤春夫的台灣旅行書寫爲中心〉，《中外文學》34卷11期（2006年4月）；〈南方與蠻荒──以中村地平的《臺灣小說集》爲中心〉，《台灣文學學報》8（2006年6月）。

〔註24〕大原美智，《坂口䙾子研究》，成功大學歷史研究所碩士論文（1996年）；松尾直太，《濱田隼雄研究──日本統治時期台灣1940年代的濱田文學──》，成功大學歷史研究所碩士論文（2000年），2007年12月以書名《濱田隼雄研究──文學創作於台灣（1940～1945）》由台南市立圖書館出版；邱若山，《佐藤春夫台灣旅行關係作品研究》（台北：致良出版社，2002年9月）；橋本恭子，《島田謹二〈華麗島文學志〉研究──以「外地文學論」爲中心》，清華大學中國文學系碩士論文（2003年）；鳳氣至純平，《中山侑研究──分析他的「灣生」身分及其文化活動》，成功大學台灣文學研究所碩士論文（2006年）。

〔註25〕星名宏修尚無專著問世，已發表有關在台日人小說家研究的論文如：〈大東亞文學賞受賞作『陳夫人』を読む〉，《中国文学あれこれ》43（1998年）；〈「血液」の政治学──台湾「皇民化期文学」を読む〉，《日本東洋文化論集》7（2001年）；〈植民地の「混血児」──「内台結婚」の政治学〉，收入藤井省三、黄英哲、垂水千惠等著，《台湾の大東亜戦争──文学・メディア・文化》（東京：東京大學出版社，2002年12月）；〈共感の「臨界点」──德澄晶の作品を読む〉，《野草》73（2004年）；〈「兇蕃」と高砂義勇隊の「あいだ」──河野慶彥「扁柏の蔭」を読む〉，《野草》75（2005年）。

〔註26〕阮文雅發表的論文有：〈憧憬與嫌惡的交界──中村地平《熱帶柳的種子》〉，《東吳日語教育學報》（2002年）；〈中村地平「霧の蕃社」──重層的なジレンマ〉，《現代台湾研究》24（2003年）；〈中村地平「長耳国漂流記」におけ

子小說的分析探討〔註27〕，筆者也曾從「身分認同」、「女性形象」兩個主題，針對坂口䙡子的小說作過一些討論〔註28〕。這些研究成果呈現了在台日人小說在總體發展特色下的個別差異，有助於觀察同一主題下的不同面向表現。

　　以上有關日據時期在台日人小說前行研究的回顧結果，可知文獻出土、出版、復刻的發達，與研究成果的與日俱增是相輔相成的，然而對照七〇年代以來針對日據時期台灣新文學研究的發展與成果〔註 29〕，同時期的在台日人新文學發展，不論是小說作家或小說作品，尚未獲得全盤性研究，而日據時期在台日人小說的研究是掌握此一共生歷史階段文學版圖不可缺的一角。筆者從台灣文學歷史發展的視角，針對日據時期在台日人小說所進行的觀察與論述，不但是個人學習與文學對話的歷程，也是一次藉自我對話完成去殖民痕跡的經驗。筆者希望藉著此一論題的開展，能對日本殖民地文學提出些許在地化思考的結果。

第三節　研究範圍與方法

　　本論文以「日據時期在台日人小說重要主題」為研究課題，在台日人是指日據時期在台灣出生、從事文學活動，以及在日本出生但久居台灣並從事文學活動的日本人，以他們在日據時期創作的純文學新小說為研究對象。但有部分作者只在台灣有短暫生活或旅行的經驗，卻以台灣的人、事、物為小

　　　　る台湾観〉，《天理台湾学会年報》12（2003 年）。2005 年以《中村地平研究
　　　　——「南方文学の理想と現実」》作為廣島大學博士論文。
〔註27〕 李文茹發表的論文有：〈偽装アイデンティティ——坂口䙡子「鄭一家」をめ
　　　　ぐって〉，《表現と創造》3（2002 年）；〈坂口䙡子の移民小説と戦争協力〉，《天
　　　　理台湾学会年報》13（2004 年）；〈「蕃人」・ジエンダー・セクシュアリティ
　　　　——真杉静枝と中村地平による植民地台湾表象からの一考察〉，《日本台湾
　　　　学会報》7（2005 年）。2005 年以《帝国女性と植民地支配 1930〜1945 にお
　　　　ける日本人女性作家の台湾表象》作為名古屋大學博士論文。
〔註28〕 林慧君，〈坂口䙡子小說人物的身分認同——以《鄭一家》、《時計草》為中心〉，
　　　　《台灣文學學報》8（2006 年 6 月）、〈殖民帝國女性之眼——論坂口䙡子小說
　　　　中的台灣女性形象〉，《中外文學》36 卷 1 期（2007 年 3 月）。
〔註29〕 參考許俊雅，《日據時期臺灣小說研究》（台北：國立編譯館，1999 年 9 月初
　　　　版二刷）緒論；呂正惠，〈日據時代台灣新文學研究的回顧——七〇年代以來
　　　　台灣地區的研究概況〉，收入《殖民地的傷痕——台灣文學問題》（台北：人
　　　　間出版社，2002 年 6 月）；中島利郎、河原功、下村作次郎、黃英哲編，《日
　　　　本統治期台湾文学研究文献目録》（東京：綠蔭書房，2000 年 3 月）。

說題材，完成後於日據時期發表在日本，這些小說也是本論文參酌探討的對象。

　　1945 年 8 月日本宣布投降後，在台日人陸續被遣返。返回日本的在台日人作家中，西川滿、坂口䙾子繼續以台灣的殖民地經驗作為創作的題材，這些完成於戰後遠離戰爭體制下的殖民地書寫，值得深入研究並與在台時期相關作品對照，以比較作家戰時與戰後觀點的異同，進一步剖析作家的「台灣觀」。由於論述範圍、主題方向稍不同，故本論文暫不討論在台日人作家於戰後完成的小說，將作為日後研究的課題。

　　本研究採文獻與文本分析法，初步以日據時期新文學雜誌為蒐集範圍中心，主要有《臺灣文藝》（臺灣文藝聯盟）、《臺灣新文學》、《文藝臺灣》、《臺灣文學》、《臺灣文藝》（臺灣文學奉公會），以及日據時期刊行的小說集、近年日本出版的復刻本小說集，以掌握重要作家與小說作品。其次再依作家別蒐集刊載在非文藝性雜誌上的小說，主要有《旬刊臺新》、《新建設》、《臺灣新報》，《臺灣時報》、《臺灣新聞》、《臺灣公論》、《臺灣鐵道》等。之後針對所蒐集的文本進行原典閱讀、分析、比較。

　　由於筆者的時間與能力有限，現階段尚不能對整個日據時期在台日人小說進行文本蒐集、閱讀與分析，而筆者所要深究的是殖民地的相關問題，因此在以「重要主題」為研究導向的前提下，未能納入本論文主題下討論的小說〔註30〕，以及文本蒐集時未納入範圍的刊載在報紙，如《臺灣日日新報》、《新高新報》、《臺南新報》等的在台日人小說，為數不少，都可能具有豐富的議題性，將留待今後再深究討論。

　　目前歸納出的六個主題分成「原住民」、「台灣女性」、「農業移民」、「身分認同問題」、「聖戰」和「歷史小說」，是由「身分」和「認同」兩大主軸交互影響形成的，出現在日人小說中「身分」較明顯的有在台日本人、灣生、日台混血兒、漢人、原住民，這些不同的「身分」加上不同位階，在面對殖民地移民、同化、教化、皇民化、內台融合、通婚、戰爭等現象所產生的「認同」問題，是在台日人小說所反映出的殖民地問題。

　　歸納出在台日人小說的重要主題後，對描寫各主題的作家生平、背景加以整理，並綜合相關作品評論加以論述。針對每一重要主題，閱讀相關的政

〔註30〕筆者就所見在台日人新小說製成目錄，表一為本論文列入主題討論的小說，
　　　　表二為本論文未列入討論的小說，以供參考，請參見本論文附錄一。

治、社會、教育、文化等中、日文研究成果，以掌握小說主題生成的時代動脈與思想風氣。透過不同作家小說文本的對照分析，進行主題詮釋，論述在台日人小說的時代特色，並以反殖民的觀點提出評價。

根據筆者所見的日據在台日人小說，以作者姓名計算約有六十位，生平不詳者仍占多數，這些作品雖然無法知人，但其作品也可作為論世的參考，在論文中針對主題需要加以引用討論。生平可考者，分別來自日本不同地區，普遍具有高教育程度，面對殖民地社會與人民，具有身為純日本人的優越意識。他們都不是專職作家，在台灣大部分從事教職，如擔任小學教師的坂口䙥子（婚後居住台中）、大河原光廣、德澄晶、龜田惠美子，任教於高等學校的河野慶彥、濱田隼雄、新垣宏一等。或在總督府所屬機關工作，如文教局編修課的新田淳、台北放送局文藝部的吉村敏，以及在總督府支持的《臺灣日日新報》文藝欄任編輯近十年的西川滿。女性作者只見坂口䙥子、德澄晶、龜田惠美子和英文子，但能展現女性不同於男性作家關懷的層面，尤其坂口䙥子、德澄晶對皇民化在家庭中引發的微妙變化，能深入人物內心的刻劃，較能獲得讀者共鳴。

在眾多日人作家中，小說創作量最多是西川滿，相關評論研究也很豐富〔註31〕。西川滿的小說除了表現個人特色外，也呈現了在台日人作家較常顯露的囿於殖民支配者的觀點，缺乏對台灣傳統社會與台灣人實際生活的理解與尊重。但通觀近兩百多篇的日人小說，作品風格仍有個別差異，很難以西川滿個人的文學趣味作為全體在台日人小說家的代表。雖然個別作家的研究是深化作品研究的重要基礎，但本論文採取小說的重要主題作為討論的切入點，以西川滿為例，將他的小說放在同類主題下，與其他在台日人小說作品一起討論，可以看出西川滿與同時期在台日人作家取材與寫作方向的共通性，也能凸顯個人特色。而藉由同一主題的對照，可以看出作家間的差異，梳理出整體發展的脈絡。

在台日人純文學小說創作，從初期的零星創作，經過近二十年的發展，在國家權力的干擾下，無反省、無批判的文學成為主流，不僅未能締造新的「外地文學」，台灣新文學的發展也因此滯礙難行。但在與日本中央文壇呼應

〔註31〕 可參考中島利郎編，〈西川滿研究文獻目錄〉，中島利郎、河原功編，《日本統治期台灣文學日本人作家作品集》第2卷（東京：綠蔭書房，1998年7月），頁491～507。

之際，也呈現了殖民地文學的特色，這些在台日人的小說，在描寫殖民統治者、台灣人民、台灣社會各層面的現象時，與台籍小說家的觀點十分不同，作品取材方向也殊異。爲完整掌握日據時期台灣文學發展的情形，這些主題都值得深入探討，而如何掌握在台日人小說整體特性，又不失對個別作家特色的觀察、陳述，也是本論文期望能達到的目標。

本論文的章節架構，除第一章緒論，第九章結論外，第二章以「在台日人小說家的文學活動與文學觀」以及「在台日人小說家生平傳略」，探討「在台日人小說的發展」。從第三章到第八章，從探討在台日人小說中視「原住民」爲野蠻他者以確立自身的文明性，展開殖民帝國在台灣的統治教化論述，探討受父權宰制與具教化功能的台灣女性形象，隱含帝國統治的象徵意義。接著將視線移向殖民地的殖民者，以農業移民作爲弱勢殖民統治者與封閉性殖民社會的問題探討對象。在殖民政府積極推行皇民化運動的時代氣氛下，帶出殖民土地上人的「身分認同」問題意識。隨著大東亞戰爭向南開展的趨勢，帶出了爲「聖戰」宣傳的國策文學探討，最後進入統治者以小說改造、演繹歷史的敘事討論。各章分別以「在想像與現實間的原住民形象」、「殖民統治與台灣女性形象」、「殖民地的農業移民」、「『皇民化』下的身分認同」、「國策宣傳與聖戰書寫」、「歷史敘事與日本統治合理化」作爲標題，在各自論述之際，也盡可能作到各章節間的呼應貫通。

第二章　在台日人小說的發展

第一節　在台日人小說家的文學活動與文學觀 〔註1〕

　　甲午戰爭的結果，台灣成為日本的殖民地，直到 1945 年日本投降為止，日本在台灣統治了五十年。處於帝國殖民統治下的台灣新文學，直至二〇年代以後，在文學語言、理論和創作範式上，受到中國新文學深刻影響而誕生。一開始被包含在社會運動內的台灣新文學運動，從剛開始帶有強烈民族主義色彩，逐漸受到共產主義或無政府主義影響。經過分裂、連繫後趨向多元化，並轉為普羅文化運動，至三〇年代中期已發展臻飽滿圓熟的地步。但在日本帝國主義高壓政策下，三〇年代台灣政治運動陷入低潮逆境，使得台灣新文學運動走向自主成熟，有了獨立作戰的陣地隊伍，並進一步與大眾聯繫，吸取民間文學的藝術養分，形成文藝大眾化的思想，全島性文藝團體相繼成立，文藝雜誌陸續創刊。〔註2〕

〔註1〕　學界對日據時期的新文學發展研究，從六〇年代尾崎秀樹的〈決戰下の台湾文学〉，七〇年代河原功的〈台湾新文学運動の展開：日本文学との接点〉，到九〇年代碩士論文，王昭文《日治末期台灣的知識社群（1940～1945）──〈文藝台灣〉、〈台灣文學〉、〈民俗台灣〉三雜誌的歷史研究》、柳書琴《戰爭與文壇──日據末期台灣的文學活動》、井手勇《決戰時期台灣的日人作家與「皇民文學」》，以及近年橋本恭子《島田謹二〈華麗島文學志〉研究──以「外地文學論」為中心》、柳書琴《荊棘之道：臺灣旅日青年的文學活動與文化抗爭》（台北：聯經出版事業，2009 年 5 月），已累積了相當的成果，為本節敘述依據。

〔註2〕　參考趙遐秋、呂正惠主編，《台灣新文學思潮史綱》（台北：人間出版社，2002 年 6 月），頁 96；河原功著，莫素微譯，《台灣新文學運動的展開──與日本

　　1895 年台灣成爲日本的殖民地後，在台發行的報刊雜誌陸續出現日人的小說作品。黃美娥研究指出，1896 年創刊的《臺灣新報》，發刊四個月後首見日文小說刊登，至 1898 年起陸續出現小說連載，其中也有日本內地作家的作品，初期以娛樂性高的通俗小說爲多。〔註3〕在台日人的新文學小說創作，受到日本中央文壇新文學盛行的影響，在進入大正時期（1912～26）以後才逐漸增加。但由於經費因素，即使有相當多文學愛好者和文學青年，但尚未出現能刊登小說篇幅的綜合雜誌，而篇幅短小的新詩雜誌反較盛行。〔註4〕以西川滿爲主的台北一中畢業生，1924 年 5 月發行了以小說爲中心的《櫻草》，受到青年讀者的注意。〔註5〕至 1926 年 9 月止共刊行十四集，西川滿自己發表了十篇小說、兩篇長篇小說等。〔註6〕《櫻草》的同仁進入台北高等學校後，活躍於雜誌《翔風》。創刊於 1926 年 3 月的《翔風》，由英語科教授林原指導，並透過讀書會向學生介紹日本文壇的動態、文學運動的潮流。由於該校年輕教授與學生共同參與，《翔風》的頁數一期比一期增多，新詩、小說作品內容也十分豐富。但學生漸漸不能滿足只有同校學生才能閱讀的限制，在 1927 年 2 月創辦文藝雜誌《足跡》，創刊號將近兩百頁的規模，聚集了《翔風》的中堅人物如濱田隼雄、中村地平等。雖然《足跡》只發行二期，但爲當時文藝界注入新活力，許多文藝雜誌陸續出現，只是作品品質大多不如《翔風》、《足跡》。〔註7〕以台北高校生爲中心的年輕文藝愛好者的活動，爲當時在台日人文藝界帶來新的風氣，中心人物西川滿、濱田隼雄和中村地平等人回日本讀大學後，又回到台灣定居或旅行，在四○年代的台灣文藝界繼續發揮影響。

　　1928 年到 1930 是無產階級文學在日本文壇盛行的時期，1928 年台灣有

文學的接點》，頁 120～121。

〔註3〕參考黃美娥，〈二十世紀初期台灣通俗小說的女性形象──以李逸濤在《漢文臺灣日日新報》的作品爲討論對象〉，《台灣文學學報》5（2004 年 6 月），頁 7～8。

〔註4〕參考志馬陸平（中山侑），〈青年と臺灣──文學運動の變遷〉8，前引書，頁 199～200。井手勇將明治至昭和時期刊登新詩、小說的雜誌名稱製成表，可參考《決戰時期台灣的日人作家與「皇民文學」》，頁 21～22，表 1、表 2。

〔註5〕參考志馬陸平（中山侑），〈青年と臺灣──文學運動の變遷〉9，前引書，頁 225～226。

〔註6〕中島利郎編，〈西川滿著作年譜（戰前）〉，收入中島利郎、河原功編，《日本統治期台灣文學日本人作家作品集》第 2 卷，頁 420～422。

〔註7〕參考志馬陸平（中山侑），〈青年と臺灣──文學運動の變遷〉9，前引書，頁 229～232。

部分高校學生組成「社會科學研究會」，印刷《プロ文學》（普羅文學）雜誌，但在出刊前即遭禁。1929 年 9 月藤原泉三郎、上清哉等編輯創刊《無軌道時代》，藤原泉三郎在第 3 號（1929 年 11 月）發表代表作〈陳忠少年の話〉（陳忠少年的故事）。《無軌道時代》從第 2、3 號開始急劇強化馬克思主義思想，但尚未出現無產階級文學色彩鮮明的作品，在同年 12 月停刊。〔註 8〕上清哉、藤原泉三郎計畫為「全日本無產者藝術連盟」機關誌《戰旗》設立台灣分社，同時與台灣共產黨中央委員謝氏阿女（謝雪紅）、王萬得、「臺灣文化協會」、農民組合的幹部保持聯絡，預備刊行《殖民地臺灣》雜誌等，然因遭檢舉而受挫。〔註 9〕

　　1930 年 11 月藤原泉三郎將發表在《無軌道時代》、《臺灣日日新報》的新詩、小說和戲曲等，結集成書《陳忠少年の話》（台北，文明堂書店）出版，並有上清哉的跋〈藤原泉三郎と僕〉（藤原泉三郎與我）。河原功指出集中作品除了〈陳忠少年の話〉對少年陳忠跟隨盲眼按摩師不得溫飽的困頓生活描寫較深刻外，其他皆稱不上佳作。這也反映了當時台灣的文學既缺少全島性規模的文藝組織，又缺乏可發表作品的刊物或文藝欄，日語的讀書市場也尚未形成，在這種封閉狀態下完成的不成熟作品，〔註 10〕顯示出文藝青年投身文學活動的熱誠大於創作成果。

　　1931 年 6 月，平山薰、上清哉、藤原泉三郎、別所孝二，以及台灣人作家王詩琅、張維賢等三十九人成立「臺灣文藝作家協會」，8 月發行機關誌《臺灣文學》，但創刊號即因內容不妥遭查扣。由於協會內部紛爭、日趨左傾，加上《臺灣文學》一再遭禁，翌年 6 月發行了第 2 卷第 3 號後，協會自然消滅。〔註 11〕另一方面，台灣新文學運動經歷了鄉土文學與台灣話文論爭的過程，賴和等白話文作家已發表了不少傑出的小說，以日文寫作的楊逵、呂赫若、龍瑛宗等作家的作品，作為殖民地文學被刊登在日本文壇的雜誌〔註 12〕。

〔註 8〕 同前注，頁 232～233；井手勇，前引書，頁 26。。

〔註 9〕 參考臺灣總督府警務局編，《臺灣總督府警察沿革誌第二編・領臺以後の治安狀況中卷》（東京：綠陰書房，1986 年 9 月），頁 294～295；井手勇，前引書，頁 26～27。

〔註 10〕 參考河原功，〈陳忠少年の話解題〉，《日本植民地文学精選集》台湾編 9（東京：ゆまに書房，2001 年 9 月），頁 5～6。

〔註 11〕 參考臺灣總督府警務局編，前引書，頁 296～309；井手勇，前引書，頁 27。

〔註 12〕 楊逵〈新聞配達夫〉（送報伕）1934 年獲得《文學評論》文學獎；1935 年 1 月《文學評論》刊登了呂赫若〈牛車〉；1936 年龍瑛宗〈パパイヤのある街〉

　　1930 年代後《南音》、《フォルモサ》（福爾摩莎）、《先發部隊》、《第一線》、《臺灣文藝》、《臺灣新文學》等文藝雜誌的創刊，以及日刊《臺灣新民報》、《臺灣新聞》的發行，使得作家發表、論爭的舞台增加，也可見當時台灣文藝活動蓬勃發展的情形。〔註13〕

　　《フォルモサ》（福爾摩莎）是 1933 年在東京成立的「臺灣藝術研究會」發行的機關誌，表現了在東京台灣人對新文學的深切關心，促使「臺灣文藝協會」在同年 10 月成立，接著 1934 年在台中成立「臺灣文藝聯盟」，發行機關誌《臺灣文藝》，幾乎網羅了全台灣的作家，河原功統計其中約有七十名日本人（佔 17%）。1935 年 12 月楊逵等人另創《臺灣新文學》，日人作家藤原泉三郎、藤野雄士、田中保男等加入編輯工作。〔註14〕筆者觀察在台日人在《臺灣文藝》、《臺灣新文學》上發表的小說，質與量較先前明顯成長，小說主題有許多是描寫弱勢階層的，如咖啡女侍者、妓女、貧賤夫妻、女工、窮人、盲人、佃農等，但並沒有很明顯的在地特色，或許可以解釋為普羅文學理念是沒有民族差別的。他們雖然意識到普遍階級間的壓迫，正如趙勳達指出未能對殖民地台灣存在的殖民主義的權力結構有所反省〔註15〕。

　　綜觀 1937 以前台灣文壇上在台日人文學者的活動，柳書琴的研究指出，他們之間雖然不乏個別團體及活動，但文學想像尚未達以全島作為場域，也缺乏集體的文學運動與文化意識，在台灣文壇上屬於邊緣性的存在。〔註16〕這個階段的在台日人純文學小說，就筆者統計結果來看，單篇小說約有四十篇，小說集也有十二部，內容雖然不乏台灣的地域色彩，但創作主題多為個人文學喜好的表現，尚未能看出在台日人集體的文學觀念與強烈的問題意識。

　　1937 年日本在全面侵華之前，臺灣的四大報《臺灣日日新報》、《臺灣新聞》、《臺南新報》、《臺灣新民報》受到來自軍部的壓力，在 3 月 1 日發表了撤廢漢文欄的共同社告。「漢文欄」的廢止改變了漢文報刊的命運，顯示出政

　　　　（植有木瓜的小鎮）獲得《改造》小說獎。

〔註13〕井手勇，前引書，頁 28～29。

〔註14〕參考河原功著，莫素微譯，《台灣新文學運動的展開──與日本文學的接點》頁 182～185、頁 197、頁 203～205。

〔註15〕參考趙勳達，《〈臺灣新文學〉（1935～1937）定位及其抵殖民精神研究》（台南：台南市立圖書館，2006 年 12 月），頁 5。

〔註16〕柳書琴，〈誰的文學？誰的歷史？──日據末期台灣文壇主體與歷史詮釋之爭〉，頁 46。

治力介入新聞市場，國語（日語）成為報刊的出版語。〔註17〕《臺灣新文學》在經營困難與不得刊登中文作品的雙重厄運下，在 1937 年 6 月廢刊。隨著中日戰爭爆發，台灣進入戰時體制，中斷了台灣新文學運動的發展。文學作品受到語言制約，在台日本人作家在此背景下取得文學活動的主導地位。

　　1933 年自日本早稻田大學法文系畢業的西川滿，為了樹立「南方文學」〔註18〕返回台灣，一邊擔任《臺灣日日新報》文藝欄編輯，一邊發行雜誌《媽祖》，持續在日本及台灣發表詩、小說等作品。1939 年召集了二十一名日本人、十二名台灣人文學者組織成「臺灣詩人協會」，12 月刊行新詩雜誌《華麗島》，卷首刊載了日本戰時出征作家火野葦平的祝賀文〈華麗島を過ぎて〉（路過華麗島）〔註19〕，以日本國內文壇作家的名氣結合「文學報國」的國策實踐，透露了西川滿等在台日人的文學活動方向。

　　1940 年西川滿等人結合島內台日文藝人士、在台日人學術文化菁英，成立「臺灣文藝家協會」，發行《文藝臺灣》。初期的《文藝臺灣》以詩為主，漸漸的增加了小說、評論，到 1944 年 1 月第七卷二期停刊為止，筆者統計共刊載了在台日人六十幾部小說，除了重要成員西川滿、濱田隼雄有多篇作品外，河野慶彦、川合三良、新垣宏一、大河原光廣、小林井津志、日野原康

〔註17〕　參考邱雅萍，《從日刊報紙「漢文欄廢止」探究「臺灣式白話文」的面貌》，成功大學台灣文學系碩士論文（2007 年），頁 1～11。

〔註18〕　柳書琴指出，過去被稱為「（在台）內地人的文學」（內地人の文學）、「台灣的文學」（臺灣の文學）、「在台灣的文學」（臺灣における文學）的在台日人文學，由西川滿提出「南方文學」和島田謹二提出「外地文學」的理念後，這兩個具有特定文學、文化及政治意識形態且隱含優越性的名詞，便取代了「在台日人文學」，同時也增強了與此詞彙相關的意識形態生產力及文化論述影響力。柳書琴，前引文，頁 49～50。

〔註19〕　火野葦平於 1938 年 3 月出征中，因〈糞尿譚〉獲得第 6 回芥川獎，在杭州戰場受獎。8 月發表報導徐州會戰的《麥と兵隊》（麥與士兵），描寫為聖戰捨生忘死的日軍艱苦哀歡的姿態，引起讀者很大回響，成為戰爭期日本媒體寵兒。1939 年 9 月從日本經由台灣赴大陸時，在台灣停留一週，參加由臺灣日日新報社主辦、臺灣總督府支助的「時局・南支展」籌備會，完成〈華麗島を過ぎて〉一文。參考中島利郎，〈日本統治期台灣文學研究──日本人作家的抬頭──西川滿と「台灣詩人協會」の成立〉，頁 48～50。林荊南將《麥と兵隊》中的〈血戰孫圩城〉譯成中文，連載於《風月報》103 號至 111 號（1940 年 2 月至 6 月），「譯者的話」中推崇火野葦平為文壇戰士，《麥と兵隊》是現代戰爭文學首席，譯者希望藉此篇「使六百萬的島民，一致協力，固守南方國防，做完成興亞大業的一份子。」（《風月報》103 號，頁 12）此點為筆者口試時承蒙許俊雅教授賜正，謹此誌謝。

史、新田淳等人的小說也多發表在該雜誌。

隨著在台日人文藝勢力大幅成長，側重在台日人文學的觀察評論也逐漸出現。台北帝國大學文政學部講師、台北高等學校教授島田謹二，自 1938 年起以「南島文學志」、「華麗島文學志」、「外地文學」為題發表研究論文，以及作家作品評論，積極在台灣新文學的衰落時期建立以日本人為主軸的文學環境，逐漸形成以日人作家、日人文藝活動為中心的統治者文學——外地文學論述。

島田謹二依法國在殖民地產生的文學標準，以日本統治台灣後，「渡來斯地的，乃至成長於斯地的內地人文學者所創作的日本文學」〔註 20〕為研究對象。他認為「台灣文學」是各國「外地文學史」共同構成的混合體〔註 21〕，應稱為「台灣的文學」〔註 22〕，意即以在台日人為主體的「台灣的日本文學」，而以「台灣文學」為被殖民者的「殖民地文學」。〔註 23〕柳書琴認為島田賦予「台灣（的）文學」明確定義，對在台日人集體文化意識與文學史意識的確立與發展，投下了劃期性的影響。〔註 24〕

橋本恭子指出島田以殖民統治者的身分，採取由日本本國觀看外地台灣的他者態度，是一種「宗主國中心主義」，在此理論脈絡下，在台灣從事創作活動者的歸屬並不在台灣。〔註 25〕這樣的理論定義下，在未談論被殖民者文學之際，便帶有抹殺被殖民者主體存在與其文學的意識。然而出自帝大教授手筆的學術論述，獲得因法國地方文學啟示而積極樹立南方文學的西川滿〔註 26〕、仙台二中時代學生濱田隼雄的認同〔註 27〕。柳書琴指出此後的在台

〔註 20〕 松風子，（島田謹二）〈臺灣の文學的過去に就いて〉，《臺灣時報》1940 年 1 月，頁 142。

〔註 21〕 松風子，（島田謹二）〈南島文學志〉，《臺灣時報》1938 年 1 月，頁 63。

〔註 22〕 島田謹二，〈臺灣の文學的過現未〉，《文藝臺灣》2.2（1941 年 5 月），頁 2～24。

〔註 23〕 橋本恭子，《島田謹二〈華麗島文學志〉研究——以「外地文學論」為中心》，頁 90～92。

〔註 24〕 柳書琴，前引文，頁 50。

〔註 25〕 橋本恭子，前引書，頁 69。

〔註 26〕 西川滿的「臺灣文學」觀包含著台灣人與日本人的作品，在〈臺灣文藝界の展望〉（《臺灣時報》1939 年 1 月）一文中，介紹了矢野峰人、島田謹二、神田喜一郎、黃得時、楊雲萍、新垣宏一、龍瑛宗、楊逵、呂赫若、張文環、翁鬧、中山侑等作家，認為「我們在南部海洋的華麗島上也應創作出名符其實的文藝，並在日本文學史上佔有特殊的地位才是。」引自黃英哲主編，《日治時期臺灣文藝評論集雜誌篇》第 2 冊，林巾力譯，頁 343。

〔註 27〕 濱田隼雄感到寫實文學的必要，因而對島田的論述產生共鳴，濱田擔任「臺

日人文學，在「具有相近的民族／歷史使命感與文化想像」的島田和西川影響下，「以『外地文學』理念爲中心，逐漸形成集體性的文藝路線與文化意識，並陸續推展出相應的文化論述與文藝改造行動。」〔註28〕

依據橋本恭子的研究，島田「外地文學論」所想要達到的，也就是內地人文學在台灣的出路，是要培育非從屬於日本中央文壇的「台灣獨自的文學」，將台灣社會的特殊性視爲日本帝國一部分的南方文化，在「南進化」的展望上開拓獨自之路。〔註29〕因此要建立台灣獨自的文學，才能在日本文學中占一席之地。

島田發表於1939年的〈臺灣に於けるわが文學〉（在台灣的我國文學）〔註30〕，參照法國人在殖民地產生的外地文學，抽繹出外地文學的三種志向：「外地人的鄉愁」、「描寫土地的特殊景觀」（異國情調）、「解釋土著人的生活」（寫實主義）。指出在台日人文學除了「鄉愁」與「異國情調」外，今後更要有「寫實主義」的發展。但島田完全否定「無產階級寫實主義」，認爲那是爲某種特別政治宣傳、教唆、暴露而脫離文藝的本色。〔註31〕在殖民統治者的意識下創作文學，即使表面主張去「政治化」，其實潛藏著統治者權力介入的可能。

橋本恭子分析島田所主張的三個志向，指出「描寫土地的特殊景觀」的「異國情調」文學，是將臺灣當作美麗的風景納入日本文學中，進而在讀者意識中奠定新領土的既得權。「解釋民族生活」的「寫實主義」文學，是把殖民者、被殖民者的共同生活視爲「既成的事實」而言說化，以鞏固殖民統治，可以說是從文化層面鼓勵完成殖民扎根。〔註32〕觀察創刊號即刊登島田的〈外地文學研究の現狀〉一文的《文藝臺灣》，其後各號出現的在台日人小說，明顯取材於台灣社會，而且朝島田所倡導的外地文學理論發展。正如該雜誌創刊號後記所說「決心要和台灣各位島民一起認眞鑽研，一心邁向建設南方文化」〔註33〕，文學隱藏著遭講求文藝效用的國家政策左右的因子。

灣文藝家協會」小說研究會幹事時，第一次的演講即邀請島田謹二講解「法國外地小說的內容及作品價值」。參考松尾直太，前引書，頁49～70。
〔註28〕柳書琴，前引文，頁55～56。
〔註29〕參考橋本恭子，前引書，頁93～95。
〔註30〕松風子，〈臺灣に於けるわが文學〉，《臺灣時報》1939年2月，頁48～59。
〔註31〕島田謹二，〈臺灣の文學的過現未〉，頁19。
〔註32〕參考橋本恭子，前引書，頁134。
〔註33〕《文藝臺灣》創刊號（1940年1月），頁56。根據橋本恭子分析，「南方文化」

　　1940 年日本將戰局從中國擴大到東南亞，進入所謂的「大東亞戰爭」時期，是年 10 月成立「大政翼贊會」，在新體制運動的高度國防國家理念下，每一個國民都需盡力發揮力量，文化的政治效用受到重視，文學者也編入組織中。根據柳書琴的研究，台灣總督府在翼贊會文化部提倡的「地方文化」與「外地文化」等政策影響下，也開始對長期以來採取壓抑方針的文化政策進行調整。〔註34〕

　　台灣文壇戰時體制的正式確立，在 1941 年 2 月總督府情報部介入成立新「臺灣文藝家協會」。舊協會的機關雜誌《文藝臺灣》改由「文藝臺灣社」發行，西川滿的個人色彩更為明顯，編輯方向與作品內容也逐漸展露文學奉公的意識〔註35〕。新「臺灣文藝家協會」任命台北帝國大學文政學部教授矢野峰人為會長，擴展為全島性組織。對西川滿編輯方針不滿的張文環、中山侑等，在 1941 年 5 月另組「啟文社」創刊《臺灣文學》，繼承台灣新文學運動的傳統，與《文藝臺灣》維持著對立、競爭的關係。這個以台灣作家為中心的陣營，也有中山侑、中村哲、藤野雄士、田中保男、藤原泉三郎、坂口襗子等在台日人作家加入，柳書琴指出，「這個集團以地方文化、地方文學為藉口，在大政翼贊運動下找到了存續文學者自主空間的縫隙。領導人張文環也透過帶有民俗風的故鄉書寫，傳達了台灣民眾與同化政策異調的生活理念與價值

是三〇年代末期日本知識階層朗朗上口的詞彙。然而從帝國日本的南方文化政策，到「臺灣文藝家協會」的「南方文化」，在定義或作法上都還處於曖昧不明的階段。島田將西川詩作中的南島特有精神，投影以對南歐文學的嚮往，以對抗長期以來支配中央文壇的北歐價值體系。因此造成島田或西川所謂的南島特有的精神，以及所建構的「南方文學」藍圖，並不是根基於台灣現實的鄉土。參考橋本恭子，〈在台日本人の鄉土主義──島田謹二と西川滿の目指したもの〉，《日本台湾学会報》（2007 年 5 月），頁 244～246。

〔註34〕 參考柳書琴，前引文，頁 58。

〔註35〕 根據井手勇的考察，《文藝臺灣》陣營對文學奉公意識的萌生，始於大政翼贊會展開新體制運動以後，首次具體呼應時勢要求的是《文藝臺灣》2.6（1941 年 9 月）出現的「戰爭詩特輯」，以及和志願兵有關的小說，川合三良的〈出生〉和周金波的〈志願兵〉。然而集團中的日人作家更早已開始配合國策發聲。《文藝臺灣》1.6（1940 年 12 月）、2.1（1941 年 3 月）特設〈新體制と文化〉專欄討論。而主要編輯西川滿發表相關文章支持，如〈新體制下の外地文化〉（《臺灣時報》1940 年 12 月），濱田隼雄也發表〈二千六百一年の春──臺灣文藝の新體制に寄せて〉（《臺灣日日新報》1941 年 1 月 3 日），呼籲文藝者把握台灣文藝的政治意義，盡力於文學奉公。該集團日人作家也陸續在總督府刊行的《臺灣時報》上發表擁護、宣傳國策性質的小說。太平洋戰爭爆發後，擁護國策的意識更加強化。參考井手勇，前引書，頁 105～114。

訴求。」〔註 36〕至 1944 年 12 月終刊爲止，筆者統計《臺灣文學》刊載了約
四十篇小說，其中在台日人的小說佔了一半，內容以描寫在台日人生活爲主，
也有取材於中國大陸、東南亞的，皆未偏離國策的要求。〔註 37〕

　　1942 年 7 月，在日本的文學報國會成立不久後，新「臺灣文藝家協會」
進行改組，本以《文藝臺灣》陣營構成的協會，改組後《臺灣文學》同仁以
及各地方主要作家皆爲會員，成爲網羅全文壇的組織，開始加強對文學的統
制。同年 11 月在東京舉行的第一次「大東亞文學者大會」，統合了日本帝國
統治下的亞洲各殖民地的知識分子，加強對大東亞聖戰的認同。台灣派遣西
川滿、濱田隼雄、龍瑛宗、張文環出席，返台後在「臺灣文藝家協會」主辦、
「皇民奉公會」支持下，展開巡迴台灣各地的「大東亞文藝講演會」。〔註 38〕
這次會議對在台日人的影響大於台籍作家，「臺灣文藝家協會」會長矢野峰人
發表〈臺灣文學の黎明〉：

> 台灣代表出席此一大會，不再是原來單純的地方代表，也不再是原
> 本被冠以「外地」説法的特殊地域代表，而是成爲可以光榮代表日
> 本對外的一員……此際台灣代表學習大東亞的精神爲何物，確認了
> 今後朝日本文學前進的方向，也顯示了將來本島文學的進路。〔註 39〕

此時台灣的文藝統治方針逐漸由「地方文化建設」，走向「大東亞文學建設」，
在台日人作家熱心的在第一線上支持政策。

　　1943 年 2 月皇民奉公會中央本部文化部頒發第一屆「臺灣文化賞」，以表
揚提昇台灣文化有功的文化人或文化機關，以小說爲對象的「臺灣文學賞」
頒給濱田隼雄（《南方移民村》）、西川滿（《赤嵌記》）、張文環（《夜猿》）。4
月 29 日總督府成立「臺灣文學奉公會」，致力推動皇民文學，新「臺灣文藝
家協會」同時宣布解散，台、日作家皆歸「臺灣文學奉公會」所屬，文學奉
公會和文學者的關係，根據柳書琴的分析，從較不具強制性的指導／協力關
係，變成絕對強制性的上司／臣屬關係〔註 40〕，完成了決戰下「文學報國」
的動員體制。其間「皇民文學」一詞逐漸出現在田中保男、西川滿等人的論

〔註 36〕柳書琴，《荊棘之道：臺灣旅日青年的文學活動與文化抗爭》，頁 454。
〔註 37〕以坂口䙥子發表於《臺灣文學》2.1（1942 年 2 月）的〈時計草〉爲例，内容
　　　　因批評理蕃政策而遭刪削去 46 頁，雜誌在檢閱下也不可能刊登不符政策要求
　　　　的作品。
〔註 38〕參考井手勇，前引書，頁 92～96。
〔註 39〕矢野峰人，〈臺灣文學の黎明〉，《文藝臺灣》5.3（1942 年 12 月），頁 8～9。
〔註 40〕柳書琴，《戰爭與文壇——日據末期台灣的文學活動》，頁 146。

述倡導中〔註41〕，《文藝臺灣》社旨由樹立「台灣的日本南方文學」變爲樹立「皇民文學典範」〔註42〕，反映了日人作家與文藝集團對總督府、新統制機構與政策的高度扈從。

其間身爲「臺灣文學賞」審查委員之一的台北帝國大學教授工藤好美，爲文批評文學賞設立的矛盾，並對兩位得主張文環、濱田隼雄現實主義創作的懸殊提出評論〔註43〕，引起了不同民族、立場與文學意識形態作家對戰時文學典範的爭論。〔註44〕濱田隼雄首先爲文批判：

> 在我們的文學中，特別是描寫本島人的作品的大部分，都只是對負
> 面的現實的實物素描。〔註45〕

西川滿則批評台灣文學中一成不變的描寫欺凌養子、家族糾葛等風俗是「糞現實主義」〔註46〕，痛批台灣文學對皇民化和決戰態勢不積極不肯定，對《臺灣文學》陣營的批判昭然若揭。〔註47〕林巾力分析西川滿與台灣作家在「台

〔註41〕 井手勇對「皇民文學」一詞從提出到固定化，以及《文藝臺灣》集團在過程中的介入與操作，作了詳細闡述。從最初籠統的概念，到 1943 年 7 月陳火泉在《文藝臺灣》發表〈道〉，經由該集團的吹捧，「皇民文學」的意義才逐漸確定。認爲以作家是否具備皇民意識來判斷作品是否爲皇民文學，在台日人作家的作品是不折不扣的皇民文學。參考井手勇，前引書，頁 164～178。柳書琴則提出三點商榷，認爲「皇民文學」不是一種普通文藝演進現象，而是帶有特定政治目標的官製改造運動；大東亞文學下的殖民地、佔領地文學具有不同去國族象徵的替代稱謂，台灣和朝鮮使用「皇民文學」一詞，以強調忠誠性、馴化性爲應有的特徵；「皇民文學」是因應軍事、政治需求，在文化中所衍生的文學部門精神動員機制之一，宣導的對象與從事者爲台人作家，日人作家以政策的附和者、倡導者、協力者或指導者介入，二者基本不同。因此皇民文學是專屬台人作家的一種文學異象，在台日人作家書寫有關戰爭與皇民的題材，宜以日本的「戰爭文學」視之。參考柳書琴，〈誰的文學？誰的歷史？──日據末期台灣文壇主體與歷史詮釋之爭〉，頁 68～71。

〔註42〕 《文藝臺灣》4.3（1942 年 6 月），頁 26；6.4（1943 年 8 月），頁 39。

〔註43〕 工藤好美，〈臺灣文化賞と臺灣文學〉，《臺灣時報》1943 年 3 月，頁 98～110。柳書琴曾分析工藤好美的評論，認爲表現出「穩重的學院派評論風格及文藝批評功力」，《荊棘之道：臺灣旅日青年的文學活動與文化抗爭》，頁 456。

〔註44〕 柳書琴，〈誰的文學？誰的歷史？──日據末期台灣文壇主體與歷史詮釋之爭〉，頁 67。柳書琴指出：「西川滿主導之《文藝臺灣》與張文環等人主導之《臺灣文學》，兩大文學集團之意識形態競爭淵源已久，1940 年代初期的『外地文學』與『地方文學』等論述已有較勁之意；工藤一文不過是個導火線」，《荊棘之道：臺灣旅日青年的文學活動與文化抗爭》，頁 454。

〔註45〕 濱田隼雄，〈非文學的な感想〉，《臺灣時報》1943 年 4 月，頁 77。

〔註46〕 西川滿，〈文藝時評〉，《文藝臺灣》6.1（1943 年 5 月），頁 38。

〔註47〕 柳書琴分析濱田隼雄與西川滿前引文之論述，指出他們「藉著『大東亞文學

灣」的共同想像上的異質性格，台人作家作品所呈現的「台灣性」現實主義，是把「台灣性」的想像建立在明朗歡喜與華麗的西川滿所無法分享的世界；而西川的「台灣性」也是楊逵等台灣作家無法感同身受的異國情調。〔註48〕柳書琴分析這場背景、經過及論爭內容龐雜的「糞現實主義」論戰，從開始的浪漫主義／現實主義、本土文學／外地文學的議題之爭，惡化為文學派系與作家意識形態的攻擊，西川、濱田倡導的文學理念，暗藏清理帝國境內殘餘左翼文藝傳統的台灣現實主義文學的意圖，成了官方系列收編本土文壇的最後一役。〔註49〕

　　1943 年 11 月「臺灣文學奉公會」在總督府情報課、皇民奉公會中央本部、日本文學報國會的支援下，舉行了「臺灣決戰文學會議」，集結了全台六十多位文人，會中決議台灣文人當以筆為劍，為大東亞戰爭貢獻一己之力。席間西川滿提議將文藝雜誌納入「戰鬥配置」，並獻上《文藝臺灣》，使得《臺灣文學》也不得不同樣表態，《文藝臺灣》和《臺灣文學》兩大雜誌因而廢刊，於 1944 年 5 月以台灣奉公會的機關誌《臺灣文藝》面世。〔註50〕

　　從《臺灣文藝》各期目錄看來，《文藝臺灣》集團的作家仍佔大多數，原本在《文藝臺灣》上連載的濱田隼雄〈草創〉、西川滿〈臺灣縱貫鐵道〉長篇小説，卻不受停刊影響，繼續在《臺灣文藝》連載。作家們抱著投筆從戎的決心，或被動員補充軍力，或被動員做宣傳報導，1944 年 6 月在總督府情報課的要求下，共有台、日作家十三名，被派至各生產工廠或工作場所進行報導文學〔註51〕。

　　者大會』或日本古典文學傳統來檢核台灣文學，痛批台灣作家的現實主義文學對於皇民化和決戰態勢不積極、不肯定，是非『皇國文學』的『投機文學』。兩人一搭一唱頗有共識，因此論爭的發生似非偶然。」《荊棘之道：臺灣旅日青年的文學活動與文化抗爭》，頁 459～460。

〔註48〕參考林巾力，〈西川滿「糞現實主義」論述中的西方、日本與台灣〉，《中外文學》34.7（2005 年 12 月），頁 170。

〔註49〕柳書琴，〈誰的文學？誰的歷史？——日據末期台灣文壇主體與歷史詮釋之爭〉，頁 67～68。雙方人馬在《文藝臺灣》、《臺灣文學》、《臺灣時報》、《臺灣公論》、《興南新聞》文藝欄等多處反覆論辯，參考柳書琴，《荊棘之道：臺灣旅日青年的文學活動與文化抗爭》，頁 456～463。

〔註50〕參考《文藝臺灣》終刊號（1944 年 1 月）頁 34～37；《臺灣文藝》創刊號（1944 年 5 月）頁 108。

〔註51〕派遣台、日作家 13 人，作品先行發表於報刊雜誌，後結集成《決戰臺灣小説集》乾、坤二卷，由臺灣出版文化株式會社於 1944 年 12 月、1945 年 1 月出

　　爭得了台灣文壇主體位置的在台日人作家，在文壇總動員下書寫翼贊戰爭的國策文學，發表在總督府統合的宣傳媒體，不論是描寫戰場、後方，或配合戰爭政策宣傳的書寫，內容總不出歌頌忠勇義烈的皇軍，或增產報國的勞動階級，制式化的寫作模式，表現了作家對大東亞戰爭的肯定與支持，題材至上成了衡量文學良窳的標準。在台日人作家向國策一面倒的情況下，使得文學本身喪失了主體性，不僅未能締造新的「外地文學」，台灣新文學因為皇民文學的異象，發展更加滯礙難行。

第二節　在台日人小說家生平傳略

　　本論文所指的「在台日人小說家」，是指日據時期在台灣出生、從事文學活動，以及在日本出生但久居台灣並從事文學活動的日本人，以他們在日據時期發表在台灣雜誌上的新小說為研究對象。但有部分日人小說家只有在台灣短暫生活或旅行的經驗，卻以台灣的人、事、物為小說題材，完成後於日據時期發表在日本，這些小說也是本論文參酌探討的對象。以下依小說家在台灣的文學活動情形，分類擇要敘述具有代表性的作家生平事蹟與作品〔註52〕風格。每一類項下介紹次序，作者生年可考者依先後順序，生年不可考者依姓氏筆劃順序。

一、在台灣從事文學活動者

1. 河野慶彥（1906～1984）

　　日本宮崎人，師範學校畢業後曾於九州、東京任教職。1937年來台，任教於台南公學校、家政女學校，1942年加入《文藝臺灣》，1943年起擔任文藝臺灣社台南分社負責人，每月召開文藝例會。1944年8月起擔任「臺灣文學奉公會」幹事，參與《臺灣文藝》編輯工作。〔註53〕小說主要發表在《文藝臺灣》，有〈流れ〉（流水，1943.4）、〈湯わかし〉（燒水，1943.7）、〈とんぼ玉〉（藍色玻璃珠，1944.1）、〈扁柏の蔭〉（扁柏樹蔭，1943.11），1944年

版。
〔註52〕為使行文平順，文中所論及小說未能一一說明初刊或出版情形，詳情可參閱本論文附錄一。
〔註53〕參考中島利郎編，《日本統治期台灣文學小事典》（東京：綠蔭書房，2005年6月），頁15。

爲總督府情報課「作家派遣」一員，參觀油田地帶後完成〈鑿井工〉（《臺灣文藝》，1944.11）、〈抑留〉（扣留，《旬刊臺新》，1944.8）。西川滿主編小説集《生死の海》收錄河野慶彥的〈年闌けて〉（年味，1944.3）。在辻小説方面有〈眼〉（《文藝臺灣》，1943.6）、〈青空〉（《新建設》，1944.1）、〈十月十二日〉（《臺灣文藝》，1944.12）。

　　河野慶彥的小説主題多與聖戰下皇民理想形象塑造有關，〈湯わかし〉（燒水）描寫家政女學校的同學玉枝、清雪與碧梅畢業後的發展。玉枝成為小學助教，清雪則為相親結婚與否煩惱，碧梅留校擔任助手後考上看護助手準備上前線，這些本島女性的形象呈現了皇民教育的成果。〈とんぼ玉〉（藍色玻璃珠）描寫第一次徵召遭撤回的在台日人佐伯，被拒於戰場之外而幾乎不想活的心情。再次接到兵單的主角，採取不告而別的方式，其間的心裡轉折，顯示出當時日本人報國不落人後的精神與必死的決心。〈扁柏の蔭〉（扁柏樹蔭）描寫即將入伍的重見順三到台灣登新高山（玉山），尋訪當年父親在修築「八通關越理蕃道路」過程中遭原住民砍頭喪命的遇難地，全程彷彿是一趟安魂之旅，以原住民歸順、山地景觀日本化，以及原住民青年投入志願兵等描述呈現理蕃成果。〈流れ〉（流水）以在嘉義當木工的日本人島田與故鄉母親的情感葛藤為經緯，為了逃避母子間難解的心結，打算終老台灣的島田，最後因為出征而重新面對母親。作為故事場景的嘉義 A 山，讓厭倦了台灣缺少四季變化風景的主人公，產生了彷彿回到內地的錯覺，引起了壓抑已久的鄉愁。〈年闌けて〉（年味）在台灣重逢的日本人大津、鹿島和重見，藉著談話帶出好友們的動向，或赴戰場，或戰死，肯定戰爭對人生的改變。文末大家為好朋友寄上慰問卡，卡片上畫著鳳凰木、打著台灣傘的小販、甘蔗田和童子騎水牛等風景，台灣在戰時也成為日本人寄託鄉愁的所在，美化戰爭的味道濃厚。〈抑留〉（扣留）以台灣男子陳啓昌受訓成為鑿井工，完成了日本人精神的塑造，能放下個人親情，立志奉獻石油業。文中對鑿井工程描述詳細，有如作家派遣的成果報告。〈鑿井工〉描述日本人帶領台灣人不眠不休探勘油井的情形，文中一封來自馬來西亞的信，將南方描寫得令人嚮往，許多礦場年輕同事都到南方去了，當全體員工在清晨遙拜宮城時，不忘為皇軍勇士與在南方的友人們祝禱，文本刻意拉近台灣與南方的關係。

2. 川合三良（1907～1970）

　　日本大阪人，就讀京都帝國大學文學部國文科時，曾參加反戰活動。1933

年畢業後旋即入伍，1934 年退伍，1935 年來台加入父兄經營的「川合合名會社」。1937 年受台南步兵第二連隊徵召，由基隆赴江蘇戰場，受了傷轉送回台南陸軍醫院。1943 年受台北第一連隊臨時召集入伍，1944 年晉升陸軍中士，1945 年解除徵召令。〔註 54〕

川合三良在台期間創作集中在 1940 到 43 三年間，與西川滿關係良好，小說皆發表在《文藝臺灣》，有〈轉校〉（轉學，1941.5）、〈或る時期〉（某個時期，1941.7）、〈出生〉（1941.9）、〈婚約〉（1942.1）、〈一つの縮圖〉（一個縮圖，1942.5）、〈褌裸〉（1942.9）、〈康吉と增子〉（康吉與增子，1942.12）、〈家のない家主〉（無家的房東，1943.4）。

川合三良的作品具有濃厚的自傳色彩，〈轉校〉（轉學）描寫在台灣出生的竹田洋一因故遷回父親日本的故鄉，小學二年級的他獨自面對同圍同胞的歧視，父親又冷又暗的故鄉成了異鄉，夢中出現的是台北的人事物。透過孩童的視線，直截呈現灣生在內地的處境，透過潛意識的直覺反應，表達出灣生真正的鄉愁所在。〈或る時期〉（某個時期）描寫高中畢業後回日本上大學的灣生洋一，因思想問題遭停學，變得神經衰弱而到故地台灣旅遊，透過熟悉的景物，尋求精神的洗滌。

與周金波〈志願兵〉同期刊出的〈出生〉，描寫戰場回歸軍人的鬱結情緒，主角竹田洋一甫退伍歸來，重新適應台北都市生活與職場環境，不久妻子懷了孕，在志願兵制度公布的翌日生下了結實的男嬰，作者藉著新生命的「出生」展現戰時生活的意義，可說是配合本島特別志願兵制度公布的應時作品。

〈婚約〉描述澤田在出征前兩個月，與酒井貞子相親訂婚，上了戰場（中國）後，遠在台北的未婚妻成了他的精神支柱。澤田的戰友「我」則感動於女人等待良人解甲歸來的那分心意，並發現澤田的未婚妻是自己同學的妹妹，在戰場上的「我」每當夢回台北時，酒井也成為鄉愁的一部分，激勵著「我」奮勇作戰。澤田最後戰死了，貞子對澤田的深情愛意，成了「我」心中不可冒犯、崇高尊貴的存在。作者透過兩個士兵談論一位女性，呈現女性在戰爭中發揮的精神力量。

〈一つの縮圖〉（一個縮圖）寫台南資產家子弟黃清河的留日生活，與幼時在台灣生活過的主人公交流的情形。由於黃河清日語標準、成績優異，以醫科為首願，加上生活富裕，留日期間沒有被歧視的問題，是有灣生經驗的

〔註 54〕參考中島利郎編，《日本統治期台湾文学小事典》，頁 14～15。

作者對「內台融合」的見解。〈康吉と增子〉（康吉與增子）描寫坪崎重太郎當年因為在內地惹了麻煩才逃來台灣，在台灣當了三十年木工，不知不覺已接受了埋骨於此的想法。文中藉由描寫家庭生活、女兒的結婚對象等，透露戰時後方生活的緊張，以及與時局有關的南進言論。

　　1942 年川合三良獲得由《文藝臺灣》雜誌頒發的第一屆「文藝臺灣賞」，在雜誌社「樹立台灣的日本南方文學」宗旨下，川合以〈轉校〉、〈或る時期〉、〈出生〉、〈婚約〉獲得審查委員矢野峰人、島田謹二的青睞，審查評語為：

> 文筆老鍊暢達，情節推展也十分自然。作品有很好的一貫性，作風
> 蘊藉。可惜較缺少新鮮感與敏銳出色之處。〔註55〕

　　川合三良的作品經常以台灣為舞台，將台灣視為日本「國土」一部分，或寫在台日人處境，或寫日人家庭日常生活，並反映戰爭的經驗，十分符合國策文學的要求，台灣雖然成了書中人物鄉愁的所在，但往往缺少在地的深刻情感。

3. 西川滿（1908～1998）

　　出生於日本福島會津若松，二歲時隨家人來台。在台灣完成小學、中學教育後，1928 年進入日本早稻田第二高等學院攻讀法文。求學期間即表現出對詩、小說創作以及編集刊物、手工書製本的興趣。1933 年大學畢業，受恩師吉江喬松啓發，並以詩「南方是 / 光之源 / 賦予我等 / 秩序 / 歡喜與 / 華麗」題贈，西川於是決定以發揚地方主義文學為志，返台從事文藝活動，稱台灣為「華麗島」。〔註56〕

　　自日本返台後的西川滿，以文學和出版活躍於殖民地的文化界。鹿子木龍（中山侑）在〈西川滿論〉一言以蔽之：

> 他對文藝二十年如一日的熱情，這種不屈不撓的熱情正足以鞭策在
> 台灣從事文藝工作的人。〔註57〕

1934 年至 1942 年擔任《臺灣日日新報》文藝欄編輯，曾參與台北帝國大學圖書館組成的「臺灣愛書會」，編輯發行雜誌《愛書》。持續在日本及台灣發表詩、小說等作品，創設媽祖書房（1938 年改名日孝書房）發行雜誌《媽祖》、

〔註55〕　《文藝臺灣》4.3（1942 年 6 月），頁 26～27，原文為日文，中文為筆者自譯。
〔註56〕　西川滿，〈紙人豆馬〉，《文藝臺灣》5.3（1942 年 12 月），頁 50。
〔註57〕　《臺灣公論》8.1（1943 年 1 月），中譯引自黃英哲主編，《日治時期臺灣文藝評論集雜誌篇》第 4 冊，涂翠花譯，頁 15。

詩集，並親自裝幀製作華美的限定本書籍。

1939 年組織「臺灣詩人協會」，創辦新詩雜誌《華麗島》，引起很大迴響，於 1940 改組爲「臺灣文藝家協會」，西川滿主導編輯刊物《文藝臺灣》，在該刊陸續發表許多小說，如〈稻江冶春詞〉（1940.1）、〈赤嵌記〉（1940.12）、〈浪漫〉（1941.11）、〈朱氏記〉（1942.1）、〈採硫記〉（1942.2,4,5）、〈龍脈記〉（1942.9）、〈牛のゐる村〉（養牛村，1943.3）、〈臺灣縱貫鐵道〉（1943.7～）。

西川滿的小說不論是取材於台灣風物、民間傳說的傳奇式小說，或是雜糅台灣歷史、野史、地誌的歷史小說，皆表現出耽美的浪漫主義色彩，顯露出作家個人的嗜好，女體的化身若隱若現，塑造了陰性化的台灣文化風貌。

小說〈城隍爺祭〉描寫大稻埕江山樓附近藝妲阿梨的感情生活，展現了作者再現祭典熱鬧神秘氛圍的才華，充分呈現西川滿以異國、異色的筆調書寫台灣風物的風格走向。「花妖傳奇」式的〈楚楚公主〉，描寫畫家「我」來到的混合著台灣與西洋色彩的淡水廢港，在一棟狀似荒廢豪宅內巧遇東西混血的神奇女子，她承繼了父母的媽祖信仰，並相信媽祖和瑪利亞是同一位神，畫家「我」十分醉心於這種東西奇妙的融合。

即使寫的是煙花女子貧病苦短的一生，在西川筆下，歡場女子的形象與聖潔的聖母合而爲一，〈歌ごゑ〉（歌聲）中的「我」追憶著病逝一年卻在心中已超凡出世爲精靈的藝妲十二娘，表現出交雜著病態美與歸眞反璞的景象。〈稻江冶春詞〉，在遠離世囂的大稻埕盡頭、製茶店頂樓簡樸的房間裡，「我」擁著藝妲抹麗，遠眺喜愛的大屯山肌脈、淡水河歸帆，女體與山川在「我」的視覺中融爲一體。觀賞、遠眺也正是西川作品中與對象保持距離的寫作視點，作爲觀看者甚至支配者的姿態始終如一，這種隔離於被殖民者現實經驗外的華麗描述，正是西川滿異國情調與浪漫主義創作理念的實踐。

在早稻田法文系就讀時，受法國重視地方固有文化的啓示，對「融合西歐與東洋文化的華麗島」〔註 58〕台灣的歷史產生興趣，而有描述台南古都與鄭氏野史的〈赤嵌記〉、斗六的〈雲林記〉、士林的〈元宵記〉、萬華的〈朱氏記〉，以及根據清代郁永河〈裨海紀遊〉改編成的〈採硫記〉。由於西川對火車的嗜好，創作了一連串台灣鐵路開發史的小說，如〈臺灣の汽車〉（台

〔註 58〕西川滿，〈歷史のある臺灣〉，原刊於《臺灣時報》1938 年 2 月，本文所依據的版本爲中島利郎、河原功編，《日本統治期台湾文学日本人作家作品集》第 1 卷所收，頁 451。

灣的火車）、〈二人の獨逸人技師〉（二位德國技師）、〈龍脈記〉、〈桃園の客〉，
以及描述日本殖民台灣初期的長篇歷史小說〈臺灣縱貫鐵道〉。作家意識到
歷史的重要意義，這些以日本人的觀點重新詮釋台灣開發的「日本歷史小
說」，顯示出殖民統治者改造、滲透台灣歷史的意識，以合理化日本殖民台
灣的行為。

　　1942 年 11 月西川滿與濱田隼雄、張文環、龍瑛宗代表台灣文學者參加
了「第一屆大東亞文學者大會」，1943 年以《赤嵌記》獲得皇民奉公會頒發
的台灣文學賞。11 月台灣文學界舉行了「臺灣決戰文學會議」，會議中西川
滿提議將文藝雜誌納入「戰鬥配置」，而獻上《文藝臺灣》，《文藝臺灣》廢
刊後，連載中的長篇小說〈臺灣縱貫鐵道〉，繼續刊載在 1944 年 5 月台灣奉
公會發行的《臺灣文藝》，顯示西川滿與當局的關係密切。

　　台灣光復後，西川滿與濱田隼雄因擔任台灣文化最高指導者，被列入舊臺灣
總督府情報課提出的戰犯名單中。〔註 59〕西川滿在日據時期台灣文壇上的功過論
者不一，黃得時在〈輓近の臺灣文學運動史〉一文中提到西川滿的小說：

> 有強烈的耽美傾向，作品實在讓人可以快樂的讀完，但缺乏衝擊讀
> 者心胸的堅強性，此點便是他的長處也是短處。〔註 60〕

西川滿在台灣追求一個與日本內地不同的南方文學，以台灣風物、歷史當作
文學素材，創作出浪漫抒情與異國情調的美感，在講求藝術至上主義的作風
中，代表殖民統治者發聲的意圖也不曾間斷。

　　1946 年回到日本後，西川滿仍持續創作，同年以《會眞記》獲得第一屆
夏目漱石獎佳作。1947 年起開始在大眾文學雜誌上發表作品，小說中所呈現
的在台日人與台灣人的關係，似乎不受台灣光復而有所改變。除了以台灣為
創作題材外，改編自中古典作品題材的也不少，較在台時期表現出更強烈的
個人趣味。台灣或中國經常成為西川小說的異國氛圍舞台背景，寫作方向逐
漸朝大眾文學發展，曾以〈地獄の谷底〉描寫返日後在台日人不幸遭遇的小
說，獲二十二屆直木賞提名。1961 年後投入宗教活動，創立天后會，提倡天
上聖母算命學。〔註 61〕

〔註 59〕　參考中島利郎編，《日本統治期台湾文学小事典》，頁 85～87。
〔註 60〕　《臺灣文學》2.4（1942 年 10 月），中譯引自黃英哲主編，《日治時期臺灣文
　　　　藝評論集雜誌篇》第 3 冊，葉石濤譯，頁 397。
〔註 61〕　本段參考和泉司，〈「引揚」後の植民地文學──一九四○年代後半の西川滿
　　　　を中心に──〉，《藝文研究》94，2008 年，頁 66～71、頁 74～79。

4. 濱田隼雄（1909～1973）

日本宮城縣仙台市人，筆名佃龍、速河柾夫等。十七歲赴台就讀台北高等學校文科乙類，與中村地平創立高校生純文學刊物《足跡》，畢業後進入東北帝國大學法文學部專攻國文學，並熱衷參加社會主義運動、農民運動。1932 年在東京參與雜誌《實業時代》編輯工作，但由於對東京生活感到幻滅，1933 年與母親再度來台。曾任教於台北私立靜修女學校、台南第一高等女學校、台北第一高等女學校、台北師範學校。其間接受徵召服役於軍司令部、兵器部警備隊。

濱田隼雄與西川滿同為《文藝台灣》中具影響力的作家，1939 年成為「臺灣文藝家協會」會員。1940 年至 1945 年間共發表小說二十八篇，其中發表在《文藝台灣》的有〈病牀日記〉（1940.3）、〈橫丁之圖〉（巷弄之圖，1940.7,10）、〈公園之圖〉（1941.3）、〈盜難之圖〉（1941.6）、〈南方移民村〉（1941.10～）、〈技師八田氏についての覺書〉（技師八田氏的記錄，1942.9）、〈甘井君の私小說〉（1942.10）、〈草創〉（1943.4～）、辻小說〈娘の圖〉（女兒的心思，1943.7）。1944 年為總督府情報課「作家派遣」的一員，參觀日本鋁工廠後完成〈爐番〉（《臺灣時報》1944.7）。〔註62〕

濱田隼雄在小說中經常對在台日本人提出批判性的關心，〈病床日記〉寫出在台日本人社會的現實面貌；〈橫丁之圖〉（巷弄之圖）、〈盜難之圖〉描繪在台日本人住宅區內眾生相；〈公園之圖〉藉由公園管理員三平的眼，發揮濱田融繪畫能力於寫景的長處，批判了在台日本人的官僚作風，表達「再教育」在台日本人的期許。〈蝙翅〉（扁食）以與圓環扁食小吃店少年的交流，為在台日本人提出一個內台融和的作法。農業也是濱田的創作題材，〈南方移民村〉描寫日本移民台灣的農民歷經三十年奮鬥栽培蔗糖的經過，〈行道〉、〈携帶屈折計〉表達對台灣農業、糖業的看法，〈草創〉則以取材台灣糖業史的歷史小說形式，顯現日本力量的偉大，塑造理想的台灣皇民形象。隨著戰時體制對文學協助戰爭的要求越烈，濱田的思想精神、作品也越來越配合國策發展。

1942 年 11 月濱田隼雄和西川滿、張文環、龍瑛宗代表台灣文學者參加了「第一屆大東亞文學者大會」，1943 年以《南方移民村》獲得皇民奉公會頒發的台灣文學賞。他的文學關注在寫實主義和臺灣的現實狀況，但可能對台灣

〔註62〕 參考濱田淑子、河原功編，〈濱田隼雄著作年譜〉、〈濱田隼雄略歷〉，收入中島利郎、河原功編，《日本統治期台湾文学日本人作家作品集》第 4 卷，頁 475～485、497～502。

人的實際生活缺乏認識，小說所描寫的對象多以在台日人為主，可說是率先實踐文學奉公理念的作家。

1946 年返回日本仙台，在高中擔任教職，並繼續文學活動，作品主要發表在仙台的報刊雜誌，以發掘仙台出身作家事蹟、仙台藩維新史與宮城民眾的社會變革史為寫作題材。〔註63〕

5. 新垣宏一（1913～2002）

出生於台灣高雄，本籍為日本德島。在殖民地台灣受教育，就讀台北帝國大學文政學部文學科時曾於《臺灣文藝》、《臺灣新文學》等刊物發表詩作、小說。畢業後任教於台南州立第二高等女學校、台北州立第一高等女學校。

新垣宏一於台南任教時，因喜愛佐藤春夫的作品〈女誡扇綺譚〉，熱衷於台南的歷史調查研究，曾於《臺灣日報》發表關於佐藤春夫的相關評論，如〈佐藤春夫のこと〉（1938）、〈佛頭港記〉（1939）、〈女誡扇綺譚と臺南の街〉（1940），對於小說原型與場景的追蹤調查，留下了極具參考價值的研究成果。〔註64〕而新垣於小說〈砂塵〉（1944）中描寫教師在課堂上向學生解說佐藤春夫〈女誡扇綺譚〉的情節，可說是借用〈女誡扇綺譚〉再生的作品，被納入〈女誡扇綺譚〉作品系譜。〔註65〕

與西川滿關係親近的新垣宏一，雖曾於西川主導的《媽祖》、《華麗島》、《文藝臺灣》等發表作品，但其文風有別於西川浪漫華麗的異國情調。由新垣 1941 年發表於《臺灣日日新報》（6／17、6／19）的〈第二世の文學〉一文，可看出新垣作為在台出生的第二代日本人的自我期許，認為這些在台灣出生、受教育並已在台灣社會工作的日本人，根已扎在台灣，與台灣土地有著深厚的血脈情感。文中批評了移居來台日本人的過客心態與優越感，對於內地人批評第二代「本島人化」的部分，新垣認為那是與本島人共生共感的表現，認為自己已是台灣之子。

身為來台第二代日本人作家，新垣宏一主張文學不應再沈溺於望鄉的題材，也不宜再暴露殖民地內地人的生活情景了，而是要寫出能對台灣產生感

〔註63〕 參考松尾直太，前引書，頁 12～13。
〔註64〕 和泉司，〈日本統治期台灣文壇における「女誡扇綺譚」受容の行方〉，《芸文学会》83（2002 年 5 月），頁 23～24。
〔註65〕 邱若山，〈「女誡扇綺譚」とその系譜〉，收入《佐藤春夫台灣旅行関係作品研究》，頁 197～200。

情的，有台灣泥土花草芬芳的文學，並認爲這是第二代日本人作家責無旁貸的工作。新垣氏此文發表後，雖然得到台北高校教授鹽見薰的讚揚〔註66〕，卻引起台南第二高女同事反感，於是年（1941）轉任台北第一高女。〔註67〕

新垣宏一以在台灣出生、成長、受教育的經歷，在創作皇民化主題作品時，能寫出第二代認同傾向台灣的內容，他將平日研究台南文化的成果融入作品中。〈盛り場にて〉（在市集）以台南鬧市「沙卡理巴」爲背景，介紹攤販的特色、熱鬧的景況，帶出依附在鬧市下流浪兒孤寂無依的生活情狀，是四〇年代殖民者小說中少見的題材。〈城門〉透過台灣大地主家庭少女劉金葉寫給女學校時期老師的書信，細訴自己努力成爲皇民所產生的種種苦惱，包含著對「家醜」與父親的批判，表現出親近的師生關係。〈砂塵〉敘述台南女學校的教師澤野，本以爲透過皇民化教育學生，就可以完成將日本精神傳達至家庭的任務，女學生陳寶玉遭父親借貸作爲抵押的困境，讓他發現自己的想法過於單純，於是開始反省如何將皇民鍊成的精神傳達給無智階級。如果〈城門〉、〈砂塵〉是從女學生角度討論傳統婚姻，〈訂盟〉則是以台灣留日學生的婚姻觀爲出發點，對婚期、聘金、嫁妝、納妾等問題，以一種近乎民俗考略的方式呈現，藉由台灣男學生說明嫁妝、納妾等現象存在的現實意義。

身爲教育工作者，新垣宏一慣於以教師爲小說主角，以表達其對於皇民鍊成、國語教育與舊慣習俗的見解，顯示出身爲教師的使命感。作品中流露出對於台灣少年少女的關懷，可能因於孩童成長過程中所形成的觀察視角，但卻也始終跳脫不出指導階層的意識，對台灣人仍無法有更深入的心理刻劃。這是出生在台灣的日本人第二代，所謂的「灣生」，既有面對來自本土日本人時的嫉妒心，又有面對台灣人時的優越感，使得在形塑自我時產生了矛盾。

隨著台灣進入決戰體制，新垣的小說也有著濃厚的戰爭氣息，如在總督府情報課派遣命令下的小說創作〈船渠〉（1944.11），敘述本島造船工人如何增產奉公的過程；〈此の手、此の足〉（1944.12）以大東亞戰爭爲背景，刻劃特立獨行的女學校校長行誼；〈醜敵〉（辻小說，1944.11）、〈いとなみ〉（營生，1945.1）描寫戰時體制下的生活面貌，可說是作者現實生活的寫照。

1943年新垣宏一獲得由《文藝臺灣》雜誌頒發的第二屆「文藝臺灣賞」，

〔註66〕〈第二世の問題〉，《臺灣日日新報》1941年7月25日。
〔註67〕新垣宏一著，張良澤編譯，《華麗島歲月》（台北：前衛出版社，2002年8月），頁61。

在雜誌社「樹立皇民文學典範」的宗旨下，新垣以該年度發表的四篇小說獲得審查委員矢野峰人、島田謹二的青睞，審查評語爲：

> 觀察細膩已達熟練地步……能掌握活用特殊題材，平穩而巧妙地開展，令人十分佩服。氏可說在本島短篇作家中具有不可動搖地位的。
> 〔註68〕

較之於同期活躍於《文藝臺灣》的在台日人小說家而言，新垣宏一的作品取材顯得特別，他不同於西川滿異國情調式的南方憧憬；較之濱田隼雄集中刻劃在台日本人，新垣則有較多內台融合的書寫；問題意識也比寫作技巧純熟的川合三良自傳體小說明顯戰後新垣宏一爲台灣省教育廳留用，繼續擔任第一女子中學教員等職務。1947 年返回日本後，於德島縣高中任教師、校長等職，主要著作以夏目漱石相關研究論文爲主。〔註69〕

6. 坂口襗子（1914～2007）

日本熊本縣八代人，本姓山本，熊本女子師範畢業後於小學任教，是日據時期在台日本人作家中的少數女性之一。1935 年因失戀藉旅行療傷，初次渡台。於 1938 始任教於當時台中州北斗郡的北斗小學，結識了坂口貴敏夫婦。坂口夫人清子過世後，與坂口貴敏結縭，一面當家庭主婦兼教授小原流花道，一面從事文學創作。〔註70〕

最初以「坂口れい子」的筆名在《臺灣新聞》磨練文筆，1940 年以日本農業移民小說〈黑土〉，獲得台灣廣播局 10 週年紀念徵文的特選，自此開啓了坂口襗子的創作路途。坂口在台時期的小說創作大致可分爲四類，一是與自身家族相關的私小說，如〈滿潮〉（《臺灣新聞》1940.7）、〈盂蘭盆〉（《臺灣文學》1943.12）、〈川は流れ止まず——父母に代りて記す〉（川流不息——代父母之作，《臺灣文藝》1944.12）；一是以移民台灣的日本農民爲題材的小說，如〈黑土〉（1940.11）、〈春秋〉（《臺灣時報》1941.1）、〈曙光〉（《臺灣文學》1943.12）；以及描寫台灣人皇民化過程中衍生的問題，如〈杜秋泉〉（《臺灣新聞》1940.9）、〈鄭一家〉（《臺灣時報》1941.9）、〈時計草〉（《臺灣

〔註68〕《文藝臺灣》6.4（1943 年 8 月）頁 39，原文爲日文，中文爲筆者自譯。
〔註69〕參考戴嘉玲編，〈新垣宏一先生年譜初稿〉，收入新垣宏一，前引書，頁 153～157。
〔註70〕參考中島利郎編，〈坂口襗子著作年譜（戰前）〉，收入中島利郎、河原功編，《日本統治期台湾文学日本人作家作品集》第 5 卷，頁 568～573。

文學》1942.2)、〈隣人〉(《臺灣文藝》1944.7)等；此外刻劃戰爭對家族、婚姻產生心理衝擊的作品，如〈灯〉(《臺灣文學》1943.4)、〈母の手紙〉(母親的信)、〈遺書〉(《臺灣公論》1943.11)。

　　由於她的作品多帶有寫實色彩，特別是〈鄭一家〉獲得楊逵很高的評價〔註71〕，故有許多作品是發表在以台灣作家為主的刊物《臺灣文學》〔註72〕。發表於1942年2月的〈時計草〉則遭到前所未見的厄運，刪被去46頁，只刊首尾2頁。戰後坂口䙱子回顧戰爭期間作品〈時計草〉遭當局刪削的理由時說道：

>原因是批判了殖民政策。之後更嚴格檢閱我的作品，將我貼上了不協助戰爭的標籤。〔註73〕

中島利郎對坂口䙱子評價極高，認為她是活躍日據時期的日本作家中的異數，其特異處為：

>第一、為在台極罕有的女性作家。第二、身處殖民地，卻無偏見地以極純粹的眼光看待事物，亦即創作時，不論是寫內地人、本島人、「蕃地」人，與自己保持等距離的關連，不是以支配者的視線看待本島人、「蕃地」人。這種視點，並不是她在作品描寫時有意識採用的技巧，而可說是自幼即養成的日常習慣。〔註74〕

　　身為殖民宗主國的女性，坂口䙱子的問題意識非常清楚，對於小說中出現的各種人物，不論是日本人、台灣人或原住民，坂口發揮其女性細膩特質，刻畫人物的內心世界，探討殖民地處於戰時體制下的各種扭曲現象，與因之而起的矛盾與掙扎。

　　坂口䙱子於戰爭末期，曾疏散到在霧社事件時屬於「親日蕃」的中原蕃社，影響了1946年回日本後的創作基調，在日本有「蕃地作家」之稱〔註75〕。1953年以〈蕃地〉獲得了新潮社第三回文學獎，坂口䙱子以〈雜草のように〉(宛如

〔註71〕 楊逵：「即使對作品仍有些許不滿，但把〈鄭一家〉寫到這種程度，寫得如此透徹，我對纖弱的坂口䙱子堅韌與誠實，表示敬佩。」氏對〈鄭一家〉的評述，詳見〈臺灣文學問答〉，《臺灣文學》2.3(1942年7月)，頁161～165。

〔註72〕 坂口䙱子發表於《臺灣文學》的小說有〈時計草〉(2.1)、〈微涼〉(2.3)、〈灯〉(3.2)、〈曙光〉(3.3)、〈盂蘭盆〉(4.1)，為發表於該雜誌的日人作家中小說篇數最多的。參考〈坂口䙱子著作年譜(戰前)〉，頁566～577。

〔註73〕 〈坂口䙱子作品解說〉，見中島利郎、河原功，前引書，頁574。原文為日文，中文為筆者自譯。

〔註74〕 同前注，頁557。

〔註75〕 河原功，〈日本文學中的霧社事件〉，收入《台灣新文學運動的開展》，頁8。

雜草）〔註76〕為題發表感言時表示，自己對寫作的堅持是像雜草般強韌。她的作品能經得起時間考驗，或許因於雜草的強韌，雖不能撫平日本殖民的傷痕卻顯得樸實不虛偽。她在〈タダオ・モナの死〉（塔達歐莫那之死）的序言中提到：

> 如果說得誇張些，我是藉著描寫泰雅族來向他們謝罪。我無法完全肯定領台後作為征服者的日本，所帶給他們的種種政策，把他們當成野蠻人看待、無視於他們的傳統或習俗，想徹底地飼養他們。我也無法同意基層的作法。〔註77〕

她的自覺雖仍無法對日本的殖民政策進行批判，但著眼於殖民者與被殖民者關係的描寫，可說是跳脫了統治者殖民地想像的框架。較之戰後日本文學中的戰爭描述所偏重的日本人受難、吃苦的形象〔註78〕，坂口䙣子的嘗試是不可忽略的聲音。

7. 大河原光廣（生卒年不詳）

　　畢業於台南師範，任教於恒春地區小學〔註79〕。1940 年加入《文藝臺灣》，1941 年起擔任文藝臺灣社恆春地區代表，在恆春過著點油燈的樸實單調生活〔註80〕。1942 年調職到台南，作品多發表在《文藝臺灣》，有〈轉勤〉（調職，1943.2）、〈加代の結婚〉（1943.11），以及辻小說〈地圖〉（1943.6）、〈繪のある葉書〉（繪圖明信片，1943.9）等。

　　〈轉勤〉（調職）以在台灣偏遠地區小學的日本教師「我」和乃布的友誼為主軸，歷經徵召入伍失敗、對都市生活的眷戀及調職等苦悶，逐漸對土地產生感情。〈加代の結婚〉寫依媒妁之言遠嫁台灣的木原加代對台灣的想像，尤其是小學國語課本讀到的吳鳳事蹟，令她感動之餘，對「山上的人們」預先有好感。但對未來仍有所不安，靠著日本皇軍在南洋的戰果以南進女性自我激勵外，加上未曾謀面的未婚夫來信介紹台灣人皇民鍊成的情況，令加代對這門婚事倍感光榮，勇敢隻身前往台灣。大河原光廣的小說多以自身的小

〔註76〕《新潮》53.3（1956 年 3 月），頁 133。
〔註77〕《蕃婦ロポウの話》（東京：大和出版，1961 年 4 月），頁 189～190。
〔註78〕參考池田浩士，〈海外進出と文學表現の謎〉，收入藤井省三、黃英哲、垂水千惠等著，《台湾の大東亞戰爭——文學・メディア・文化》，頁 56。
〔註79〕根據〈臺南地方文學座談會〉談話內容，《文藝臺灣》5.5（1943 年 5 月），頁 2～15。
〔註80〕大河原光廣，〈ランプ隨筆〉（油燈隨筆），《文藝臺灣》3.1（1941 年 10 月），頁 66。

學教師經驗爲出發點，繞著聖戰主題發揮而成。

8. 小林井津志（生卒年不詳）

台灣南部小學教師〔註81〕，作品發表在《文藝臺灣》的有〈石男〉（1942.7）、〈弟の四郎〉（1943.11），發表在《臺灣文藝》有〈蓖麻は伸びる〉（蓖麻成長，1944.11），另有〈竹筏渡し〉（擺渡竹筏）收錄在濱田隼雄編的小說集《萩》中。

〈石男〉寫富田老師與喜好收集大石頭的精神異常男子陳武強的交流，對任何人都不信任的陳武強，唯獨對富田有好感，富田既同情他又爲他感到悲哀，寫出另一種內台融合的景象。〈弟の四郎〉寫灣生替父母回內地探望送人當養子的弟弟四郎，刻劃灣生的懷鄉情結。〈蓖麻は伸びる〉（蓖麻成長）寫小學教師我鼓舞學生努力種植蓖麻，爲聖戰貢獻一己之力，並藉此激勵混血兒身分的表弟育夫，要鍛鍊自己成爲眞正的日本人。〈竹筏渡し〉（擺渡竹筏）寫下淡水溪一對親日的李姓父子如何皇民化的經過，最後改姓小西的兒子如父所願的當上志願兵，令敘事者感到台灣充滿著希望與日本國之美。

小林井津志的小說中經常出現小學教師的角色，主題集中在內台融合、土地認同，稍晚的作品則配合政策歌頌戰爭與志願兵。

9. 日野原康史（生卒年不詳）

本名日野原孝史，1942 年畢業於台北高等學校，在學期間擔任文藝社《翔風》雜誌編輯，並成爲《文藝臺灣》同人，發表小說〈海邊にて〉（在海邊，1940.10）、〈河のほとり〉（河邊,1941.5）、〈五號室〉（1941.10）、〈阿里山通信〉（1942.1）。小說內容觸及在台日人的土地認同與內台融合的理想，其中〈五號室〉藉著醫院病房中病人的交談，寫出多位在台日人的生活片斷，以及他們居留台灣的心態。〈阿里山通信〉寫到阿里山旅行，途中遇到來自國語家庭改日本姓的小女孩，與日本小孩遊戲發生爭執時言語不自由，敘述者有所感的期望不久將來內台能更加融合。〈夢像の部屋〉（夢中的房間，1943.11）是日野原康史畢業後回東京，加入文藝臺灣社東京分社，由東京投稿取材自台灣礦坑的作品。

10. 吉村敏（生卒年不詳）

居住台南時以研究鄭成功著名，1941 年起任職於台北廣播局文藝部。小說創作發表在《臺灣地方行政》有〈悲運の鄭氏〉（不幸的鄭氏，1941），發

〔註81〕根據〈鷄肋〉內文推測，《文藝臺灣》5.1（1942 年 10 月），頁 34。

表在《臺灣警察時報》的有〈山路〉（1941）、〈小春日和〉（1942），發表在《臺灣公論》的有〈軍事郵便〉（1942.11），《臺灣文學》的有〈敵愾心〉（1943.4），辻小說有〈ある矛盾〉（某種矛盾，《臺灣文學》1944.11）、〈五十年〉（《新建設》1944.1）。為臺灣文學奉公會劇文學研究部成員，出版劇本多種。1944 年為總督府情報課「作家派遣」的一員，參觀公用地後完成〈築城の抄〉，收入《決戰臺灣小說集》。〔註82〕

〈悲運の鄭氏〉（不幸的鄭氏）以日本歷史一環的角度，寫鄭成功家族與陳永華為反清復明大業奮鬥的經過。〈山路〉寫部落警察山田新吾與原住民相處的情形，表現出原住民接受皇民教化成功，且能代替喪妻又即將出征的山田照顧下一代。〈小春日和〉寫一住在台南熱衷製作滑翔機的日本人小學生，背著父母跑到台北購買材料而迷了路，被內田巡查發現後，通知父母並加以協調，認為少年的嗜好關乎航空思想教育。最後少年來函感謝內田，提到長大要成為優秀的空軍。〈軍事郵便〉藉著夫妻往來信函內容，寫出後方與戰地的生活情狀。〈敵愾心〉寫某地的日本俘虜營，當中的英美俘虜受到日本人很好的管理。〈築城の抄〉寫台灣人民勤行報國，為達全島要塞化目標，奉公築城的情形。

11. 新田淳（生卒年不詳）

台北帝國大學文政學部畢業後，任職於總督府文教局編修課，創作有小說、隨筆與短歌。〔註83〕小說除了發表在《臺灣時報》的〈池畔の家〉（1941.5 未完成），大多發表在《文藝臺灣》，有〈犬〉（1940.10）、〈芭蕉畑〉（1941.6～7）、〈元旦の插話〉（1942.1）、〈ある一座〉（某劇團，1943.6）等。

〈池畔の家〉，是一篇以統治層理想形塑本島人物的小說，寫出部落日本巡查所擔負的行政、警察、教育工作等重任，並透過知識分子的眼光對傳統大家庭提出批判，觸及了皇民化運動中的信仰神宮大麻、講日語、改日本姓以及從軍等面向，被時人藤野雄士稱許為有力的寫實之作〔註84〕。〈犬〉描寫住在台灣北部日本文人的日常生活。〈芭蕉畑〉藉著遠離塵囂暫居埔里的知識分子，反省在台日人的生活，並以對佐藤春夫〈霧社〉的印象，重新審視霧社事件後山地的變化。〈元旦の插話〉寫日本佔領台灣初期六位日語教師在芝

〔註82〕 參考中島利郎編，《日本統治期台灣文學小事典》，頁 106～107。
〔註83〕 同前注，頁 87。
〔註84〕 藤野雄士，〈最近に於ける一つのプラス——新田淳『池畔の家』その他——〉，《臺灣時報》1941 年 6 月，頁 49～51。

山巖國語傳習所遇害的事件。〈ある一座〉（某劇團）以日據時期新劇團在地方轉徙演出的生活場景，呈現台灣戲劇的發展困境。

1942 年 2 月新田淳在《臺灣鐵道》發表小說〈魚鶴〉，5 月起成爲該誌編輯，可能由於新田淳的邀稿，《臺灣鐵道》陸續出現濱田隼雄、西川滿、龍瑛宗、川合三良、周金波、新垣宏一、楊雲萍、張文環、野田康男、坂口䙥子、吉村敏等台灣文藝界名家作品。〔註 85〕

12. 德澄晶（生卒年不詳）

日本熊本人，女性作家，曾任教於中壢郡楊梅庄草湳坡公學校、大和國民學校。發表在《文藝臺灣》的作品有〈海ほほづき〉（海酸漿，1943.9）、〈小豆飯〉（紅豆飯，1943.11），其中〈海ほほづき〉爲參加該雜誌小說徵選時獲濱田隼雄、西川滿推薦的佳作〔註 86〕，另有〈潮鳴り〉（濤聲，1944.3）收入西川滿編的小說集《生死の海》。

〈海ほほづき〉（海酸漿）寫居住台灣鄉下的日本家庭，在子女與在地台灣孩童來往中，日本母親擔憂子女日語發音與文法日趨灣化，日本父親則主張以身作則是最好的同化方式，最後母親加入孩子們的活動，寓教於樂。〈小豆飯〉（紅豆飯）寫小學老師房枝到問題學生秀雲家訪談的經過，與學生祖母交流融洽，內容也包含了台灣志願兵與日本人出征等戰爭圖象。德澄晶發表的作品雖然不多，但對於「內台融合」問題能有深入的觀察與描寫。

13. 龜田惠美子（生卒年不詳）

出生於台灣，曾任公學校教師，創作包含俳句、詩、隨筆和小說。1941年加入《文藝臺灣》，同年發表〈ふるさと寒く〉（故鄉好冷，1941.7），寫灣生勢子與少小離家的父親回日本探親的過程，深受龍瑛宗推賞〔註 87〕，曾入圍第一屆「文藝臺灣賞」，但由於作品數不足落選。後赴上海、香港等地，返台後受雇於總督府情報課。〔註 88〕

〔註 85〕 由新田淳隨筆〈冬服〉（《臺灣鐵道》1943 年 3 月）一文也可看出新田與川合三良、濱田隼雄、新垣宏一關係親近。參考中島利郎〈作品解說〉，《「台湾鉄道」作品集二》（東京：綠陰書房，2007 年 2 月），頁 386～388。
〔註 86〕 西川滿，〈「海ほほづき」の作者について〉，《文藝臺灣》6.5（1943 年 9 月），頁 42。
〔註 87〕 龍瑛宗，〈文藝時評〉，《文藝臺灣》2.5（1941 年 8 月），頁 54。
〔註 88〕 參考中島利郎編，《日本統治期台湾文学小事典》，頁 13～14。

二、在日本從事文學活動者

1. 佐藤春夫（1892～1964）

日本和歌山縣新宮町（現新宮市）人。爲日本大正、昭和時期代表性詩人、小說家。佐藤春夫 1920 年接受住高雄友人東熙市的邀請，曾到台灣旅行三個多月，透過總督府博物館代館長森丙牛的安排，獲得下村海南民政長官的特別關照，足跡遍及台北、高雄、嘉義、日月潭、埔里、霧社、台中，其間還由高雄轉至廈門旅遊。返回日本後，1921 年起，佐藤春夫在《改造》、《新潮》、《中央公論》、《女性》等雜誌發表〈霧社〉、〈旅びと〉（旅人）、〈魔鳥〉、〈殖民地の旅〉、〈女誡扇綺譚〉等與台灣相關的小說、遊記。1936 年出版《霧社》（昭森社）一書，收錄了〈日章旗の下に〉（太陽旗下）、〈女誡扇綺譚〉、〈旅びと〉（旅人）、〈霧社〉、〈殖民地の旅〉、〈かの一夏の記〉（彼夏之記），皆是與台灣旅遊經驗有關的小說。〔註89〕

1925 年發表的〈霧社〉可說是最早以霧社蜂起（1920 年薩拉馬奧事件）爲題材的作品〔註90〕，佐藤以旅人旁觀者視線觀察霧社地區原住民，質疑總督府的理蕃政策與蕃人教育，試圖對「文明」與「野蠻」二元對立提出反省。同年發表的〈女誡扇綺譚〉以台灣安平及台南爲舞台，主人翁經由友人世外民導覽，拜訪了台南西郊外的廢港、沈家豪宅，藉由南台灣第一富豪沈家的傳說，傳達了殖民地台灣的歷史與統治問題。這部佐藤春夫的代表作，表現出與日本島國習氣大異其趣的異國情調，島田謹二稱許佐藤慧眼獨具，將〈女誡扇綺譚〉列爲日本外地文學論述的範本〔註91〕。

島田謹二參考法國殖民地文學的情況，爲以在台日人作家爲主的殖民統治者文學創設出強調異國情調、鄉愁、寫實主義爲共同基調的「外地文學論」，佐藤春夫的旅人觀點實踐了島田外地文學中異國情調文學的部分。在台日人西川滿深受佐藤影響，他的〈赤嵌記〉可說是繼承〈女誡扇綺譚〉觀點發展的作品。

〔註89〕 參考中島利郎、河原功編，《日本統治期台湾文学日本人作家作品集》別卷（内地作家）〈内地作家略年譜・作品解說〉，頁 67～573、中島利郎編《日本統治期台湾文学小事典》，頁 36。

〔註90〕 〈内地作家略年譜・作品解說〉，頁 570。

〔註91〕 松風子（島田謹二），〈佐藤春夫氏の「女誡扇綺譚」〉，《臺灣時報》1939 年 9 月，中譯引自黃英哲主編，《日治時期臺灣文藝評論集雜誌篇》第 2 冊，吳人豪譯，頁 391～392。

2. 大鹿卓（1898～1959）

日本愛知縣海東郡人，本名大鹿秀三。小學階段隨家人短暫移居台灣，旋即返回日本。曾就讀府立第一中學、秋田礦山專門學校，京都帝國大學經濟學部肄業，擔任府立第八高等女學校化學老師。受兄長詩人金子光晴影響，以詩作展開文學創作，三十七歲起專事小說創作。1931 年在《作品》發表以台灣山地為背景的小說〈タッタカ動物園〉（塔茲塔卡動物園）後，創作了一系列台灣原住民小說，如〈蕃婦〉、〈欲望〉、〈奧地の人々〉（僻壤的人們）等，其中以 1935 年 2 月入選《中央公論》文學獎的〈野蠻人〉最具代表性。1936 年由巢林書房出版小說集《野蠻人》，其中收錄了四篇以台灣為背景的小說〈野蠻人〉、〈蕃婦〉、〈タッタカ動物園〉、〈莊の欲望〉。〔註92〕

《野蠻人》當時在台灣成了禁書，可見其作品帶有批判意味。〔註93〕與佐藤春夫〈霧社〉同樣以 1920 年薩拉馬奧事件為背景的〈野蠻人〉一作，著重描寫被逼至困境的原住民為求生存所產生的蠻性，而身為統治階層的山地警察，在鎮壓行動中所展現的野蠻性，也沒逃過作者批判的筆鋒。〈蕃婦〉描寫原住民女性對山地日本警官的嚮往，結果因為同族女性的嫉妒心、族人男性衝動殺了警衛，引發了駐在所討伐部落的毀滅性行動，情節有如霧社事件的部分縮影。

根據川村湊分析，專攻礦山、冶金學而成為作家的大鹿卓，以刻劃礦山世界、採礦師為創作特色，並帶有社會批判性。面對充滿自然與人工、野蠻與科學、神話與文明意義的礦山，身為採礦師而兼具感性的大鹿卓，內心時時面臨野蠻與文明、自然與文化的衝擊，創作時多以遠離文化、文明中心的邊境，如台灣、樺太、千島、北海道為作品背景。世間雖不乏一夜致富的採礦師，但大鹿卓關注的是那些居無定所的採礦者，並嚮往一種超越民族、國家的有如共同體般羈絆的人際關係。而一系列台灣原住民小說的創作，表現出大鹿卓憧憬如台灣原住民般樸素、野蠻，且具有野性美、野性精神的人類。〔註94〕生活在台灣山地的原住民與在礦山中謀生的礦工，都是在大自然中求生存，並展露人類原始本性的，顯示大鹿卓所追求的人性。重要代表作是描寫日本礦山公害問題的《渡良瀨川》、《谷中村事件》等小說。〔註95〕

〔註92〕參考中島利郎編，《日本統治期台灣文學小事典》，頁 9。

〔註93〕參考河原功，《台灣新文學運動的展開》，頁 59。

〔註94〕本段參考川村湊，〈《大鹿卓作品集》解說〉，《日本植民地文學精選集 45·大鹿卓作品集》（東京：ゆまに書房，2001 年），頁 1～3。

〔註95〕參考河原功，《台灣新文學運動的展開》，頁 60。

3. 庄司總一（1906～1961）

　　日本山形縣人，7 歲時隨父親來台行醫。中學畢業後回日本就讀慶應義塾大學英文科，在學期間以阿久見謙的筆名在《三田文學》〔註96〕發表小說。1940 年通文閣出版《陳夫人》第一部「夫婦」，1942 年完成第二部「親子」，1943 年 8 月因此獲得「大東亞文學獎」。《陳夫人》在「內台通婚」的主軸下，以台南資產家陳阿山留學日本的長男陳清文，娶了日本女子五十嵐安子為妻，回到殖民地台灣台南，在大家族生活中所產生的民族文化衝擊為鋪陳文本。

　　庄司總一是少數能較深入描寫台灣人與台灣家庭的日本人，對此點濱田隼雄十分推崇：

　　　　陳夫人勇於挑戰本島人的生活、個性、心理等難度相當高的部分，
　　　　這一點是十分值得敬佩的。而對於深知台灣、尤其是本島人寫入文
　　　　學的不為外人知之難處的我輩而言，感佩至極。〔註97〕

　　1943 年 6 月起在台灣《新建設》雜誌連載〈青年の門〉，描寫台灣留日學生的遭遇，與追求皇民奉公的歷程，連載十次未完成；1944 年 9 月起在《旬刊臺新》連載〈月來香〉〔註98〕，一改《陳夫人》中對台灣女性的負面描寫，敘述台灣無知的婦女龍氏滋美，如何在日本人指導下皇民化的過程，處理的仍是混血與內台融和的主題，內容與《陳夫人》有些對照性。隨著大東亞戰爭的戰況激烈，小說為戰爭宣傳的味道更加濃厚。

〔註96〕《三田文學》為慶應義塾大學文學部刊物，由文學科教授永井荷風所創，內容多為反自然主義的耽美作品，以佐藤春夫最具代表，形成所謂「三田派」。參考劉崇稜，《日本近代文學概說》（台北：三民書局，1997 年 3 月），頁 143～144。

〔註97〕濱田隼雄，〈庄司總一氏の陳夫人について〉，《臺灣時報》257（1941 年 5 月），中譯引自黃英哲主編，《日治時期臺灣文藝評論集雜誌篇》第 3 冊，張文薰譯，頁 76，濱田於文中說：「我覺得內地人作家若想要深入理解本島人的心理狀況，會隨著其身為作家的良心越深而越感困難。我說的自己好像是內行人一樣，其實是曾經嘗試了好幾次，但每次都只能搖頭興嘆……我們仍然裏足不前，總覺得到了最後階段會有些無法超越的東西。更具體的說來，是對在這種情況下寫出來的東西，能否具有現實感缺乏自信」，頁 74。

〔註98〕〈青年の門〉、〈月來香〉連載期間，庄司總一居住在東京，1944 年春天疏散至山形縣岳父。參考黃宗彬，《台灣日治時期文學作品研究——庄司總一之〈陳夫人〉》，中國文化大學日本研究所碩士論文（1999 年），頁 17。《旬刊臺新》8 月中旬的連載小說預告（頁 19）提到，次號起預定連載台灣出身庄司的〈月來香〉。推測此二作應是庄司總一在東京完成，在台灣發表的作品。

4. 中村地平（1908～1963）

日本宮崎市人，本名中村治兵衛。受佐藤春夫文學啓發而對南方懷有強烈憧憬，1926 年宮崎中學畢業後到台灣求學：

> 自小就對南方有著強烈憧憬的我，在讀了佐藤春夫的〈女誡扇綺譚〉、〈旅人〉等以台灣爲題材的小說後，再也按捺不住憧憬。當從九州 M 中學畢業後，也由於入學考試不考數學的緣故，我就去投考台灣總督府高等學校。〔註99〕

台北高校時期與文學同好創辦《足跡》雜誌，也在校友會文藝雜誌《翔風》發表作品。1930 年進入東京帝國大學文學部美術史科就讀，於 1932 年在《作品》發表以台灣爲題材的小說〈熱帶柳の種子〉，受佐藤春夫賞識。1939 年回到闊別九年的台灣旅行訪問一個月〔註100〕，9 月在《文藝》發表〈蕃界の女〉，12 月在《文學界》發表〈霧の蕃社〉，1940 年 10 月在《知性》雜誌開始連載〈長耳國漂流記〉，1941 年出版了《長耳國漂流記》、《臺灣小說集》。《臺灣小說集》收錄了〈霧の蕃社〉、〈蕃人の娘〉、〈人類創世〉、〈旅さきにて〉（在旅地）、〈太陽の眼〉、〈熱帶柳の種子〉、〈太陽征伐〉、〈蕃界の女〉、〈廢れた港〉（廢港）。

〈熱帶柳の種子〉爲中村地平在台北高等學校寄宿生活的寫照，描寫一位天眞活潑、平易近人的十七歲少女阿洽，每天幫忙年輕學生洗衣打掃，對於自己能和日本人來往十分得意。作者筆下完美的阿洽，就像「光」一樣潔白，寄託著作者青春期時對南方的憧憬，也讓作者回想起現代日本社會所遺失的淳樸，而有美化殖民地和被殖民者的傾向。

〈霧の蕃社〉，將 1930 發生的霧社事件小說化，觸及了理蕃政策下的通婚問題。小說中描寫了與日本巡查近藤三郎結婚又遭遺棄的原住民女子狄娃斯魯道，以及與其他起義者相關的原住民女性，她們憧憬日本男性、努力實踐皇民式生活的形象，充滿著帝國男性的自戀情結。〈蕃界の女〉透過旅人畫家三吉的觀感，將原住民女性視爲性愛對象的異國憧憬視線表現得更露骨。

〈長耳國漂流記〉根據 1871 年的琉球難民事件、1874 年 3 月樺山資紀與水野遵的先遣調查，以及 5 月出兵犯台的史事，演繹成爲歷史小說，摹寫了

〔註99〕中村地平，〈三等船客〉，收入《仕事机》（東京：筑摩書房，1941 年），轉引自河原功，《台灣新文學運動的展開》，莫素微譯，頁 24。

〔註100〕此行的情形可參考中村地平，〈旅びとの眼——作家の觀た臺灣〉《臺灣時報》，1939 年 5 月。

在文明壓制前台灣原住民的荒廢，寄託了作者對野性、原始的想像與憧憬。

　　河原功指出，台灣體驗可說是中村地平文學的原點，他一方面提倡「南方文學的樹立」，一方面覺悟到以台灣爲題材的創作已到達飽和點。〔註101〕

　　在進入各章節重要主題討論前，將本論文的六個重要主題所論及的小說家與作品篇數統計如表，同一部作品如涉及一個以上的重要主題的，採重覆計篇方式。

重要主題篇數 作　家	原住民	台灣女性	農業移民	身分認同	聖戰	歷史小說
大河原光廣					5	
大鹿卓	2					
土井はる					1	
山川不二人					1	
川合三良				5	3	
川崎傳二		1				
小林井津志				2	4	
中村地平	4	1				
今田喜翁					2	
庄司總一	1	2		2		
西川滿	1	5	1		2	11
吉村敏	1				2	1
竹內治					2	
坂口䙥子	1	2	3	3	6	
佐藤春夫	2	1				
河野慶彥	1	1			5	
松居桃樓					1	
神川清		1			1	
美濃信太郎				1		
英文夫	1					
野田康男				1		
喜納政明					1	
新田淳		1			1	
新垣宏一	1	2		1	7	
德澄晶		2			2	
龜田惠美子				1		
濱田隼雄	1		1	1	9	3
鶴丸詩光					1	
合計	16	19	5	17	56	15

〔註101〕參考河原功，《台灣新文學運動的展開》，頁42。

　　在討論文本中，以坂口䙚子、西川滿、濱田隼雄小說包含的重要主題最多，其次是新垣宏一，從作品的質與量來看，這四位作家可以視爲日據時期重要的在台日人小說家。日人小說家對「原住民」與「農業移民」題材的注意，是台籍小說家受限於客觀條件而較少描寫的。其中「原住民」主題的描寫，集中在中村地平、佐藤春夫與大鹿卓這些主要文學活動在日本的作家，凸顯了日本文壇對殖民地文學題材喜好的傾向。「農業移民」題材特殊，作家必須要有實際的接觸或調查經驗才能勝任。由於對純血觀念的敏感，爲呼應殖民政策中的「內台融合」口號，坂口䙚子、庄司總一特別關心台灣人皇民鍊成、混血兒身分認同的問題，川合三良等具有灣生身分的作家對灣生的身分認同著墨較多。「台灣女性」是殖民者建構他者的對象，西川滿的異國情調女性描寫篇數最多，但以描寫的深度而言，女性作家的表現較爲深刻。台籍小說家較少嘗試的「歷史小說」，西川滿、濱田隼雄積極創作，表現殖民者統治台灣的觀點，藉此改造並滲透台灣歷史，以呼應大東亞共榮意識。隨著決戰體制的形成，在台日人小說家比台籍小說家更積極熱切的呼應總督府的國策要求，響應「聖戰」的小說創作則呈現了質與量的不均衡。

第三章　在想像與現實間的原住民形象

第一節　發現「野蠻人」

　　1871 年 12 月，六十多名琉球人遇風漂流至台灣南部，其中五十四名被原住民殺害。這個被日本人稱爲「征台之役」、「征蕃事件」、「台灣蕃社事件」、「臺灣事件」等不同名稱的清代台灣近海船難事件，被有意佔領琉球、台灣的日本當權者利用，〔註1〕於 1874 年 5 月以「膺懲台灣生蕃」的報復態度出兵台灣南部，摧毀多數原住民部落，藉琉球島民遇害事件而出征台灣，背後包含著日本內政的複雜問題。〔註2〕而整個事件過程中，日本人對台灣留下「野蠻」、「獵首」、「食人」的印象，原住民成爲殖民地台灣「未開化」或「野蠻」的象徵。

　　日本殖民主義包含著文明與未開化（野蠻）二元對立觀念，以人類文明進步爲同化未開化民族理由，正當化了殖民地支配行爲。1930 年日本發行的《大百科事典》，介紹「台灣土民生活」、「台灣蕃人」的三十六張照片中，原住民佔了二十四張，有兩張展示獵首習俗的頭骨架照片。佔台灣人口多數的漢族只得一張照片，人口佔不到百分之二的原住民，被殖民統治者塑造成台灣的形象代表。〔註3〕

〔註1〕　參考吳密察，〈綜合評介有關「台灣事件」（1871～74）的日文研究成果〉，收入《台灣近代史研究》（台北：稻鄉出版社，2001 年 9 月再版二刷），頁 209。
〔註2〕　參考林明德，《近代中日關係史》（台北：三民書局，2005 年 1 月修訂二版一刷），頁 5～9。據林明德分析，日本此次征台的動機中，有爲了緩和因征韓論爭執而惡化的士族反彈與不滿，改善士族階層的窘困經濟因素。
〔註3〕　水野直樹，〈序論──日本の植民地主義を考える〉，收入《生活の中の植民

　　日本帝國的殖民地經營理論，中村勝認為是以「文明人」的中心思想，包裝上近代科學的生物近化論，對原住民逐步形成「未開化」者要受「文明人」「克服」、「討伐」的觀念。從武力討伐到開發教化的「理蕃」事業，都是以生物進化主義的觀點，理直氣壯進行殖民戰爭與統治。藉「文明之名」對原住民強行馴服與教化，破壞原住民固有的生活結構，以便巧取豪奪產業經濟相關的資源。〔註4〕

　　日本人從殖民地原住民身上發現了「殘虐」、「情感幼稚」、「想法簡單」的「蠻性」，並因此確認自己的「文明性」。〔註5〕從明治時期的討伐、大正時期的撫育，殖民地統治者對原住民的觀感，從蒙昧無知的「野蠻人」，到單純、順從、天真、可愛、純真無垢「蕃人」的修辭變化，在在顯示其「文明人」的自信與優越感。〔註6〕小說文本中相較於對漢人蔑視與厭惡的態度，日人小說家對原住民則充滿親愛與愛惜之情。〔註7〕但不論是蔑視或是讚賞，小說文本中所呈現原住民異化與壓抑的形象，皆顯示出作者的偏見與歧視。

　　對日本來台的作家而言，原住民是絕佳的凝視對象，既富異國情調，又

地主義》（京都：人文書院，2004 年 1 月），頁 9～10。

〔註4〕參考中村勝，〈植民統治と「科學以前の生活世界」の思想史的考察——台灣「教化植民地主義」における「理蕃」を中心に〉，《名古屋學院大學論集・社會科篇》41（4）（2005 年），頁 20～22、頁 30、頁 35。中村勝從思想的歷史脈絡觀察日本的殖民統治理論根據，指出理蕃中的「同化」政策，並不是從原住民社會進化論的觀點出發，所以不是生物學基礎理念所謂的使劣者（他者）進化或同化為優者（自己）的。理蕃政策所援用的生物學進化主義，只是優者本位的權宜機會主義，實際上是對劣者的全生活構造加以異化與壓抑。

〔註5〕川村湊，〈大眾オリエンタリズムとアジア認識〉，收入《近代日本と植民地7——文化のなかの植民地》（東京：岩波書店，2001 年 7 月三刷），頁 115、頁 119。川村湊從日本昭和初期描寫南洋、台灣、朝鮮等地的文本，討論昭和初期日本對亞洲異民族的「東方主義」觀點。指出涉及原住民描寫的文本，皆存在著作者以文明人觀看野蠻人的視線。

〔註6〕參考山路勝彥，《台灣の植民地統治——〈無主の野蠻人〉という言說の展開》（東京：日本圖書センター，2004 年 1 月），第 3 章〈植民地台灣と「子ども」のレトリック〉，頁 100～107。山路認為把原住民視為「小孩」，是殖民地官吏為了維持殖民地體制所虛構的世界，作為接觸、統治原住民時有效的政治理念與操作手段，與從法理政治面正當化殖民統治的「無主野蠻人」觀念是一體兩面，頁 94～95。

〔註7〕如大鹿卓 1935 年 8 月發表於日本《作品》的〈欲望〉（結集成書時更名為〈莊の欲望〉），描寫穿梭在日本人與原住民間，牟利以滿足私慾的漢人。

能展現台灣的地域特色。生活在文明社會的帝國主義作家，藉著在異鄉、殖民地的冒險，以未知的、他者的遭遇擴展自身視野，在自我調適中體驗著自身的變化。〔註8〕他們以原住民爲題材時，皆觸及了原住民女性的描寫，異國情調與肉體散發的魅惑，寄託著作者原始熱情的性幻想。作家對原住民男性以「野蠻」、「殘暴」等刻板化修辭形塑之餘，對於原住民女性則傾向「野性美」、「順從」與「媚日」的形象刻畫，符合殖民統治者的想像，成爲被統治者的隱喻。中村地平〈霧の蕃社〉〔註9〕（霧之蕃社）將施行理蕃政策下的原住民社會比喻爲「喪失女性生理機能的初老婦人」（頁39），以及佐藤春夫〈霧社〉〔註10〕中與山地日本巡查結婚後遭遺棄的原住民婦人，異族通婚的失敗令她回不去原生部落，受馴服爲統治者傳達命令的公所通譯，成爲指揮男性同胞的工頭（頁146～147），顯示著殖民者對征服對象的陰性化隱喻。

　　曾於1920年到台灣短期旅行的佐藤春夫，1925年在日本《改造》雜誌發表〈霧社〉，在霧社目睹原住民男子罹患文明病的心情：

　　　　在這蕃地，而且是在蕃人中發現梅毒患者，令我感到十分意外。（頁
　　　　142）

作者的反應正是當時日本人對原始族群的想像：「蕃人」是純眞無垢不受文明污染的，邱雅芳指出這樣的觀感有其盲點，文明病的入侵與山區的開發有關，殖民擴張也造成疾病的新形態。〔註11〕當時台中州知事在招待佐藤的宴席上說：

　　　　從内地來的旅行者總是在僅僅一瞥蕃山後，也許就覺得蕃人像詩一樣
　　　　的令人喜愛，但對統治者來說，實在沒有比他們更棘手的了。（51頁）

在「無主的野蠻人」與「可愛的小孩」並存的他者想像下，使得殖民統治者對1930年10月發生一百三十四名日人遭原住民殺害的霧社事件感到震驚之

〔註8〕　石崎等，〈イラ　フオルモーサの誘惑──佐藤春夫と植民地台湾〉（2）《立教大学日本文学》90（2003年7月），頁62。

〔註9〕　本文所依據的版本爲河原功監修，《日本植民地文学精選集・臺灣小說集》（東京：ゆまに書房，2000年9月）所收，原文爲日文，中文爲筆者自譯。

〔註10〕　本文所依據的版本爲中島利郎、河原功編，《日本統治期台湾文学日本人作家作品集》別卷所收，原文爲日文，中文版收入邱若山譯，《殖民地之旅》（台北：草根文化，2002年9月）。引文中譯爲筆者參照原文與中譯版完成，所示頁次爲日文版。

〔註11〕　參考邱雅芳，〈殖民地的隱喻：以佐藤春夫的台灣旅行書寫爲中心〉，頁112～114。

餘，始終未能正視事件起於「原住民長年遭到總督府的討伐、處分，因而滋生怨恨。此外，原住民經常遭到強制勞動、原住民婦女被辱、以及地方官兵的傲慢統治等」〔註12〕因素，站在「文明」的高處，將這次抗日行動視為野蠻無知對文明進步的反抗，掩蓋了殖民者與被殖民者、壓迫者與被壓迫者的不平等關係，卻再一次確認領土範圍內「野蠻人」的存在。

一、教化的合理化

曾在台北就讀高等學校的中村地平，1939 年回到闊別九年的台灣旅行訪問，回日本後在雜誌《知性》上連載的（1940.5 至 1941.5）〈長耳國漂流記〉〔註13〕，摹寫了在文明壓制前台灣原住民的荒廢，寄託了作者對野性、原始的憧憬。文本中的「長耳國」指的是台灣，由島上的原住民戴著耳環、遠觀有如「長耳人」而得名。（頁 303）作者根據 1871 年的琉球難民事件、1874 年 3 月樺山資紀與水野遵的先遣調查，以及 5 月出兵犯台的史事，演繹成為歷史小說。〔註14〕

小說中將原住民描述成一群愚昧、無智、樸實，像孩子一樣的人，情感、思想都很幼稚，呈現「野蠻」、「未開化」的形象：

> （七八個生蕃）全都體格強壯，容貌也都比樺山們想像的更出色，甚至可以說更接近日本人，這事給人一種奇異的感覺。男的全都披著短麻上衣，下面垂著像我們兜襠布那樣的東西，只稍微在前面遮住陽具，後面全開。頭上戴著圓型精巧手工編製的藤帽，據說吃飯時可以拿來當作食器。（頁 390）

> 酋長到目前為止，已經取得十一個支那人的頭，是山中的第一勇者。
> （頁 391）

荊子馨指出日本人改寫吳鳳故事時，即透過原住民獵人頭主題，再次強調原住

〔註12〕 黃昭堂著、黃英哲譯，《台灣總督府》（台北：前衛出版社，2004 年 11 月），頁 132。

〔註13〕 本文所依據的版本為《中村地平全集》第一卷（東京：皆美社，1971 年），原文為日文，中文為筆者自譯。

〔註14〕 中村地平在序章提及此作主要的參考文獻為：〈大路水野遵先生‧処蕃提要〉、〈台湾史と樺山大將〉、〈明治七年地方事務日誌〉、〈沖繩県台湾遭害者墓碑拓本〉、〈台湾始末〉第一卷、〈琉球処分〉、〈牡丹社遭難墓碑改修報告書〉、〈琉球蕃民の墓〉等，並加上自身採訪部落長老的田野調查結果。參考《中村地平全集》，第一卷，頁 304〜305。

民的野蠻性，完全抽離了習俗的儀式性與社會性目的，把他者的恐怖野蠻性當成一種既成的公認事實來述說，掩蓋了原住民部落間以及與漢人、日本人這些非原住民間的敵對關係，獵人頭只被簡化成野蠻與殘酷的代名詞。〔註15〕這也是許多描寫原住民作品的文本策略。

　　這群「樸素善良」的「孩子」飽受漢人欺壓，文本中多處描寫了原、漢的衝突與權力的爭奪，處處醜化漢人，藉此襯托來自文明國度的水野遵、樺山資紀對原住民的同情與正義感：

> 水野終於注意到她是有鴉片毒癮，看著蕃婆陰慘的模樣，水野一副不甚唏噓的陷入深思。「讓鴉片毒出現在這個野蕃、無智的人類中的，應該是支那人吧！」（頁366）

> （樺山）我們的祖先和你們的祖先是一模一樣的。你看，臉也很像，我們彼此不好好相處是不行的。（頁393）

原住民被塑造成扭曲負面形象：與我們相同但又不像我們，有著成為「文明人」的潛力。〔註16〕在「文明」與「野蠻」的對照下，「有智識」的日本人對原住民心生「憐憫」，顯示出「文明人」的優越感。阮文雅指出中村強化原住民的多重受害者的形象，受「支那人」、「熟蕃」、「外國商人」的利益壓榨〔註17〕，一方面營造台灣是無主之國的氣氛，另方面馴化未開化的他者也成了日本為琉球人復仇，與日後殖民台灣的理由。

　　當敘事者到高士佛社採訪時，透過巡查山野福太郎見到頭目與長老，原住民的態度已變得順從：

> 怎麼也看不出是長老或頭目的威嚴，連一點蕃人原始的強壯都沒有，被帶到山中絕對權威者大人（巡查）面前顯得十分吃驚，那樣子令人感到可悲。（頁347）

〔註15〕荊子馨著，鄭力軒譯，《成為「日本人」》（台北：麥田出版，2006年1月），頁212～213。

〔註16〕荊子馨分析了新渡戶稻造《日本國族》中以殖民主觀點正當化鎮壓原住民的言論，揭示殖民論述的矛盾機制，在自我與他者、文明與野蠻的界線劃分下，他者不能永遠是殖民經濟體制外的絕對他者，界線必須明確但也要可以調整，並且將他者整合到帝國內部以彰顯日本自身的野蠻性，才能使日本加入西方強權文明現代國家之列。荊子馨，前引書，頁216～217。

〔註17〕阮文雅分析作者與書中人水野十分強調原住民的受害者形象，卻在出兵無主國的自我正當化理論下，將自身排除在侵略者、壓迫者之外，參考阮文雅，〈中村地平「長耳国漂流記」における台湾観〉，頁91～92。

受殖民帝國馴化支配的原住民，不再是充滿生命力與好奇心的「野蠻人」，當
敘事者問及當年「蕃人們對琉球人作了什麼事」時，原本侃侃而談的頭目與
長老，突然噤若寒蟬，顯出很沮喪的模樣，巡查面帶微笑的說：「蕃人們也知
道殺人是壞事了」（頁 349），經過殖民者理蕃的結果，原住民被教導「馘首是
罪惡的」，並要「引以為恥」，而美其名為採訪，負責通譯及指導的巡查，談
話的態度有如對嫌犯問訊般的威脅利誘，在日本人表現馴服野蠻人的得意心
態背後，我們看到了步上漢人、「熟蕃」後塵的侵略者，繼續壓迫弱勢的原住
民族群。

　　出版於 1940 年代庄司總一的長篇小說〈陳夫人〉〔註18〕，對於原住民
女性的形象塑造仍不出文明與野蠻的對照手法。出現在文本中的原住民女子
陳陣，她是陳家三子瑞文的妾。作者安排瑞文在鄉下河邊窺見沐浴的陳陣，
獵奇般的拿起相機偷拍，被陳陣狠狠的拿著鐮刀追討相機，陳陣有如「山
貓」、「豹」的形象，與瑞文日常習見的漢人小腳女子不同，散發著令瑞文想
逃又想跟從的奇異吸引力（第一部頁 170），作者透過瑞文的眼，對陳陣充滿
異族風貌的描寫，在漢人角色上表現了日人異國情調的視線。在與陳陣發生
關係卻大失所望後，瑞文卻急於探知「無知下賤的蕃女」（第一部頁 242）是
否混有白人血統，「即使是大海中的一滴也罷」（第一部頁 236），企圖由血液
尋求救贖，潛藏著混有白人血液的原住民優於純血原住民的價值判斷。這種
源自日本近代西化歷程的崇洋觀點，可說是日本式的想法。〔註19〕

　　對打獵比對穿華服、吃美食有興趣的陳陣，為了替亡父復仇，花了五天
翻山越嶺獵殺一頭豹，但陳陣那急於迎合「大人」（瑞文）的母親阿笑，卻將
象徵野蠻、陽性的獵槍丟入火爐，陳陣為此甩了母親巴掌，（第一部頁 253～
255）宛如女中豪傑的行止，在在顯示陳陣身上始終流露著「如自然界男性生
物素樸的習性」（第二部頁 33）。

〔註18〕庄司總一，《陳夫人》（1944 年通文閣版，リバイバル（外地）文學選集（第二
　　　　回配本）第二十卷，東京：大空社，2000 年 10 月），原文為日文，中文版為黃
　　　　玉燕譯，《陳夫人》（台北：文英堂出版社，1999 年 6 月），二版本皆為 1944 年
　　　　改訂第三版。引文中譯為筆者參照原文與中譯版完成，所示頁次為日文版。
〔註19〕邱雅芳針對陳陣的形象分析，指出是表現日本人對台灣原住民的男性想像，
　　　　透過瑞文所呈現的仍是十分日本式的。陳陣天真熱情的形象塑造，仍不出帝
　　　　國男性一貫的對原住民女性野蠻、無知的刻板印象，甚至處處以殖民者的眼
　　　　光假想瑞文的心情。參考邱雅芳，《聖戰與聖女：以皇民化文學作品的女性形
　　　　象為中心（1937～1945）》，頁 67～68。

　　瑞文被毒蛇咬傷時，陳陣以口就傷口吸出血的救命之情，令和妻子婚姻不滿、愛戀嫂嫂安子不成而失落的瑞文，心生不可思議的親密之情，但陳陣野性奔放的魅力卻又像隻難以駕馭的動物。（第一部頁 242～244）瑞文想納陳陣爲妾，卻陷入無法認同她原住民身分的矛盾，而即使陳陣對瑞文有兩次救命之恩，陳家也不能接受她踏進家門，陳家的長媳日本人安子覺得不可置信：

　　　　瑞文一定是哪裡不對勁，喜歡也未必要到迷戀上生蕃女子啊？太不
　　　　像話。（第一部頁 227）

當瑞文還猶豫不決時，瑞文因榨取當地農民勞力引起的糾紛卻殃及陳陣，使得母親同屋舍遭燒毀，爲瑞文失去了原有一切的陳陣，卻只能以下女的名義進入陳家，一個截然不同的文化空間。

　　幾乎是被迫著離開大自然家園的陳陣，傳統漢人大家庭令她清楚意識到自己弱勢的身分，獨嚐著失去自由與自尊的苦楚，「有如被移植到異地而喪失了原本色香的花草般」（第二部頁 35）。而始終處在情感矛盾的瑞文，認爲陳陣毫無自我意識也不知反省，有如「白癡」一樣，逐漸放棄「教化」她的想法（第二部頁 36）。甚至對陳陣施暴以處理她與獨子陳明的衝突，有如「對待伺機恢復原始狂暴性的馬戲團動物，馴獸師咻咻揮舞鞭子，令牠在人類的叡智面前萎縮下來」（第二部頁 41），陳陣的生命力一點一點被消滅，也失去了曾令瑞文迷戀不已的吸引力。

　　在陳家處處受刁難的陳陣，經過瑞文及妻子春鶯的「啓發」、「馴化」後，逐漸意識到自己沒知識、不懂禮節，內心充滿著自卑、嫉妒的情緒，地位像奴隸般悽慘難堪。爲了維持在陳家和春鶯僅有的關係，陳陣無視於自己在陳家岌岌可危的處境，替春鶯頂下了失手射傷侄女美圓的罪，被迫離開陳家而至流離失所，最後因腦膜炎死於收容所。雖然作者安排瑞文夫婦在陳陣「犧牲」後，產生悔悟自責的情緒，並親手埋葬了她，然而自我救贖的意義大於對陳陣原住民身分的認同與接納。

　　庄司總一在「內台通婚」的敘事主軸下，爲了塑造陳家長媳日本人安子女神的形象，對本然存在的民族差異，總帶著殖民者父權體系的鄙夷眼光。處在多重弱勢立場下的陳陣，最後因家族成員排擠，出走而慘死異鄉，邱雅芳指出「陳陣的悲慘命運，就在於她抗拒現代性」。〔註 20〕而陳陣所抗拒的

〔註20〕同前注，頁 68。

「現代性」主要來自於半傳統的瑞文夫妻的「教化」，最後不但未能成功轉化爲「文明人」，反而逐漸喪失生命力。相較於安子不接觸、不理會的高姿態，瑞文、春鶯夫婦彷彿成了陳家對陳陣的直接加害者，意味著原住民女性處在日本人、漢人位階下受雙重壓迫經歷「文明化」的重重困難。

二、文明的救贖

野蠻不全然只是文明的對立，成就文明的過程中也展現了另一種野蠻，而對於厭膩了文明社會的「文明人」，有時反透過野蠻尋求救贖。曾於童年時期短暫移住台灣的大鹿卓，1930 年霧社事件發生後一年，發表了一系列台灣原住民小說，如〈タッタカ動物園〉（塔茲塔卡動物園）、〈蕃婦〉、〈野蠻人〉等，視「野蠻性」爲自然純粹的民族性，表現出自己的原住民觀點，以及對殖民政府原住民統治問題的思考。

〈野蠻人〉〔註 21〕中的田澤，因參加了父親礦坑的工人抗爭，與父親對立後，又遭抗爭工人冷落，自我放逐到台灣霧社擔任警衛。在母國被視爲失敗者的田澤，參加了「蕃社」討伐行動後，彷彿從文明中獲得解放般，在割下了陣亡的原住民首級後，驚覺內心潛藏著的原始野性與野蠻人本質。本被殖民者視爲陋習而禁止的「出草」習俗，在鎮壓的大名下，成了統治者懸賞獎勵的行爲。不爲獎金卻無意識的手刃敵首的田澤，在四周人們的推崇讚許下，感到茫然無措，甚至面對十五歲原住民少女泰摩麗卡魯的粗野質樸，田澤感到自己精神軟弱：

> 那種野蠻性就如受著大自然冷酷無情欺凌，呼吸著嚴厲的憐憫而敞開胸膛的大樹，那種習於反叛的莊嚴脈動。那樹汁綿延不絕的流著，從最小樹枝末梢汩汩湧出。相較之下，自己再怎麼樣也只是一株剛移植的貧弱小樹。（頁 30）

泰摩麗卡魯令他發現內心未失去的純真，也看到了自己野蠻性的不足，面對「蕃女」的恐懼與討伐夢魘的困擾，田澤要自己「野蠻起來」、「更野蠻」（頁 32）。爲了使自己能真正接納泰摩麗卡魯，田澤堅決再一次參加討伐「蕃社」的行動：

〔註21〕初刊於 1935 年 2 月日本的《中央公論》，本文所依據的版本爲大鹿卓著、河原功監修，《野蠻人》（東京：ゆまに書房，2000 年 9 月），原文爲日文，中文爲筆者自譯。

爲在廣大自然粗野的氣息和人類原始的爭鬥中自我鍛鍊而亢奮著，
擴張自己的血管流著祖先連綿不絕的血。越過了好幾代的祖先激烈
的血在自己身上復甦，屆時自己的精神絕不輸給那些蕃人們。（頁
37～38）

　　令自己陷入野蠻，並以性暴力征服泰摩麗卡魯爲妻後，田澤選擇成爲「當
地人」，領著妻子在山中伐木蓋房子，經過鎮日的勞動，肉體與精神再也無法
分開思考了，田澤爲自己已眞正呼吸著野蠻的氣息感到驕傲。

　　當田澤爲自己的復原慶幸時，妻子泰摩麗卡魯卻努力讓自己「內地化」
──穿和服、抹白粉、使用筷子，嚮往野蠻的田澤氣急敗壞的要她換上「蕃
布」服、擦去白粉，停止筷子的練習：

　　她用細樹枝當筷子，練習著把小石子從手掌上夾起往嘴裡送。看起
　　來，老是夾不好。她的額頭冒著汗水。他自覺慚愧。每次吃飯時對
　　用手抓飯的她總是罵個不停，那是錯誤的。野蠻，追求野蠻的自己
　　反而不夠徹底。不能讓這樣的事讓她變得萎縮。（頁55）

吸引著田澤的是原住民女性那有如「山貓」般的野性狂暴〔註22〕，荊子馨分
析當對野蠻帶有幻想式認同的田澤看到一個「模仿的」女人，只會提醒自己
的不完整〔註23〕，於是要妻子回復樸素野蠻。妻子使盡全力伐木時彈跳般自
在變化的姿態吸引著他，有如被勇猛動物的寶貴生活力附身的想法令他興
奮，（頁55～56）原住民女性成了補足帝國男性自身的野蠻性的角色。

　　在妻子泰摩麗卡魯的娘家換上原住民服飾、額頭劃上刺青圖案、腰間佩
上「蕃刀」，在原住民男子們的前呼後擁下，田澤自覺已是個野蠻人。但在原
住民們保持距離的觀望態度下，這個由日本人變成的「原住民」，卻像隻在柵
欄中的困獸顧盼徘徊。（頁56～58）

　　將移植自歐美的「文明」反歸大自然的「野蠻」，大鹿卓所要彰顯的是
一種與生俱來的野蠻性，這種野蠻性不只出現在原住民身上，也出現在直接
從事理蕃的日本警察身上，被統治者與統治者的野蠻性是敘事的焦點，河原

〔註22〕從〈タツタカ動物園〉開始，到〈蕃婦〉、〈野蠻人〉等作品，大鹿卓一直以
　　　　「山貓」比喻理想中的原住民婦女。
〔註23〕荊子馨認爲一名小資產階級日本男性從「文明」轉變到「野蠻」，是建立在禁
　　　　止土著越界的基礎上。田澤的「內在野蠻性」發現與「外在野蠻性」殖民投
　　　　射並無不同。荊子馨提出前行研究者所忽略的在這轉變過程中性別衝突的作
　　　　用。荊子馨，前引書，頁205～206。

功指出大鹿卓所要告發的是那一再坦然進行虐殺的日本人才是眞正的野蠻人〔註24〕。荊子馨進一步分析這個發現內在野蠻性的自我反思姿態，是建立在鞏固與延伸外在的野蠻性之上，所引發的不止是殖民統治原住民的問題，也是日本殖民現代性自身的根本矛盾。〔註25〕〈野蠻人〉是大鹿卓透過殖民者對原住民的討伐，反映內心野蠻與文明衝擊的層層鏡像。

將原住民女性視爲性愛對象的異國憧憬視線，在中村地平〈蕃界の女〉（蕃界女子）〔註26〕表現得更露骨，從視覺、嗅覺、觸覺各方面喚起敘述者對原住民女子的官能性感動。旅人畫家三吉在山間天然溫泉窺見一老一少的原住民女性入浴：

> 女孩兩手交疊著枕在後腦下，很安心的仰靠在平坦的岩石上睡覺。
> 豐碩的二顆乳房對著紫陽花色的晴空，輕柔的浮出溫泉水面。感動
> 得無以復加的三吉，目不轉睛的注視著。（頁 202～203）

來自東京的三吉，正爲不幸的婚姻而感到精神萎靡，從大自然中不期而遇的原住民女性裸體獲得感動。在部落偶遇對日本男性充滿好感的原住民女性西巴魯伊娃魯，拼命向三吉等人推銷布匹、葫蘆以換取現金。當三吉指尖不經意碰觸到正手忙腳亂示範著腰帶綁法的伊娃魯柔軟溫暖的乳房，加上鼻間飄來混著汗土氣味的女子體味時，三吉感覺到衰退的身體「彷彿被注入了自然的生命力」（頁 213）。而夜晚入睡後，出現了伊娃魯與在知本溫泉裸浴的豐胸女子合而爲一的夢境（頁 238）。花蓮部落的原始自然風光，原住民女子不造作的行止，喚醒了文明人被壓抑的本能。

小說中三吉聽聞蘭嶼雅美族人過著完全的肉體生活時，顯示出獲救的心情，希望屬於日本國土一隅的「蕃社」，能保有原始的生活，既是爲他們的生活幸福著想，也是「對文化或都市生活感到疲憊如我者」所憧憬的。（頁218～220）先行研究指出，中村地平書寫台灣是作家自我療癒的南方文學，沉溺在自我煩惱中的現代人，把充滿樸素單純的原始野生視爲救贖並且憧憬。〔註27〕楊智景指出，到殖民地台灣來的日本帝國旅人，輕易的把原住民

〔註24〕河原功著，莫素微譯，《台灣新文學運動的展開》，頁 59。
〔註25〕荊子馨，前引書，頁 206。
〔註26〕本文所依據的版本爲河原功監修，《日本植民地文学精選集·臺灣小說集》，原文爲日文，中文爲筆者自譯。
〔註27〕根據李文茹研究，首先對中村地平作品提出此評價的是《中村地平全集》編者淺見淵，之後河原功的地平論、蜂矢宣朗《南方憧憬──佐藤春夫と中村地平》、岡林稔《〈南方文学〉その光と影》等皆準此說。李文茹又從作家的

女性的善意視爲是對自己愛情與身體的極度開放，無視於部落長久以來的風俗性文化要素。〔註28〕李文茹以性別意識認爲中村地平注重原住民女子性徵的視線，將原住民女性作爲帝國男性性暗示與官能想像的對象，同時存在著殖民主義支配與男性視女性爲性愛對象的雙重暴力。〔註29〕

　　對具有四年多在台經驗的中村地平，離開台灣十年後返台旅行時，台灣不是單純的旅遊地，殖民地的原始純樸，是中村寄託鄉愁的所在，而中村憧憬的是台灣的純樸原始，卻未必能如〈野蠻人〉的田澤走入部落和原住民的，以及自己的原始本能坦誠以對。

第二節　走向日本人

一、日本憧憬

　　女作家英文夫刊登在《臺灣新文學》的〈曙光〉〔註30〕，描寫原住民青年東走出部落，到外地接受殖民教化，經過了五年飽受歧視與遭日本人如生畜般使喚的艱困磨鍊後，回到花蓮港擔任警備巡查，並伺機希望能改革蕃界。因自己接受了文化教養而感到虛榮的東，對於因殺警嫌疑遭捕的族人，竟能無情的動刑、治罪，直到自己的父親也受嫌疑遭逮捕，才令東張皇失措起來。

　　警方掌握了部落內可疑的行動計畫後，同事花田巡查主動入山搜索犯人，卻一去不回。身爲族人口中背叛者的東，以傳統裝束作掩飾，深入部落尋找花田，並藉此企圖解救部落脫離野蠻。部落祭典時混入人群中的東，自

　　　　性別意識提出，參考李文茹，〈「蕃人」・ジェンダー・セクシュアリティ——眞杉靜枝と中村地平による植民地台湾表象からの一考察〉，頁132。

〔註28〕楊智景考察甲午戰爭後明治時期雜誌《太陽》地理欄中的台灣山地探險記事，以及久留島彦1896年出版的《蕃地橫斷の記》等，指出日據初期日人的山地探險旅行記，以浪漫語氣讚嘆未開化又極優美的原住民女性，是再確認殖民地支配理論的正當性，強調殖民地台灣的未開發性、政治性落後，以及塑造軟弱的被統治者形象。參考楊智景，〈旅行記におけるジェンダー・エクリチュール——日本統治初期の植民地台湾〈蕃地〉探検記から1930年代の山地ものへ——〉，《国文》（お茶の水女子大学国語文学会）102（2005年2月），頁30～31。

〔註29〕李文茹，前引文，頁136。

〔註30〕本文依據《臺灣新文學》1.9（1936年11月），原文爲日文，中文爲筆者自譯。

然而然的和族人一起歡呼，內心卻有著深入「敵區」的恐懼與亢奮，直到目睹花田的頭顱血淋淋的被頭目放在架上時，情緒激動得幾乎要衝出人群，卻被一旁的情人塔芬制止。花田的事令東想到自己可能的下場，於是陷入馘首宗教意義與現代化的衝突矛盾中。

頭目的女兒塔芬被塑造成為了族人文明化「大義滅親」的形象，加重女性角色的主體性或許是女性作家的觀照層面，但內容完全是作者將想像寄託在歌頌殖民進步思想上。我們無從得知塔芬「文明化」的歷程，但塔芬處在充滿「好獵人頭」、「野蠻、無知」的原住民部落中，當族人對殖民者抱著反抗敵對的態度，並阻撓十八歲的東到外地接受殖民教化時，塔芬卻能獨排眾議，欣然鼓勵情人東走出部落。當接受「文明教化」成為警備巡查的東陷入傳統與現代化衝突的矛盾時，塔芬卻始終懷抱著「改善蕃界」的理想，甚至不惜反抗履行傳統文化的父親，她對回到部落執行任務的東說：

> 五年前你遠行時，我是多麼高興，因為我想，兩人攜手一定能將這個蕃社導向文化的光明處，從野蠻人的污名中解救出來……這樣野蠻的生活是一種再也無法忍受的虛偽生活，自己再也無法如此過完一生，與其如此不如自取滅亡還比較幸福。（頁 10～11）

當頭目想殺掉部落的叛徒東時，塔芬竟說出：

> 我對父親說：「父親如果要殺那人，我會先殺掉父親。」父親看了我許久，淚眼矇矓，那是我出生以來第一次看到剛強父親的淚水。（頁13）

塔芬不僅有著比受殖民教化的東更純真的信念，為了部落「光明」的未來，還能擺脫兒女私情，甚至膽敢違背倫常，挑戰父系威權，成了「巾幗英雄」。

身為部落的「文明進步」者，東和塔芬認為野蠻來自於傳統，是文明的阻礙，只有除掉傳統，部落才能獲得光明，於是不得不殺死傳統的守護者——頭目。重病在身的頭目，在東及族人面前，被自己的女兒殺了。當東說著自己改革蕃界的信念時，族人中有人叫喊著：

> 我們只是把祖先的意志傳達給子孫，我們有什麼罪？文明人束縛了我們，如果說習俗是惡的，那是訂定習俗的祖先的錯。祖先的錯為什麼非要我們承擔呢？能解決的話我們就聽你的。（頁 14）

族人的純真感動了東，眾人對外佯稱頭目因病逝世，令東感到蕃界的改革有望，前景一片「曙光」。

　　然而弒父的塔芬以自殺謝罪的結果，讓東痛苦的狂奔向深山，也結束了作者一廂情願式的蕃地改革想像。這場女性主導的以犧牲換取文明的淨化歷程，雖然不見原住民女性制式化的「野性美」、「順從」形象刻劃，但文本中暗含的合理化同化未開化民族的殖民支配思想，使得身為頭目女兒的塔芬，以不近情理的方式改變了「順從」的對象，視原住民傳統習俗為空洞、無根的形式，顯示出殖民者合理化統治支配的詮釋暴力。

　　對日本憧憬的情感頻繁出現在日人小說中原住民女性身上，佐藤春夫〈霧社〉中的俱樂部原住民女侍，她穿著漢人服飾，不熟練的動作、鸚鵡式的日文語調，以及笑時以手掩著紋面的純真模樣，令「我」感受著親愛之情，但作者也直言那是種類似「我對我愛犬所懷抱的感情」（頁 148）。山路勝彥分析從佐藤眼中反射出的原住民女性，就像可愛的、順從的孩童或寵物，這也是同時代許多相關作品的修辭特色，隱含著上下與優劣的關係。〔註31〕阮斐娜指出除了顯露殖民者內在的優越感外，也隱喻了殖民地支配者與被支配者間階級化的「支配與從屬」關係。〔註32〕原住民女子看著登在「我」帶來的《臺灣蕃族誌》上原住民的照片，她好奇興奮地驚呼了好幾聲「蕃人、蕃人」，正如同「我」問及她的本名時，她毫不遲疑的稱自己「蕃人」，並回答說「蕃人的名字很難」（頁 148），由於統治者語言語義的隔閡，民族自尊的淪喪直接表現在被殖民者輕易接受統治者歧視性的命名〔註33〕。一方面為自己臉上代表成年的標記感到難為情，一方面又站在殖民者的方向觀看、凝視著印刷宣傳品中自己的同胞，符合了殖民者對原住民純真無知的想像。

　　除了天真無垢可愛孩童的形象外，佐藤春夫〈霧社〉中觀看原住民女性的視線，也落在散發原始野性慾望的。「我」抵達霧社當晚，在街上被一名原住民女性搭訕，進而受邀拜訪女子家。而少女原來是山地日本巡查與原住民女性通婚生下的混血子女，對日本男性旅行者有來自血統上的好感，進而從事性交易。本只因好奇想參觀原住民房宅的「我」，在女子逐漸貼近的誘惑中，心生莫可名狀的恐懼，腦海中湧現對原住民嗜血殺人的想像、梅毒患者的印

〔註31〕參考山路勝彥，前引書，頁 104～106。
〔註32〕フェイ・阮・クリーマン（Faye Yuan Kleeman，阮斐娜）著，林ゆう子譯，《大日本帝国のクレオール──植民地期台湾の日本語文学》（東京：慶應義塾大学出版，2007 年 11 月），頁 55。
〔註33〕中村地平〈長耳國漂流記〉中描寫高士佛社頭目和長老談話時稱自己為「蕃人」，「蕃人非常討厭被稱作生蕃。但被稱作蕃人不但不以為意，自己說自己的事時也樸質的稱蕃人。」頁 350。

象，錯綜複雜得令作者精神緊繃，在幾近要投向擁抱野蠻、原始之時，「我」選擇了「沒命的奔逃」（頁171）。

出現在日人小說中的原住民女子都憧憬著日本男性，大鹿卓〈蕃婦〉〔註34〕中的原住民女性雅各塔帕絲和莎嬪摩娜，用盡方法也要獲得山地日本警官Tominaga的青睞，結果因為女性的嫉妒，引發駐在所討伐部落的毀滅性行動。中村地平〈蕃人の娘〉（蕃人的女兒）〔註35〕中的退休警官直言「蕃人的女孩們對內地人十分嚮往」，

> 旅行者的居所大半是警官的宿舍，一知道有內地人投宿，蕃女們近
> 乎糾纏般來玩。然後高興的央求教她們內地話或流行歌等。（頁73）

〈蕃人の娘〉中的花子，是退休警官山本夫婦從花蓮帶來台北幫傭的原住民女子，「我」初見花子時，由於十足內地化的裝束與動作，幾乎不能相信眼前這位害羞的女子具有原住民的身分。但知道花子的出身後，「我」便在凝視中找尋野蠻痕跡與野性美，從她眼神找尋那屬於深山野獸的銳利與凶暴，她的姿態令「我」想像如「遙遠深山樹枝上獨一無二的成熟果實」（頁74）。花子原住民的身分成了「我」寄託性幻想、馳騁原始憧憬的對象。

面對即將返回日本本土的山本夫婦，花子的反應完全喪失理性，在送行的月台上像個「樸實的孩子般」天真的哭泣（頁75），一心也想跟著回內地，便雙手抓緊山本夫婦乘坐的火車把手，企圖想要阻擋列車行進，直到站務員出面阻止，才結束了這場鬧劇。邱雅芳分析花子的三種形象變化，從完全日本化到具成熟野性美，以及結尾時的兒童姿態，指出接受了日本教化的花子，潛在的野性仍無法改變宿命，涉及了文明與野蠻的糾葛。〔註36〕被命名為花子的原住民女孩，對山本夫婦的追隨之情，除了因「主人」有恩於己的不捨外，不乏對「文明」國度的嚮往。花子的形象變化，潛藏著殖民階層的優越感，膨脹了「文明」者「開化蕃人」責任感。

這些原住民女子有日本少女般的動作、表情，仍掩蓋不住「野性的樸素」（〈野蠻人〉頁7），接觸她們令人感受到「無垢的心」（頁11）。而當原住民女子在屋內向帝國男性獻媚時，遭疏遠的族人男性只能焦躁的在黑暗屋外周圍

〔註34〕 初刊於1933年7月日本的《海豹》，本文所依據的版本為大鹿卓著、河原功監修，《野蠻人》，原文為日文，中文為筆者自譯。

〔註35〕 本文所依據的版本為河原功監修，《日本植民地文學精選集・臺灣小說集》所收，原文為日文，中文為筆者自譯。

〔註36〕 邱雅芳，〈南方與蠻荒——以中村地平的《臺灣小說集》為中心〉，頁166～167。

徘徊，將銳利的雙眼窺向屋內（〈蕃人の娘〉頁 73）。〈野蠻人〉中的泰摩麗卡魯在室外浴池為討伐歸來的田澤搓背時，發現在棚子後面偷窺的男性族人，便破口大罵，因為「蕃人男子很臭」而令人討厭，而「田澤先生，不臭」。（頁 32）原住民女子愛慕、追求「潔淨」的日本男子，因不捨而力阻田澤再度出門討伐，在語言能力不足以表達下，捶胸頓足、席地而哭，甚至打罵前來勸阻的「蕃丁」。（頁 34）異族統治者在握有政治經濟各方面的權力後，成了婚姻市場中勝出者，一個在討伐後為山地日本警衛舉行的相親場合裡，原住民女性一進門就盯著眼直問「我的夫婿在哪裡」（頁 41）、「族裡的男人都不行」、「個個都比我弱」（頁 42），殖民者眼中「純真」、「野蠻」的原住民女性，對日本男性的追求表現得十分率直，透過原住民女性映襯出異族「潔淨」、「強」者，我族「不潔」、「弱」者的形象對比，象徵著帝國統治者對原住民族群種族與性別的雙重威脅。

　　這種展現異國情調與台灣地域特色，並寄託作者殖民教化想像的寫作，也可見於新垣宏一的〈山の火〉（山之火）〔註37〕。河野兵吉在失親及貧窮的困境中，聽說台灣農業移民的種種，便同妻子攜幼子赴台發展。然而一介文弱書生無意成為農民，只能把妻小留在小鎮，經常在花蓮山上監督二十幾名阿美族工人採籐。籐蔓生長在古木雜生的高崖峭壁上，曲折縈紆得有如巨莽般，阿美族壯丁腰繫柴刀，身手矯捷，但工作地點危險，不時發生摔落受傷事情，記錄了經濟利益下勞動者無保障的工作情形。

　　為了自己方便指使這些原住民，河野任取原住民原名中的幾個音，幫他們取了好叫的日本名，像把「拉達」叫成「太郎」，「比拉南」叫成「Konpira」（金毗羅），（頁 59～60）命名本是寄託命名者期許的活動，改日本名字便帶有敘述者教化原住民的意圖。

　　和河野一起住在小屋裡的原住民青年太郎，負責煮飯、看管乾燥中的籐蔓。夜裡河野一邊讀著小說，一邊教太郎識字。太郎拿著鉛筆反覆書寫，內容不出：

　　　　神是偉大的人。河野先生的太太是美人。太郎。（頁 62）

河野告訴太郎神不是人，但太郎動不動就說「神」，只要是他以為了不起的，馬上就作「神」聯想，就像他經常掛嘴邊的「日本人是神」，塑造了一個完全臣服於殖民者的原住民男子形象。

〔註37〕本文依據《文藝臺灣》5.6（1943 年 4 月），原文為日文，中文為筆者自譯。

回到家裡照顧瘧疾復發妻子的河野，不久便接到山上乾燥場失火的消息，火勢延燒至小屋，二萬斤的籐付之一炬，所幸沒有造成森林大火。但看管小屋的太郎負了傷並幾近瘋狂，在寫給河野的信裡，太郎充滿了自責：

> 河野先生，請原諒我，是我不好。全部都被火燒掉了……我是壞人。
> 太郎。（頁 71）

原本安逸於現狀的河野，為了兒子未來的教育陷入了進城與否的掙扎，這場大火似乎終結了他的猶豫不決，作者主要表達的是移民來台者受風土病、天災及大資本家壓迫下的生存困境，而原住民青年「太郎」的存在，似乎是為了一掃河野在日本聽說台灣「山上住著可怕人種」（頁 66）的傳聞，親見原住民受教化的成果，一改野蠻的形象而溫馴如孩童。殖民母國的失敗者，移民到殖民地即使仍發展不順遂，不論從階級或種族的層面來看，在原住民面前顯得優越並成為實施皇民教化的一員。

二、通 婚

總督府為配合「理蕃」，勸導當時掌控「蕃地」司法、行政大權的日本警察，與「蕃社」頭目或有勢者的女兒結婚，從心理和情感上突破隔閡，協助殖民政策推行。中村地平將 1930 的霧社事件小說化的作品〈霧の蕃社〉，便觸及了理蕃政策下的通婚問題。小說中描寫了與日本巡查近藤三郎結婚又遭遺棄的原住民女子狄娃斯魯道，以及與其他起義者相關的原住民女性，她們憧憬日本男性、嚮往日式生活。

在敘述者的代言下，馬赫坡社頭目莫那魯道的妹妹狄娃斯魯道，一想到與日本人巡查結婚，可以擺脫赤足睡竹板、以手取食的生活，坐在官舍榻榻米上、吃著白米飯、晚上點起比兄長家火把還高的燈火，「身體高興得顫動」（頁 12～13）。在敘述者主觀的日本式生活優越意識下，「開化蕃人」成了支配者的責任。對嚮往日本母國女性卻為迎合上司而行政策通婚的近藤來說，狄娃斯魯道野獸般生命力旺盛的身體、不比內地人差的容貌，加上部落有權者的出身，以及不時提供「蕃人」謀反的消息以助自己立功的好處，似乎沒什麼令他可挑剔的。（頁 13～14）

然而從霧社山區調職到花蓮市區，面對更多內地人不遜的眼神，令近藤彷彿大夢初醒般的對娶原住民妻之事感到臉上無光，原本在原始山林溪谷間深具魅力的紋面，如今換上和服，走在白天的花蓮街上卻「活像個鬼」（頁

16）。從山區到都市的空間移動，加上他者的眼光，喚醒了近藤對帝國女性的憧憬，提醒著異化的狄娃斯魯道的不完整，當時狄娃斯魯道仍處在對都市生活的新奇中，卻無能察覺一心嚮往的日本「良人」對自己觀感的轉變：高大的身軀坐在榻榻米上顯得彆扭、縫著衣物的手顯得如此不靈巧、在不熟習的廚房裡努力炊煮的樣子多麼可悲。（頁 18）

　　敘述者以六頁的篇幅描述近藤不忍拋棄，甚至想一起尋死的種種苦悶，訴說著「文明的」日本警察與「野蠻的」原住民婦人存在著不可超越的距離，塑造理蕃警察具使命感與溫和有情的形象。最後近藤人間蒸發，返回部落的狄娃斯魯道與族人再婚，恢復傳統的裝束與「野蠻」的生活，卻也心滿意足。（頁 22～23）作者視原住民女性為被觀看者，卻不深入對象的心理層面，形成觀看／被觀看的不對等關係，充滿著帝國男性的自戀情結，也是宗主國與從屬國間權力構造的具體化呈現。〔註 38〕在作者筆下的狄娃斯魯道，除了熱心成為日本太太外，彷彿是沒感情的無知者，也無從一而終的婚姻觀，在殖民者與被殖民者男性權力對抗下，彷彿是無聲的道具。

　　坂口䙮子 1943 年出版的小說〈時計草〉〔註 39〕觸及了理蕃政策下所衍生的通婚、混血問題，文本對「血液」的問題多所著墨，反映出「血液」有優生學與文化象徵的雙面意義。

　　〈時計草〉中的主角山川純，是山川玄太郎在台身為理蕃政策指導員時，與原住民女性媞娃斯魯道結婚生下的混血兒。當純八歲時，父親在未交代的情況下，留下母親、他和妹妹洋子三人，獨自返回日本，又娶了內地女性為妻，並育有三女。

　　混血兒取名為「純」，也許是寄託著玄太郎當年配合政策的理蕃理想，文中嘗藉玄太郎的話，說明當時總督府的理蕃政策：

　　　　所謂的理蕃政策，換言之就是民族政策。關於民族政策，可以分兩

〔註38〕參考李文茹，前引文，頁 136。

〔註39〕〈時計草〉最早發表於 1942 年 2 月的《臺灣文學》2.1，內容因批評殖民政策而遭刪削去 46 頁，只刊首尾 2 頁。1943 年出版的作品集《鄭一家》收錄同名作品〈時計草〉，內容可能已不同於 1942 年發表之作。參考中島利郎、河原功編，《日本統治期台灣文学日本人作家作品集》第 5 卷，頁 561～562；垂水千惠，〈台灣文壇中的日本人〉，收入《台灣的日本語文學》（台北：前衛，1998年 2 月），頁 122～132。本文所依據的是改稿後的文本，使用版本為中島利郎、河原功編，《日本統治期台灣文学日本人作家作品集》第 5 卷所收。原文為日文，中文為筆者自譯。

> 方面考量。一種是面對文化已發展並持有歷史的民族，像英國對埃
> 及的情況。現今有一種是面對文化非常低的民族，這種的話，當然
> 也不會有什麼民族性的歷史，而我國的理蕃政策就是如此。（頁 187）

如此高傲的「使命感」，以原住民為沒有文化、沒有歷史的對象，因此唯有讓「日本人」、「文化人」的血液，在「無文化」的原住民所在的山中培育長成，才能奠定民族自我經營的基礎，這是父親對純和洋子兄妹存在的「肯定」說詞，也是統治者合理化殖民政策與因之而起的衝突過失。

當時被稱為高砂族的原住民，被日本人視為「都是些什麼也不懂，令人吃驚的事也毫不在乎地完成的」（頁 195）「蕃人」、「生蕃」。純的兩次通婚皆告失敗，原因顯然是由於母親原住民的身分。純第一次娶的內地女子，新婚一個月後一回到山上，拋下狠話就回日本去了。第二次婚姻的對象仍是內地女子，純在新婚之夜一告知對方自己母親的身分，對方立刻翻臉痛批山川父子詐欺，當晚即返回娘家了。兩次與內地女子失敗的婚姻經驗，使得純在面對父親努力替他安排的第三位日本女性時，顯得更加躊躇不安。母親原住民的身分是純看待自己婚姻不幸的主要原因，母子間彷彿連繫著一條悲劇命定的繩索，即使自己身上流有「日本人」、「文化人」的血液，純仍未能脫離與原住民母親相同的命運軌道，成為殖民者理蕃的工具。

純面對母親三十年來仍顯得笨拙的坐姿，時時有種急欲脫離血緣關係的衝動。他對母親抱持著悲情式的愛，反射在對母親謙遜用語、卑屈態度的不滿和氣憤，內心質疑母親為何當年要嫁給內地人為妻？為何不跟著父親回日本？懷疑母親的愛情觀太隨便，在悲憤與同情交織的情緒下，純在實際言行上又努力克制，避免傷害母親。然而追根究柢，則歸咎於父親為何當年要娶山裡的女人為妻，使得身為指導者的純始終解不開認同與歸屬的煩惱。

面對生養自己的母親，純竟不能以人倫初始的自然情感面對，反觀身為母親的這一方，媞娃斯魯道在小說中毫無自主性，她的形象是透過他人的眼呈現，她的人生是被決定的，看到兒子為婚姻所受的磨難，她只有感歎和自責：

> 「媽媽如果不是這樣的身分啊，請原諒……」（頁 158）

以「通婚」來抹滅被支配民族的「理蕃」政策，讓一個經歷異族婚姻的女子，對自己的出身感到自卑與罪過，是何等殘酷的事。也可見殖民統治者獎勵推行通婚的目的，正是企圖以異民族支配者的「優性」血液來抹滅被支

配民族。〔註40〕

　　為了第三次婚姻而到內地拜訪父親時，純忍不住問父親：「您喜歡過母親吧？」面對正為終身大事而煩惱焦慮的純，加上拋棄他們母子三人的愧疚感，經過了深思熟慮的玄太郎，肯定地的回覆純：

> 我是愛過你母親的，你那高砂族的母親，我把她當一個女人愛著。（頁180）

對自己「遺棄」的行為，玄太郎解釋是為了繼承亡兄的事業而不得不回日本。考慮到原住民身分的妻子，在內地必然會遭受侮蔑，即使有自己的愛作為支柱，不同的風俗習慣，必不能使妻子感到安適，因此忍痛拋下妻子返回內地。至此我們看到，通婚、混血所面臨的不止是人種改造的問題，有更大的部分是社會性的差異。玄太郎對自己的處置說法是：

> 我想你母親的幸福就是留在山裡，把將成為指導人的你們兄妹養大，在自己的故鄉過完一生，是最合適的幸福。（頁 189）

然而玄太郎在「美化」自己的言行之餘，面臨純接連失敗的婚姻時，也不得不深思當初理想化的想法所造成的後果，而自我批判著：

> 我一個人播下的種子，卻萌生了不幸。（頁 190）

困於混血而散發著迷惘哀愁的純，聽完父親一席話之後，更感空虛寂寞，曾任文化指導者的父親，似乎也無法替純指引出一條明確的道路。而小說中另一混血兒洋子，目睹哥哥四年來因婚姻所遭遇的困境，讓年紀輕輕的她，內心彷彿僧尼般，對結婚沒有任何憧憬，這又豈是玄太郎所能關照的層面呢？

　　愛山而身在父之國的純，因著日本「阿蘇」〔註41〕火山生命力的鼓動，在「草千里」激烈地狂奔、撲跌，躺在日本的土地上，腦海中浮現出家鄉族人清晰的臉龐，醒悟到自己體內的「高砂族血統」，必須要肩負起民族新發展的責任。身為山中之子的純，從「阿蘇」火山的轟鳴中，獲得了精神上的救贖，堅信民族的血必須是「純潔」的。對於來自父親的日本人血液，只有督

〔註40〕星名宏修依小熊英二《單一民族神話の起源》（東京：新曜社，1995）第 13章〈皇民化対優生学〉所論，得出「皇民化」的觀點為推行混血，以此抹滅被支配民族。參考星名宏修，〈「血液」の政治学──台湾「皇民化期文学」を読む〉，頁 17。

〔註41〕「阿蘇山」為五座山組成的複式火山，其中「中岳」為一活火山。綿延在「烏帽子岳」與「杵島岳」間直徑約一公里的大草原，即「草千里」。皆為日本九州著名觀光景點。參考《日本語大辞典》（東京：講談社，1989 年 11 月），頁 41。

促自己進一步放下作爲局外人指導者的身分，返鄉與山中女子結婚，將自己的「血」融入高砂族中，才是新民族的開始。這是對母系的認同，使自己成爲眞正的山的子民，才能完成父親留下的理蕃理想。「血液」是純認同困擾的根源，也是他找尋歸屬的線索。

純看到自己第一次來內地看父親時從家鄉帶來的時鐘草，如今已在父親的院子裡生根茁壯、開花結果：

> 異鄉的時鐘草啊！好好吸取這片土地的土質，盡情地蔓延。讓自己
> 的生命在天地間盡其可能的伸展吧！
>
> 在山中落下的一滴血，也正在高砂族當中成長著。（頁 209）

「時計草」（時鐘草）之名，因其花盛開形狀有如鐘面而得名，中文譯爲西番蓮，即百香果，台語亦有稱時計果或時鐘果的。英文則取其花型結構有如耶穌基督受難情狀，名之爲 Passion Flower。以「時計草」爲小說名，是否暗喻著通婚混血的同化政策中，須帶著一種自我犧牲的情操呢？來自山川純出生地台灣故鄉的時鐘草，在日本的土地自在生長；而體內流著內地人父親血液的純，在在地化場域「落地生根」，這或許是民族融合的理想出路吧。然而一個具有種族文化優越感的統治民族，是否能對被支配者產生一視同仁的態度，畢竟民族融合不只是生物學層面的問題，還牽涉到社會、政治等複雜層面。

玄太郎爲純所安排的第三次結婚對象錦子，是位帶有「八紘一宇」[註42]精神的女性奉公主義者。她認爲那種帶有排他性、獨善性情緒的時代已經過去了，民族指導者必須拿出眞心誠意，以無限的融合力做到清濁兼收，才能更加壯大。故必須將高砂族視爲一個一個的日本人，全心全意地加以培育，錦子計畫以教導山中女子日本花道來傳遞大和精神。當純爲了融入土地的理想，決定選擇家鄉女子爲再婚對象時，錦子理直氣壯地說：

> 您所說的前進，並不是只有加深和高砂族的血緣這一條路可走。讓

〔註42〕「八紘一宇」本是「天下一家」的意思，是由《日本書紀》「神武天皇」卷的「掩八紘而爲宇」一句，於明治年間始慢慢演化成的用語，代表著「皇道天業」的精神與目標。第二次世界大戰時，日本在大東亞共榮圈的企圖、「與全人類共存共榮」的想像下，「八紘一宇」成了日本民族的世界觀，即相信全人類必定走向世界一家，而日本天皇是全世界唯一能實現此一「天業」的聖賢。「八紘一宇」成了日本正當化侵略佔領各國行爲的口號，所有日本人都要翼贊天皇此一願業。參考里見岸雄，《八紘一宇──東亞新秩序と日本國體》（東京：錦正社，1940 年），頁 123～131。

高砂文化接近日本傳統獲得提昇，不也是一種前進嗎？我一定能幫
上忙的，請讓我隨侍在您身邊吧！（頁218）

來自文明與傳統並存國度的錦子，相信愛情與女人的決心可以解決一切。相
對於純的自我認同旅程，錦子的言談充滿著國族主義論述的語調，舉止是充
滿犧牲奉獻的熱情。雖然兩人都選擇了「混血」，但純的決定是以加深原住民
的血液，而錦子則是加深日本人的血統，並傾向以文化統御爲前進理論。

　　錦子選擇與純結婚，是基於對純人品的信賴。但對民族仍持有純血觀念
的錦子，會選擇通婚混血，完全是呼應國家殖民政策的需要，在戰時全民動
員體制下，表現其爲皇國盡忠犧牲的美德。同時高砂義勇隊在南方叢林戰的
英勇事蹟，使得內地日本人一改對原住民的歧視態度，高砂族生不能以純粹
的血統作個日本人，卻能因高度求生技術、勇敢善戰成爲日本人而死的皇民
事蹟，掃除了錦子內心的猶豫，更加堅定自己的選擇。此刻媞娃斯魯道的存
在，附屬在她族群男性流血犧牲的義勇形象下，一反先前劣勢轉而成爲純婚
姻的助力，發揮了工具性功能後，媞娃斯魯道從此隱沒在聖女化身錦子的光
環下。

　　純最終折服於錦子的滔滔雄辯，內心彷彿受到洗滌淨化。當兩人決定共
同攜手爲高砂族的民族政策努力時，純彷彿聽到耳邊響起了幾萬個強有力的
步伐，正邁向戰場，準備效忠天皇，星名宏修認爲這一幕令人聯想到的是大
東亞戰爭對高砂義勇隊的召喚〔註43〕，似乎暗示著純這一連串的自覺與認同
的追尋過程，終究跳脫不出殖民政策的框架。

　　在戰爭體制下，女性往往扮演著配合從屬於男性的角色。但錦子與純正
好與此逆向，是一個不完整的、缺乏自主性的混血男性，與代表殖民者的剛
強女性，二者間勢力不均衡的對話，顯示著純無法改變自己作爲被支配者的
命運，身爲殖民宗主國女性的錦子，不僅代表著文明，也成了聖女的化身。
面對通婚的問題，日本人娶台灣女子和台灣人娶日本女子有不同的發展，如
同父親玄太郎認爲原住民妻子媞娃斯魯道無法到內地來生活，而作爲純的內
地人妻子錦子卻不需考慮生活習慣的問題，未來的山居生活在她所屬的文化
霸權下，不會有玄太郎當年所擔憂原住民妻子赴日本產生的不適與受到的侮
蔑。這種二元對立的思考模式，即日本人與台灣人、優秀與低劣、文明與野
蠻，以及主體與客體等，框架著殖民者與被殖民者，突顯出同化政策下無所

─────────────────────
〔註43〕星名宏修，前引文，頁26。

不在的差別待遇與文化霸權。日據時期的原住民女性，更是在此二元論述下被多重剝削，作為工具性存在的弱勢。

第三節　從「反抗」到「同化」

在男性本位主義的敘事基礎下，原住民女性除了是統治者理蕃的工具，也是族人男性舉事的動機之一，特別是為了回復因帝國男性而失去的男性自尊。中村地平〈霧の蕃社〉中的莫那魯道，為妹妹遭日本警官拋棄之事不平，另一原住民女性魯嬪娜歐依，多情與不貞的形象，也成為族人男性起事的動機之一。原住民女性成了原住民與日本人間問題的導火線，在小說中的形象單薄而無聲，始終扮演滿足男性雄性的工具性角色。

大鹿卓在 1933 年發表的〈蕃婦〉，部分情節影射了霧社事件。頭目的外甥烏依朗由農，「像狂暴的種牛般難以對付」（頁 74），對於族人女性討好山地日本警官 Tominaga 的事顯得十分焦慮，當他撞見莎嬪摩娜在 Tominaga 的屋外張望時，莎嬪摩娜為了掩飾自己窮追不捨的行為，捏造了受潘姓警員騷擾要向 Tominaga 求援的謊言。被塑造成衝動野蠻形象的烏依朗由農，不分青紅皂白襲擊了在河中取水的潘警員，並且砍下頭顱掛在自己屋內。

很快就被發現殺了人的烏依朗由農，被帶到駐在所問訊時，仍心不在焉的追捕地上的青蛙，青蛙又從他手中跳向一名巡查臉上的鬍子，令烏依朗由農暗笑著，一副不知自己犯了「文明社會」大罪的模樣，還企圖帶走放在桌上的「凶器」（蕃刀）。被飭回的烏依朗由農取了家中預藏的槍枝，朝著令他感到滿溢著敵意與暴力的駐在所連續開槍，甚至想要切斷駐在所的電話線，最後引起駐在所討伐整個部落的慘事。原住民男性因自尊遭威脅殺了警衛而引起殖民者討伐的情節，有如霧社事件的部分縮影。

1939 年中村地平以新聞報導及總督府公布的霧社事件調查文獻為基礎，加上自行取材而完成的〈霧の蕃社〉，多站在同情罹難者、憎恨原住民的角度敘事，將霧社事件歸因於日本巡查與原住民婦女通婚失敗的後果。邱雅芳則認為霧社事件衝擊了中村的南方憧憬，使得作者書寫時深化了原住民非理性的層面。〔註 44〕一言蔽之，霧社事件是「文明世界想不到的野蠻慘劇」、「無智的、凶暴的蕃人有計畫的襲擊」（頁 7）。雖然對少數民族表示同情，流露著

〔註44〕邱雅芳，〈南方與蠻荒——以中村地平的《臺灣小說集》為中心〉，頁 171。

憐憫與保護之情，仍不脫以文明人的高度，視此事件為「野蠻」對「文明」的絕望性抵抗，導出加強教化「野蠻人」以早日邁向「文明開化」的結論。

馬赫坡頭目莫那魯道，高頭大馬而沈默寡言，勇武正直，在部落中很受期待。對於妹妹狄娃斯魯道與日本巡查近藤三郎結婚的事本有些躊躇，由於異族通婚並不符合族中長老的習慣，破了例恐怕埋下不平的種子，疼愛妹妹的莫那魯道，不忍傷害為婚事得意揚揚的妹妹，何況通婚後自己就升格為大人兄長的結果也很誘人。（頁 11～12）直到狄娃斯魯道因為「蕃人」的身分被近藤三郎拋棄，令莫那魯道感到自己傷害了部落的傳統習俗，對日本人的侮蔑也積存著不可言喻的憤怒。（頁 23～24）

莫那魯道個人的憤懣，加上殖民地警察對原住民強制勞動所引起的糾紛、不平等待遇，以及與吉村巡查因喝酒習俗引發的衝突，加上荷歌社青年比荷沙波遭媚日女性拋棄，比荷瓦利斯要報日本人殺父之仇等，種種因理蕃政策缺陷而累積的怨怒，造成對殖民統治者的反抗。中村地平從原住民角度談出草，視為原住民傳統文化之一（頁 35），因此馘首成了開拓自身命運的手段，寫出了被逼到絕望盡頭的原住民姿態，觀察出原住民在馴化過程中對民族自身認同瓦解的不安，而決意與文明作最後的搏鬥（頁 39）。

小說中原本形象樸質、頭腦簡單的原住民，歷來起事失敗多由於事前團體無法保密而走漏風聲（頁 42），「蕃人的智能進步神速」（頁 43），莫那魯道則表現了超凡的領導能力，展現了英雄的形象，明知最後不可能獲得勝利，但「勝敗不是問題」（頁 47），呈現了殖民地被支配者的痛苦。根據阮文雅分析以上的結果，指出原住民揭竿而起不僅反抗著日本文明的侵略，本身也可說是文明的產物，「霧社事件」成了文明開化的惡果。〔註45〕

小說結尾記載著莫那魯道巨大的骨骸，存放在台北帝國大學土俗學教室一角，一般人輕易「觀賞得到」（頁 66），殖民宗主國將所謂的「野蠻人」，從生到死，從外到內，以毫無顧忌的展示來訴說帝國的勝利，李文茹指出這個「戰利品」用以補足帝國男性的完整性〔註46〕。而另一方面也彰顯了日本自身的野蠻性，成為與西方強權並行的文明現代國家。

中村地平〈霧の蕃社〉中對於花岡一郎、花岡二郎的描寫，突顯他們左右為難的心裡掙扎。花岡一郎是第一位畢業於台中師範的原住民，成為霧社

〔註45〕阮文雅，〈中村地平「霧の蕃社」——重層的なジレンマ〉，頁 43。
〔註46〕李文茹，前引文，頁 144。

分署乙種巡查。花岡二郎以優異的成績就讀日本人小學，高等小學校畢業後擔任警丁。二人是理蕃撫育主義的實驗品，從求學、結婚到成爲霧社警官，皆由殖民當局一手裁成。

花岡一郎一直被殖民者視爲是受日本精神教化的原住民楷模，在霧社事件中陷入了民族情感與對施恩者道義兩難的苦惱中（頁 57），最後選擇與族人一起自殺。面對原住民攜家帶眷自殺的悲壯場面，討伐隊人員有所感慨的說：

> 「想不到那樣照顧他們，結果還是蕃人。和我們從來就不同。」
>
> 當中有人打斷話語說：「但是，一郎貫徹切腹，再怎麼說也是教育的成果。」……在蕃地採切腹方式自殺的，花岡一郎是第一個。（頁 60～61）

著重在花岡一郎切腹的事，強調是日本精神的表現，對原住民所受的以文明開化爲大名的理蕃政策壓迫則一筆帶過，侷限在同化表象的成功，如同蜂矢宣朗指出的，作品呈現出中村地平文學「南方風土明朗」的特色，卻避開了深入事件的社會性，顯得過於簡化。〔註47〕

隨著中日戰爭局勢擴大，日本於殖民地台灣積極推行皇民化運動，以培養順從的「皇民」協助戰爭爲當務之急。以泰雅族少女莎勇遇難事蹟演化而成的〈莎勇之鐘〉，便是戰爭期鼓吹協助戰爭的宣傳作品，此時原住民已不再是文明的日本人或漢人共同的威脅，而是受殖民教化成了皇民的典範。

由《臺灣日日新聞》（1938 年 9 月 27 日）一則「蕃婦落水，行方不明」的事故報導，三年內成演變爲〈サヨンの鐘〉（莎勇之鐘）的愛國少女故事〔註48〕，並成爲殖民帝國繪畫、戲劇、歌謠、小說、教科書題材〔註49〕。周

〔註47〕蜂矢宣朗，《南方憧憬──佐藤春夫と中村地平》（台北：東吳大學日本文化研究所，1991 年 5 月），頁 70。

〔註48〕報導內容如下，「蘇澳郡蕃地利有亨社三十四號戶長哈勇‧麥巴歐的六女莎勇‧哈勇（十七歲），二十七日早晨五時，由於利有亨駐在所田北警手下山，與同社十一人一起送行，並搬運行李，由利有亨社出發。途中經過塔比亞罕社下方南溪上架設的臨時木橋時，失足墜落於因前晚豪雨而上漲的激流中，行蹤不明。南澳分室岡山警部補指揮巡查、警手、南澳社高砂族，搜查結果，在距離墜落地點約十五丁的下游，發現莎勇所擔負的三個行李箱，但尚未發現屍體。」莎勇的死引起利有亨社人士、蘇澳郡守與台北州知事的同情，1939 年台北州藤田知事在教育所庭院立了「莎勇少女碑」；1941 年長谷總督頒贈了「愛國少女莎勇之鐘」給利有亨社，經由報紙、廣播宣傳，莎勇愛國少女的

婉窈的研究指出，原住民少女莎勇爲即將出征的老師田北正記警手扛行李，因暴風雨跌落溪谷而葬身激流，被殖民者美化成了致力戰爭的理想人物，她「純情」的表現與原住民的身分，印證殖民統治者教化原住民的苦心沒有白費，爲軍人應召出征增添一抹悲壯的色彩。〔註50〕荊子馨指出莎勇保有原住民「純潔」、「眞誠」的形象，身爲弟子／台灣人，以爲恩師／日本人自我犧牲，來誇耀原住民對日本國的贖罪與自我奉獻，而許多原住民志願兵也將追隨莎勇的腳步踏上一條不歸路。〔註51〕

　　河野慶彥〈扁柏の蔭〉（扁柏樹蔭）〔註52〕是一篇描寫在台灣擔任教師的「我」，和在日本即將大學畢業、入伍的遠親重見順三，一起登新高山（玉山）的遊記。順三的父親重見直三，二十多年前娶了父母反對的對象，便遠離日本到台灣山地擔任巡查，在修築「八通關越理蕃道路」過程中遭原住民砍頭喪命。故事是以順三尋訪當年父親遇難地（在托馬斯與達芬間的一株扁柏樹蔭下）爲主軸，文本中隨處可見如登山指南般介紹地景的文字，加上沿途所見的日本人殉難碑、表情單調說著制式化日文的原住民、駐在所與日本一模一樣的景觀植物、花蓮的女學生安全登上新高山（玉山）吃水蜜桃等敘事，將從直三到順三這二十年的空白，以原住民歸順、山地風景的改變來呈現，整個行程有如一趟安魂之旅。

　　出現在文本中的原住民，不再是無智粗暴的「凶蕃」，從達芬來幫忙兩人挑運行李的原住民警丁說：

> 布農族以前很粗魯，因爲智慧低、不懂。現在改變很多了……我哥哥捐了國防基金，得到大臣的獎狀。（頁169）

得到陸軍部長頒給獎狀的原住民青年已是高砂義勇隊的一員，警丁也正朝著

　　　形象在台灣，甚至日本本土廣爲人知。參考下村作次郎，《「サヨンの鐘」關係資料集・解說》（東京：綠蔭書房，2007年6月），頁637～639。

〔註49〕 以莎勇故事爲題材的作品如歌手渡辺はま子灌錄了「莎勇之鐘」的歌曲；畫家鹽月桃甫畫作「莎勇之鐘」參加在東京上野舉辦的聖戰美術展；日本和台灣都有以「莎勇之鐘」爲題的舞台劇演出；1943年吳漫沙著《愛國小說莎秧的鐘》（中文版，後有日譯本）、長尾和男著《純情物語愛國乙女サヨンの鐘》、清水宏導演的電影《サヨンの鐘》在東京上映，1944年「サヨンの鐘」收入台灣總督府編國民學校教科書中。參考下村作次郎，前引書，頁648～651。

〔註50〕 參考周婉窈，〈「莎勇之鐘」的故事及其周邊波瀾〉，收入《海行兮的年代》（台北：允晨文化，2003年2月），頁17。

〔註51〕 荊子馨，前引書，頁218～222。

〔註52〕 本文依據《文藝臺灣》6.6（1943年11月），原文爲日文，中文爲筆者自譯。

陸軍志願兵努力。把「凶蕃」矯正成爲最「正確」的日本人（志願兵、高砂義勇隊），與日本人共同參與聖戰，強調了理蕃的成果，卻掩蓋了二十年間總督府對原住民反抗的殘酷鎮壓、強制集體遷移、強行灌輸皇民教化等殖民暴力。星名宏修在對文本橫跨的年代中東台灣重大理蕃事件考察成果下，指出作者以曖昧的「傳說」一詞，呈現「忘卻的暴力」。〔註53〕

在美化殖民統治的文學表現中，爲著個人生計命喪山地的重見直三，成了殖民地的開拓英雄、爲國犧牲者：

> 老實說，父親的死評價並不高。故鄉的人以爲父親只是年輕氣盛，違背祖父魯荃跑去台灣而被殺。但是今晚聽了當時的情形，令我一一想起八通關道路沿線的英靈碑，了解到父親的死是崇高的。小時候只有從母親那裡聽說父親的死和戰死的軍人一樣崇高。（頁169）

一切都成了傳說，「父親的事、達芬事件……都是傳說」（頁173），成爲生者所利用的建國神話材料。而緊接著即將入伍的重見順三、高砂義勇隊青年，也將持續爲大東亞共榮圈的神話赴湯蹈火。

然而在神話的縫隙中仍可見微微的不安，在兩人旅程最後一天半途，遇到約二十名修建道路的原住民，男的女的、老的年輕的，都穿著簡單的傳統服裝，手持山刀、柴刀，有氣無力的勞動著。由於一路所遇見的原住民大多是穿著制服的警丁，當他們第一次目睹一般的原住民百姓時，「一點笑容也沒有，顯得呆滯甚至有些生氣的表情，看著我們通過。」（頁172）令敘述者感到毛骨悚然，星名宏修認爲是作者表露了對理蕃成果的懷疑，直到這群原住民中較年長者面無表情的以日文問好，其他男女也跟著問好，才讓剛起的不安戛然而止，就此規避了深究理蕃政策下潛藏的問題。〔註54〕

濱田隼雄發表在「日本文學報國會」刊物《文學報國》的〈サプラルヤルヤンとサシミダル──高砂義勇隊に捧ぐ〉（Sapuraruyaruyan 和 Sashimidaru──獻給高砂義勇隊）〔註55〕，文中對高砂義勇隊在熱帶叢林中的適應能力與嚴酷戰況下的英勇表現，並未見直接描述，而是以原住民的傳說爲題材，敘述勇士 Sapuraruyaruyan 獨自征討敵人チョアウダス（Chyoawadasu），因寡不敵眾被殺並梟首示眾。兒子 Sashimidaru 成人後得知父親的死因，也像父親

〔註53〕參考星名宏修，〈「兇蕃」と高砂義勇隊の「あいだ」──河野慶彦「扁柏の陰」を読む〉，頁52。

〔註54〕同前注，頁50～51。

〔註55〕《文學報國》16（1944年2月），原文爲日文，中文爲筆者自譯。

一樣獨自去討伐敵人，「他像鹿般潛入森林、像猴子爬上高山、像山豬渡過山谷」，不但復仇成功，且由於他的勇氣與祈禱，使得父親由白骨起死回生。

作者以民間傳說風格的題材，表達出聽聞高砂義勇隊在太平洋山區戰場的英勇表現後的感想：「我們現在清楚的想起高砂義勇隊健壯的勇士們所持有的純粹樸素的傳說」（附記）。至此，原住民的形象不只擁有原始生活的能力，甚至超越日本軍人而有了神話般的超能力。松尾直太指出故事中敵人Chyoawadasu 有如現實中的英美同盟，父親 Sapuraruyaruyan 和兒子Sashimidaru 分別象徵日本、高砂義勇隊，原住民父子傳承的故事，成了異民族與「高砂族」宛如父子般盡忠日本皇國的美麗形象。〔註 56〕然而美麗傳說的形成，正是原住民在軍中擔任非戰鬥員、無武器裝備的軍伕，以及自給自足的生存能力與對統治者勤勉順從的態度所換來的。

吉村敏〈山路〉〔註 57〕藉由因產褥熱病逝的警察山田新吾妻子的葬禮，從衣食、祭祀等方面，呈現原住民接受日本教化的成果。才忙完妻子後事便接到徵召令的山田，正為甫出生的嬰兒該托給同事石原家，還是受教於亡妻的原住民女性 —— 生產完而能哺乳的帕塔依，而猶豫不決時，頭目堅持由女兒帕塔依、阿米露撫養，以報答大恩。全屋子裡的原住民男男女女異口同聲的說：「蕃社的人豁出性命也要將嬰兒撫養成優秀的人」（二，頁 73），連石原都感動的說：「我從沒看過如此美的情景」而自動退讓。而帕塔依的丈夫彷彿受到肯定認同，感動得直道謝。至此原住民已成為可以為日本人撫養下一代的、可信賴的文明人。因為最後都將共赴聖戰以建設國家的偉大理想（頁73），戰爭成了殖民者消弭民族鴻溝的手段。

第四節　小　結

原住民作為在台日人小說家描寫的對象，始終不脫文明與野蠻、優秀與低劣的對立思考模式。獲得台灣為殖民地的日本帝國，發現了足以彰顯自身文明身分的野蠻人，他們以居高臨下的姿態凝視、想像原住民，並為原住民代言。理應屬於帝國一員的原住民，小說中的形象完全取決於敘述者的意識形態，不論以原住民題材隱喻本身潛在的野蠻性，或以原住民題材來彰顯自

〔註 56〕 參考松尾直太，前引書，頁 231。
〔註 57〕 《臺灣警察時報》312、313（1941 年 11 月、12 月），原文為日文，中文為筆者自譯。

身的優越文明，阮斐娜指出二者的共通點即剝奪了原住民自身發聲的機會
〔註58〕。

　　因此在馴服的過程中，原住民的抵抗總是被簡化爲野蠻對文明的抗拒，
以正當化殖民者對被殖民者的討伐行爲。隨著台灣進入戰時體制，小說中的
原住民也開始出現受教化、追求文明的形象，並且從叛亂者變爲志願兵。然
而受馴服的結果，我們也看到了原住民異化與壓抑的形象，在被殖民者強迫
脫野蠻入文明的過程中，一個文明的模仿者自始至終不被視爲眞正的文明
者，只有留在部落裡的原住民，或遠赴南洋叢林的高砂義勇軍，才能得到敘
述者的接納。因此以殖民宗主國經濟利益爲前提的理蕃政策，便是撲滅部落
的「野蠻」，建設所謂的「文明社會」，並且禁止原住民越界，因爲不論是隱
喻本身潛在野蠻性的，或彰顯自身優越文明性的，似乎原住民一越界便會令
殖民者露出破綻。

　　當殖民統治作家意識到改造、滲透台灣歷史的重要意義時，台灣原住民
也被納入歷史小說。西川滿根據清代郁永河〈裨海紀遊〉改編成的〈採硫記〉
〔註59〕，以一個二十世紀日本人對殖民地台灣的感受，置換了十七世紀郁永
河陰鬱、恐懼的心情。〔註60〕其中對於原住民的描寫，由已被日本觀點化的
郁永河替沉默的原住民發聲，不論是風情萬種的平埔族婦女，或是單純無知
的原住民男孩，敘述者以文明人的高度、救贖者的態度，形塑想像的蕃人世
界，是原始、愚昧的，也會模仿文明人，是可教化的。這一部以日本人的觀
點重新詮釋漢人開發台灣的「日本歷史小說」，合理化了日本人殖民台灣的行
爲，文本中的原住民看似獲得了較漢人觀點下更「正面」的形象，但在西川
滿超越現實的創作理念下，也只是宴饗日本本土讀者的異國書寫，原住民始
終是藏匿在文本背後沈默的族群。

〔註58〕　參考フェイ・阮・クリーマン（Faye Yuan Kleeman，阮斐娜），前引書，頁
　　　　　61。
〔註59〕　本文依據《文藝臺灣》3.6、4.1、4.2（1942年3、4、5月），原文爲日文，中
　　　　　文版爲葉石濤譯，《西川滿小說集》1（高雄：春暉出版社，1997年2月）。
〔註60〕　參考郭侑欣，《憂鬱的亞熱帶：郁永河〈裨海紀遊〉中的台灣圖像及其衍異》
　　　　　（靜宜大學中國文學系碩士論文，2001年），頁148、頁160。

第四章　殖民統治與台灣女性形象

　　日據時期小說中的女性形象，在台灣作家作品中，因受日本殖民體制支配與父權家庭主宰，經常表現受雙重壓迫而犧牲的形象，被視爲被殖民者台灣的隱喻。〔註1〕許多作家藉著小說呈現的女性議題，突顯傳統父權封建、階級壓迫與異族統治下，女性所遭受到的性別、階級與種族等多重歧視。〔註2〕反映出在異民族統治下，人們複雜的心境與苦惱。

　　相對於台灣人的作品，在台日人小說中的台灣女性形象，隱然成了帝國殖民者「俯瞰」的對象，或作爲作者浪漫抒情筆調中營造異國情趣文學的角色，或寄託著作者對南方的憧憬，而有美化殖民地、被殖民者的傾向。而隨著皇民化運動的積極化，作家配合國策宣傳，透過教育、職業、戀愛與婚姻各個層面，開展「皇民鍊成」、「內台融合」等殖民政策議題，以塑造皇民化女性形象，展現在台日人作家爲被殖民女性繪製的理想藍圖。

〔註1〕　參考許俊雅，《日據時期臺灣小說研究》第五章第一節，將此期台灣小說所勾勒的女子形象，歸納爲六類：一爲被視爲男人滿足生理欲望的對象、二爲無由自主被拋售賤賣的女子、三爲婚姻不幸庸弱見凌的女子、四爲突破禮法追求情欲的女子、五爲堅貞剛毅的女子及其他等。頁602～616。

〔註2〕　參考沈乃慧，〈日據時代台灣小說的女性議題探析〉，《台灣文學》16（1995年10月），頁167。將台灣小說中訴求的女性議題分爲五類，一爲封建制度下的女性悲歌、二爲無產女性的悲歌、三爲被殖民女性的悲情、四爲淪落煙塵的雨夜花、五爲女性意識的啓蒙。關於女性意識的啓蒙方面，從20年代至30年代，小說中以「自由戀愛」主題呈現的女性形象，經常寄託著男性知識分子社會改革的理念，其機能性超過空洞化的理想形象。40年代以降，張文環、呂赫若等人的小說，始對男性知識分子和女性間理想與現實的差距著墨。參考張文薰，〈日本統治期台湾文学における「女性」イメージの機能性〉，《日本台湾学会報》7（2005年5月），頁90～105。

第一節　異國情調的女性形象

　　異國情調是表明異域文化與本土文化相異的特質，可以作爲文學作品裝飾異域色彩的背景，也可作爲文學家滿足想像的空間，但刻板的幻想往往形成對於異國他者的成見。

　　曾於 1920 年到台灣短期旅行的佐藤春夫，1925 年在日本《女性》雜誌發表〈女誡扇綺譚〉〔註3〕，故事從駐台日本記者「我」在台南友人世外民陪同下，走訪台南西郊的廢港，進入台灣南部第一富豪沈家荒廢的宅第開始。小說中出現了兩位台灣女性，一個是富家出身的沈女，家道中落遭毀婚後，二十幾年來在豪宅廢屋中，癡情等待那位從未謀面的「未婚夫」歸來，直到發瘋、餓死，塑造出一個爲封建道德殉身的淒美女性形象。另一個是階級低下的黃家女婢，無畏於父權與階級權威的抑壓，與戀人在廢屋中幽會，最後因主人爲討好統治者，將她當供物般嫁給日本人，女婢選擇忠於自己的感情而自盡，塑造出一個反抗父權、社會階級與殖民壓迫的女性形象。

　　透過主角對女體的想像，曾經躺著頭插金簪、身著新娘裝腐爛女屍的黑檀床，是少女和情人尋歡的地點，生命的衝勁與死亡的氣息，交織成驚悚的氣氛，如同主角的「荒廢」理論：

> 不該是死靈橫溢、陰魂不散的。不如說，在一個即將敗廢的東西背後，應該有一個更具活力的、生氣蓬勃的東西應運著它的廢朽而生。是吧？你看，朽木上不是經常叢生著各種蕈類嗎？我們與其受荒廢美侷限而感歎著，不如去讚美那些新生的事物吧。（頁 80）

　　在作者浪漫神秘的筆調中，沈家女與黃家婢女間，雖然相隔四、五十年，一把宣告著一女不事二夫「女誡」扇子的遺留與拾遺，成了兩人命運的鎖鍊。相對於遭門當戶對宰制婚姻的富家女，人身不自由的婢女卻勇敢追求戀愛，顯示在荒廢腐朽中新生出的愛情力量。然而二人面目始終都是模糊的，共享著相似的場景與相同的台詞（「怎麼不早一點來？」），富家女成了附近居民口中的傳說人物，傳說可能是餓死的；而穀商黃家婢女躲在布幕後不現身，選擇吞嬰栗種子自殺，結局都走向淒美的死亡，說明了荒廢終究還是滅亡了。

〔註3〕本文所依據的版本爲中島利郎、河原功編，《日本統治期台湾文学日本人作家作品集》別卷（所收，原文爲日文，中文版收入邱若山譯，《殖民地之旅》。引文中譯爲筆者參照原文與中譯版完成，所示頁次爲日文版。

「我」在敘述荒廢理論時提到「在廢亡的荒廢中，仍殘存著過去幽靈的審美觀，── 這是支那的傳統……是一種亡國的趣味。」（頁 80）藤井省三認為「亡國」暗喻著日本殖民統治的現況，而這場「即將荒廢」的戀愛，即一個拒絕嫁給統治民族而自殺的台灣女婢，與因戀愛前途絕望而縊死的年輕男子間的悲戀，就是「更具活力的、生氣蓬勃的東西」── 反語式的宣告了台灣民族主義的誕生。〔註4〕

姚巧梅指出文本中呈現出複雜的台灣女性的生與死，既有對過著封建式生活沈女的贊美，也有對具有現代化女性自覺精神女婢的肯定。在浪漫主義的藝術性蘊釀下，依時代環境透過處在封建社會與異民族支配下台灣女性的遭遇，刻劃出自我、社會、民族的嚴肅課題。〔註5〕

文本末了以人道立場承諾女婢不會作任何報導的「我」，不滿日本同事在後來報導時批評女婢拒絕嫁給日本人。雖然敘述者言談間顯現出身為現代日本人的優越感，但女婢事件中「我」對本國人優越感所顯示的反感，筆者認為作者對媒體報導不滿的表現，模糊了事件的焦點，掩蓋了婢女在父權體系下，無視於性別、階級的束縛，所表現出追求愛情的自覺意識，而這分自覺是作者所默許的。

然而不論從性別或民族主觀點討論，〈女誡扇綺譚〉這種不注重人物行為或個性，而為場景、建築、風景、情調所吸收、攝取的安排，當時被島田謹二視為是佐藤春夫的慧眼。結合了廢屋、廢址上遺留著美女靈魂的「支那」式傳說，人物表現出強韌的大陸性，內容則美醜、蠻荒近代並存，這些都與日本的島國習氣大異其趣，散發出濃厚的異國情調，成為島田謹二建構日本外地文學論述的範本。〔註6〕

〔註4〕　〈大正文學與殖民地臺灣──佐藤春夫《女誡扇綺譚》〉，收入藤井省三著、張季琳譯，《臺灣文學這一百年》（台北：麥田出版社，2004 年 8 月），頁 111。

〔註5〕　姚巧梅，〈植民地台湾に見る女性像──佐藤春夫「女誡扇綺譚」における沈女と下婢〉，《日本社会文学会》17，2002 年，頁 90～91。

〔註6〕　松風子（島田謹二），〈佐藤春夫氏の「女誡扇綺譚」〉，《臺灣時報》1939 年 9 月，中譯引自黃英哲主編，《日治時期臺灣文藝評論集雜誌篇》第 2 冊，吳人豪譯，頁 391～392。藤井省三認為〈女誡扇綺譚〉不應以異國情趣文學視之，並追究此說源自橋爪功、島田謹二依下村總務長官的「南國情調」論而來，前引書，頁 112～119。邱若山則指出以「異國情調」一詞指〈女誡扇綺譚〉的，是文本中的「我」，即佐藤春夫本人，參考邱若山〈《女誡扇綺譚》とその系譜──ロマン主義文學の本質からのアプローチ──〉，收入邱若山，《佐藤春夫台灣旅行關係作品研究》，頁 175。

強調異國情調、鄉愁、寫實主義為共同基調的「外地文學論」,是島田參考法國殖民地文學的情況,為在台日人作家所創設的殖民統治者文學論。〔註 7〕而佐藤春夫的旅人觀點只完成了島田外地文學中部分的異國情調文學,在台日人西川滿則是島田所期待的外地文學作家。懷有異國情調式南方憧憬的西川滿,作品呈現著耽美的浪漫主義色彩,小說中登場的台灣女性,總離不開等待、病、妖、妓、美等元素,顯露出作家個人的嗜好,以殖民者的視角俯瞰形象模糊的女體,島田謹二評西川滿的詩集傾向於想要儘量脫離「現實感」,創造一個將現實世界抽象化的藝術空想世界。〔註 8〕西川的創作理念與島田的台灣文學觀,皆呈現了將台灣文學視為沒有主體性的殖民者意識。陳芳明分析西川滿作品,具有成熟精美的文學手法,但所有的民間故事都脫離不了青春少女肉身的再呈現,使得台灣的事物都可以虛構化、耽美化、陰性化,潛藏著男性支配與殖民者觀點。〔註 9〕因而我們閱讀西川滿小說時不能輕忽文本所流露的「非文學」部分。

小說〈城隍爺祭〉〔註 10〕描寫大稻埕江山樓附近藝妲阿梨的感情生活。阿梨一心向城隍爺祈求能擺脫流氓王朝元的追求,雖然務實的好姐妹素娥勸她要珍惜王朝元的用情認真,何況「三國志的英雄、金瓶梅的武松、美國電影裡的黑道老大不都是流氓,也很厲害」(頁 13),但王朝元又欺騙又恐嚇的行為,加上好姐妹素娥向城隍爺祈願後,成功獲得茶商之子青睞,阿梨一心渴望能覓得真正的幸福。

已是高級藝妲的阿梨有一段辛酸過往,十七歲墮入風塵便懷了第一位恩客的孩子,生下孩子後托給在安平的伯母照顧,三年不見孩子,令阿梨思念不已。而更令她愛恨交織的是孩子的生父——身材瘦高、態度親切而有貴公子風的畫家。彷彿銘印般的安排,阿梨在圓環公園熱鬧的傀儡戲台前,邂逅了面貌神似初夜男子的畫家羅有生,陌生的男女卻十分有默契的遠離了鑼鼓宣囂,兩情相悅下展開一段男歡女愛的時光。新戀人送高級香水、邀約畫像、

〔註 7〕 島田謹二,〈臺灣の文學的過現未〉,《文藝臺灣》2.2(1941 年 5 月),中譯引自黃英哲主編,《日治時期臺灣文藝評論集雜誌篇》第 3 冊,葉笛譯,頁 113。

〔註 8〕 島田謹二,〈西川滿氏の詩業〉,《臺灣時報》1939 年 12 月,中譯引自黃英哲主編,《日治時期臺灣文藝評論集雜誌篇》第 2 冊,涂翠花譯,頁 439。

〔註 9〕 陳芳明,〈台灣新文學史 8——殖民地傷痕及其終結〉,頁 130。

〔註 10〕《臺灣婦人界》1.2(1934 年 6 月),本文所依據的版本為中島利郎、河原功編,《日本統治期台湾文学日本人作家作品集》第 1 卷所收,原文為日文,中文為筆者自譯。

散步，給予擁抱與熱吻，正沈醉在幸福中的阿梨，卻無法逃脫如傀儡戲偶般的人生，仍困於王朝元夾雜暴力、哀求、憎惡與愛的糾纏，只能徒呼負負自己是個不幸的人。阿梨房間窗外的祭典仍熱烈進行著，在嗩吶、胡琴與舞龍、爆竹聲中，象徵女子的馥郁茉莉花已枯萎並滑落花瓶下，似乎暗示著神明並沒聽到阿梨的心願。

　　小說展現了作者再現祭典熱鬧神秘氛圍的才華，以異國、異色的筆調書寫台灣風物，人物阿梨、素娥也成了異國情境中的美麗道具，中島利郎指出此作可謂真正展現西川小說的風格〔註11〕。

　　〈楚楚公主〉〔註12〕的頁首標著「花妖傳奇」，是西川滿寄託幻想傳奇與異國情調喜好的作品。描寫畫家「我」來到揉雜著台灣與西洋色彩的淡水廢港取景，在一棟外觀荒蕪的豪宅窗外，驚豔於屋內壁上的巨幅美女肖像畫而擅自闖入。那是一位台灣貴婦人畫像，帶有清代神秘氣息的服飾與西方瑪利亞的朦朧表情，令「我」讚歎不已。一位與畫中人物神似卻宛如哀愁的維納斯的女子現身，原來是畫中人的女兒，而洋人父親則是畫的作者。這位東西混血的神奇女子承繼著父母的信仰──媽祖，讓同為天后會子孫的「我」為這段緣分感動不已，女子還傳達了父親認為媽祖和天主教的瑪利亞是同一位神的說法，在父親眼中母親便有如二者的化身，「我」十分醉心於這種東西奇妙融合的說法。

　　神奇女子劉楚楚娓娓道出自己的身世，父母生下她後便不知去向，由奶媽一手帶大，她望著父親為母親畫的像，感受父母的情愛，使得她天天向著大海呼喊著父親的名字，連豢養的鸚鵡都學會了「羅貝爾，羅貝爾，不行啊，為什麼不回來呢」（頁152）。在豪宅中呼喚所愛的人、等待對方歸來，荒廢的豪宅、等待的女子、學舌的鸚鵡等元素，與〈女誡扇綺譚〉的相似，具有神秘怪異、荒頹淒涼的氣氛，而在台灣成長的西川滿，更加強了小說中東西混雜的異國情調成分。過著公主般貴族生活的楚楚，沒有人願意告訴她母親

〔註11〕中島利郎將此作視為西川滿在台灣文壇的第一部完整的小說，與在早稻田大學畢業後決定回台灣時的情緒──滿懷的台灣情調，以及在日本國內雜誌發表的〈城隍爺祭〉、〈慶讚城隍爺祭〉、〈媽祖祭〉等詩文的創作情感一貫。參考〈西川滿作品解說〉，《日本統治期台灣文學日本人作家作品集》第2卷，頁390。

〔註12〕《媽祖》2.1（1935年11月），本文所依據的版本為中島利郎、河原功編，《日本統治期台灣文學日本人作家作品集》第1卷所收，原文為日文，中文為筆者自譯。

已逝、父親一去不返的事實，長期等待卻換來從二樓陽台縱身沒入大海的結局，徒留給「我」一個淒美的視覺美感，這位誤闖者彷彿是專程來見證華麗的荒廢消逝的。

喜愛繪畫美感的西川滿，小說中經常出現視覺要素，形成了作品耽美的風格。〈歌ごゑ〉（歌聲）〔註13〕的藝妲十二娘，因病胸口染著玫瑰色，十分渴望陽光。躺在散發著茉莉花香的房間，手中撥弄著修女送的念珠，白色的壁紙、白色的床，還有純白長衫儼然垂掛在椅子上。晴陽下十二娘瘦瘠的手，顯出白磁手鐲的沈重。（頁169～170）「我」抱起十二娘，頸項掛著的念珠被打散，水晶玉石灑落一地，一顆顆散放著奇特的亮光。（頁172）一種交雜著病態美與歸眞反璞的景象，彷彿是西川的老師吉江喬松勉勵他「南方／光之源／賦予／我等秩序／歡喜／華麗」的情境寫照。這一切都是「我」追憶病逝已一年的十二娘的畫面，卻恍惚和她說了話、吻別互道明天見。茉莉花香還在，十二娘在「我」的心中已超凡出世爲精靈。

由嗅覺喚醒過去的體驗，特別是茉莉花香、台灣茶香，也經常出現在西川的作品中。〈稻江冶春詞〉〔註14〕中的藝妲藝名抹麗，住在大稻埕盡頭製茶店頂樓簡樸的房間，撲鼻的茉莉花香無所不在。這遠離世囂的空間裡，「我」擁著抹麗，把玩著她的手，遠眺喜愛的大屯山肌脈、淡水河歸帆，女體與山川在「我」的視覺中融爲一體。「我」還告誡嚮往山上外國人別墅的抹麗，「山不是供人攀登的，是讓人遠眺的」、「尤其是春日江山」（頁197），而觀賞、遠眺也正是西川作品中與對象保持距離的寫作視點，作爲觀看者甚至支配者的姿態始終如一。

抹麗向神祈求的不是幸福的愛情，而是財富，令「我」感到可笑。但當「我」知道她十八年來獨立撫養孤子時，對自己的無知感到慚愧，敬畏起爲母則強的抹麗，自認無法給予她眞正的幸福，選擇不再見她。但兩個月後抹麗因患相思而病沒，臨終時對趕來的「我」喃喃自語：「看得見大屯山嗎？」，失去美麗女子的「我」看不清霧中的山河，空留女子的話在心裡。

〈歌ごゑ〉與〈稻江冶春詞〉寫的都是煙花女子貧病苦短的一生，但在作者筆下，歡場女子的形象與聖潔的聖母合而爲一，暗含著作者對台灣女性

〔註13〕 《媽祖》3.1（1937年3月），收至小說集《梨花夫人》時改題爲〈十二娘〉。本文所依據的版本爲中島利郎、河原功編，《日本統治期台湾文学日本人作家作品集》第1卷所收，原文爲日文，中文爲筆者自譯。

〔註14〕 《文藝臺灣》1.1（1940.1），原文爲日文，中文爲筆者自譯。

的想妄與憧憬、沈淪與救贖，以及殖民父權支配的意識形態。作為浪漫主義精神表現對象的美麗妓女，即使有聖潔的宗教作為精神寄託，仍難逃衰敗消失的命運。

收錄在《赤嵌記》小說集中的〈稻江記〉〔註15〕，表現出西川滿對大稻埕東西混雜風格的喜好〔註16〕，並塑造了出身當地的知識女青年葉桃仁。葉桃仁曾就讀以收日本人學生為主的第一高女，她厭惡台灣傳統家庭的繁文縟節，批評台灣人重食衣、輕環境衛生，但又恨自己無法完全擺脫「惡習」。對於不能順利改日本姓名的事耿耿於懷，認為自己已經到達不用國語（日文）便無法思考的程度，因此對讀不懂漢文小說也不以為意，是個失去自主性的皇民化女性。

愛好文學的葉桃仁嗜讀「我」的作品，拿出自己的作品要「我」指點，看著桃仁有意模仿「我」而寫出的不成熟作品，加上日文文法錯誤百出，引起「我」對寫實與異國情調書寫提出看法：

> 要用更簡潔的筆調，多練習以現實描述事物。我是來自不同風俗習慣的人，看你們的生活當然有異國情調感。但你們在看自己的生活時，如果不能和我完全不同的話。現實主義的文學今後要由本島人完成。（頁220）

數日後桃仁再提出作品要「我」指導時，卻得到「比上次更無趣」的評語，對於桃仁以「那須先生不是說應該要寫實些」辯白時，「我」動了怒說：

> 我的確說了寫實，但把一點意思都沒有的事仔細寫下來的不叫寫實。難道你是為了諷刺我而寫作的？（頁228）

在「我」的指責聲中伏案啜泣的桃仁，卻能馬上收拾心情和「我」的同事村田用餐去，令「我」佩服她不服輸的個性。本是文藝女性對文藝青年的仰慕，卻因兩人是「不知妥協的少爺與大小姐」，而變成一場衝突（頁233），暗含著作者對異國情調式寫作的堅持，以及對台灣作家現實主義作品與日語能力的批判。

〔註15〕收入西川滿，《赤嵌記》（台北：日孝山房，1942年12月），頁189～240，原文為日文，中文為作者自譯。

〔註16〕西川滿在回憶錄中提及大稻埕的東西混合風為吸引自己的魅力所在，勝過純中國風的艋舺（萬華），中島利郎認為此話象徵著西川滿文學與所有活動的根源，指出西川滿作品中的台灣題材，是以日本人的眼光，為滿足當時日本人的喜好而作成的。參考中島利郎，《日本統治期台湾文学研究序説》，頁14～15。

葉桃仁雖然有著不同於西川滿其他小說的煙花女子身分，一口像日本人般流利的日語，被畫家村田譽爲女知識青年，但「我」仍每每著重對葉桃仁穿著裝扮、體態舉止的刻劃，認爲她即便對舊事物表現出十分厭惡的樣子，實際上並不想跳出窠臼，而最終只是作爲「我」耽溺大稻埕神秘氛圍的憑藉之一。

由西川小說中的台灣女性形象發現，在作者重視細部描寫、時空虛實轉換自如與強調首尾呼應的文學手法下，其間的幻想、東方西方的融合、消失之物的美才是作品主題。正如近藤正己對西川滿作品的總評：「將讀者導入一人工的、空想的、幻想的西川滿『台灣』世界」〔註17〕，西川在小說中對「台灣女性」既保持著旁觀者的距離，又充滿著自我想像的視線，阮斐娜認爲他在早稻田大學畢業後決定的「台灣回歸」，並不是屬於自己所有的台灣，而是自己製作、想像出的虛幻台灣。將台灣的風土美化、異國化，像眞實事物般的向中央文壇傳送。〔註18〕西川的「台灣」成了一個台灣民眾不在的異國，出現在不同小說中的台灣女子，不論是貴婦或藝妲，都被美化、虛幻化，也都受憐愛，在氤氳唯美的氣氛中，彷彿是供人觀賞的藝術品，這種隔離於被殖民者現實經驗外的華麗描述，正是西川滿對異國情調與浪漫主義創作理念的實踐。

受佐藤春夫文學啓發而對南方懷有強烈憧憬的中村地平，1932年在日本發表於《作品》的〈熱帶柳の種子〉（熱帶柳的種子）〔註19〕，出現了一位天眞活潑、平易近人的十七歲少女阿冶，她在年輕學生「我」寄宿的家庭幫傭，對於自己能和日本人來往十分得意。阿冶每天抱著房客們的髒衣服，到河邊和洗衣少女們一起洗濯的快樂模樣，就像「光」一樣潔白，「純白的胸口」、「白色衣袖」、「穿著純白衣服的豐腴身子」、「白色的身影」，從事勞力工作的阿冶，打破了許多日人作家對「臺灣色」混濁土黃的印象，在亞熱帶目眩的光線下，阿冶從外在到內在的純白形象，每天幫「我」把髒的衣服變成乾淨的，都帶有作者青春期時對南方的憧憬〔註20〕，在天空輕飄著白色綿

〔註17〕 近藤正己，〈西川滿札記〉，頁32～33。

〔註18〕 阮斐娜，〈西川滿和《文藝臺灣》——東方主義的視線〉，《中國文哲研究通訊》 11.1（2001年3月），頁140～141。

〔註19〕 本文所依據的版本爲河原功監修，《日本植民地文學精選集·臺灣小說集》所收，原文爲日文，中文爲作者自譯。

〔註20〕 中村地平在1941年發行的《臺灣小說集》後記提到：「對於南方的鄉愁、南

毛的熱帶柳種子下，「我總忍不住天真的把它放在掌中搓揉，住在殖民地的我們，往往變得很虛無吧。」（頁 144）邱雅芳指出這令我們陌生的台灣描寫，是作者在一定距離下形成的浪漫美感。〔註21〕

兩歲就被買來當童養媳的阿洽，雖然身世可憐，但她樂觀正直。在「我」眼中，她不會有離住處不遠的本島人街上妓女的命運，也不像寄宿家庭女主人因丈夫行蹤不明而黯然神傷，她安於童養媳的身分，和婆家長子相處融洽，嚮往將來結婚過平凡的生活。岡林稔分析中村地平屢次強調阿洽樸素純真的個性，不論是環抱著雛鴨來賣，或指責女主人家的公雞和自家母雞「淫賣」（賣春），還是把疑似女主人池塘裡被大雨沖走的鯉魚裝在大臉盆裡送還，以及阿洽心疼家裡養的豬為了大拜拜要被宰殺，一整晚哭哭啼啼的抱著豬話別。這些阿洽和動物間互動的描寫，跳脫了異國情調中被視為野蠻的框架，「我」甚至想像阿洽抱著豬睡的模樣十分高貴。作者筆下完美的阿洽，以「高貴」、「正直」、「純潔」置換殖民地文學常見的「野蠻」、「狡猾」、「淫亂」成見。〔註22〕

筆者以為阿洽作為中村地平心中理想的台灣女性，她的形象是作者用以寄託青春時期鄉愁和南方憧憬的想像，這種帶有異國情調的描寫手法，淡化了殖民地所存在的民族、性別與階級矛盾，讓我們看到一個與台灣社會的童養媳截然不同的形象。

第二節　皇民鍊成的抵抗與掙扎

坂口䙥子 1941 年 9 月發表於《臺灣時報》的〈鄭一家〉〔註23〕，反映了在父權主宰下的皇民鍊成中，受牽動的台灣女性主體意識所呈現的複雜面向。

方的憧憬、南方的愛戀，是我一生不變的事。」同前注，頁 273。
〔註21〕 邱雅芳認為浪漫主義的異國情趣才是〈熱帶柳の種子〉的主調，參考邱雅芳，〈南方與蠻荒──以中村地平的《臺灣小說集》為中心〉，頁 160～161。
〔註22〕 岡林稔，〈中村地平と台湾──「熱帶柳の種子」をめぐって〉，《社会文学》19（2003 年）頁 104。岡林稔認為作品完成時中村年二十四歲，作品表面仍看不出民族主義的問題，但在被虛無心所支配的殖民地生活背景下，體認到性欲放縱的現實社會，描寫充滿清純高貴作為的阿洽，其間夾雜著非常間接的殖民地批判。但筆者以為阿洽的形象塑造仍是以滿足作家的鄉愁、憧憬為主要理念，作者的批判意識並不明顯。
〔註23〕 本文所依據的版本為中島利郎、河原功編，《日本統治期台湾文学日本人作家作品集》第 5 卷，原文為日文，中文為作者自譯。

小說描述由行進中豪華的鄭朝送葬隊伍開始，代表年輕女性的鄭家媳婦周翠霞，在傳統葬儀行列中，像個優秀的演員，以冷眼看著代表著傳統的婆婆：肥胖的身材、裹著小腳，走路需要婢女扶持的形象，因傷心而發出穿腦般的哀嚎哭聲，讓她有一種肉食者精力過剩的作嘔感，繼而又瞥見婆婆用手指擤了鼻涕往小腳鞋上一抹，回頭就「哀啊」哭的，便認為婆婆不見得有多傷心，因而顯得情緒低落。透過年輕一代直截的反應，傳達了敘事者對傳統喪禮的批判，然而傳統女性在喪禮中的形象卻失之片面，讓人以為傳統台灣習俗盡是一無可取的形式。

作為積極響應皇民化運動的富豪兼鎮長鄭朝妻子，江玉是個與丈夫完全相反的傳統派，她不愛說日語，堅持舊習俗，她奉行傳統民間信仰，認真地向孫子們講述土地公的由來。女性在日據時代小說作品中，經常成為台灣的隱喻，江玉便象徵著台灣的自主性，成為鄭家由鄭朝起始的皇民鍊成過程中的阻石。在她足不出戶的封閉環境中，以對傳統習俗的執拗來固守她在鄭家的地位。然而在殖民統治下，江玉仍不能自外於文化衝突的現實世界，作為鎮長之妻，即使刻意與外界隔絕，因職務所需，來台的日本人家眷禮貌性地拜訪鄭家，即讓玉產生了排日情結，

> 玉認識很多來訪的內地婦女們。身為 E 鎮大富豪兼鎮長，每當調職遷移時，她要和她們作禮貌上的交際。那些人剛開始面對玉時，還保有因懾於建築物的豪華所產生的表情，告辭時有意無意瞥見玉的小腳時，嘴角隨之泛起冷笑。便禮貌性地點頭離去。玉每每感到屈辱，幾乎流下眼淚。（頁 20～21）

玉的啞忍直到得知在日本留學的獨子樹虹娶內地女子小夜為妻時，便幾近崩潰，她指責為此門親事欣慰不已的丈夫鄭朝說：

> 你學日本人那套我都沒反對，但要獨子娶內地人作妻子，會不會太過頭了。不需要到那樣的地步。（頁 20）

娶個語言不通的媳婦，不僅生活上無法溝通，加上「內地人的優越感」，玉在鄭家固守的地位深受威脅，對日本人的反感成為她反對長子婚事的動因。

玉本有意包辦獨子的終身大事，且屬意林家女兒芳壽。林母含笑五歲時被鄭梧桐買來當作「媳婦子」（童養媳）扶養，但日漸富有的鄭家人，認為舉止卑微的含笑，作鄭家的媳婦仍遜一籌，於是轉讓給實業家林慶利家當媳婦。林含笑因家業發達地位已不可同日而語，但江玉仍以曾是鄭家童養媳的

輕視眼光看待含笑。當含笑風聞樹虹娶了日本人爲妻的消息後，一副興師問罪的態度，惹得玉反脣相譏，因此對於僅是私下口頭約定的婚約，由於不能忍受「外人」指責自己兒子，更不能接受含笑有失分寸的態度，憤而對含笑說：「請回去。樹虹的事是鄭家的問題，妳沒有理由說話」（頁 23）。明顯是兩個女人因新仇而引起舊恨的衝突。兩度被鄭家拒絕的含笑，面對江玉的狡猾只能恨自己考慮不周，以及在鄭家人面前永遠擺脫不了的童養媳身分。

江玉一反先前反對的態度，與其把江玉視爲是接受兒子婚姻自由結果的母親，不如說是她對林含笑不遜態度的激烈反應。態度驟變的江玉見了小夜本人後，發現她是個寡言安靜的女子，合乎其心中理想的媳婦形象，馬上轉怒爲喜。小夜爲鄭家育有一男三女，在長子樹一郎的印象中，總是靜靜地閉居家中，不論在什麼地方都顯得孤寂。由無聲的媳婦、足不出戶的婆婆構成的封閉世界，暫時躲避了皇民化運動所颳起的風暴。

面對鄭朝的重症，江玉堅持信仰傳統「有應公」、「媽祖」的有求必應，以阻撓樹虹送鄭朝北上就醫，造成傳統與現代對峙的情形。對於鄭朝臨終前堅持依內地方式送終的遺願，江玉千方百計透過道士、鄉人的集體輿論力量迫使樹虹屈服，改採行台灣式傳統喪禮。樹虹感受到母親堅持傳統喪葬習俗的頑固、將停棺供養看得比入土安葬重要的不近情理，並不時在外人面前以「不孝」的大名指責他，加重他的罪惡感。動不動便以「讓我早點死」的歇斯底里態度要脅，刻劃出一個執拗的女性堅持不妥協的神態。樹虹的煩惱與掙扎看似來自母親的固執己見，然而造成母子衝突的根源，實爲殖民宗主國以政治、經濟與軍事利益爲主要考量的殖民政策。

作者對江玉言行舉止的刻劃，反映了殖民政府對殖民地文化的偏見，忽略了傳統信仰對人心安定的作用，以及傳統習俗形式背後所隱含的文化意義。有趣的對照是，坂口襑子在同年 4 月發表於《臺灣時報》的〈春秋〉〔註24〕中，描寫了農業移民村的老母親爲著台灣沒有日本的土地守護神（鎮守樣）而惴惴不安的情形，帶有坂口身影的小學教員雪子對此卻深深表現出同情與感動，提出日本在台農業移民的精神依歸問題。面對台、日風俗習慣差異的衝突，與敘者不同的態度反應，〈鄭一家〉最後以選擇台式葬禮爲此一矛盾作結，可視爲作者在不反對或無法反對皇民化的情形下，針對同化政

〔註24〕〈春秋〉本文所依據的版本爲黑川創編，《〈外地〉の日本語文學選 1 南方・南洋／台灣》，原文爲日文，中文爲筆者自譯。

策提出的批判。

　　江玉的堅持實來自對死後世界的想像，她堅信民間傳說的火葬會使亡者成了「火鬼」，那種死後兩三日即火葬並行告別式的日本化葬儀，對受傳統教養的江玉而言，簡直是令死者成為遊魂、生者不得安心的逆行倒施。對於傳統葬儀的堅持，她說不出個道理，更無法跳脫民間信仰，她的考量是：

> 玉一直以為自己一定會比朝先死，那麼朝會不會為自己辦個內地式
> 的葬禮，她不是很確定。但如果遺言真像樹虹說的那麼絕對的話，
> 那麼自己死前如果先交代好，應該會行台灣式的喪禮。但如果朝的
> 葬禮採用內地式的話，那自己死後將無例外的會有個內地式的喪
> 禮。當然也不是拒絕到底的意思，但總希望到自己為止是採台灣一
> 直以來的儀式。不，在自己有生之年，就是要採用台灣式的。（頁
> 42）

　　在法事樂音與孝女哭聲中，樹虹思及母親為此事傷心的疲弱模樣，決定順從母親意願，為父親辦理台灣式的喪禮。在父死子繼的一般家庭傳承模式下，樹虹未能順利接掌父權，主導家中的行事方向，這與其說是母權高漲的江玉獲得了最後勝利，毋寧說是以江玉為首，以及支持她的葬儀社的王文、鎮上開業醫師許茂仁、親友周成章、鄭榮聰，還有在背後看不見的 E 鎮鎮民所代表的傳統，在皇民化運動下對殖民政策的一次成功挑戰。

　　相對於傳統的婆婆江玉，〈鄭一家〉中登場的媳婦周翠霞，在皇民化過程中，存在的正當性則遭到擠壓。周翠霞和樹虹相差二十歲，是第一任妻子小夜去世 5 年後續弦的，面對的是來自樹虹子女球子和樹一郎的挑戰。球子繼承日籍母親小夜的美貌，全然認同母親所屬的日本。青春期的球子正開始意識到父親的異性角色，然而朝夕在父親身邊的卻是繼母翠霞，翠霞的存在喚起了球子體內流有台灣人血液的意識，而其身分認同的矛盾，不自覺的表現在對年輕貌美繼母翠霞的嫉恨上。球子對繼母買給她的學校洋裁用布料，借題發揮說：

> 媽媽總是選「支那」風的，（畢竟還是很難啟齒說是本島人的癖好）。
> 我在朋友面前很難為情。（頁 35）

　　依談話內容背景看來，球子求學的環境可能是專為日本人與台灣上層社會子弟設的學校，在日本人的同儕面前，中國風的布材透露了球子體內本島人血液的事實，球子毫不掩飾的鄙夷態度，顯現出殖民者文化凌駕被殖民者，

並隱含了進步與落後的價值判斷。面對眾人決定以本島式的喪禮爲祖父送終的事，球子有些洩氣地對剛從日本回來奔喪的哥哥樹一郎說：

> 沒辦法啊！我們只不過是鄭家的一員而已。……
>
> 我最近很討厭繼母。一看到那個人，就想到自己的血和她是沒有交集，還有父親的血、母親的血。（頁 49）

日籍生母的離世、台籍後母的取而代之，讓球子在身分認同上產生煩惱。涉世未深的她似乎不能對台籍血緣所自的父親發洩什麼，同是女性卻毫無血緣關係的翠霞，以作爲台灣人、繼母的原罪，成爲球子皇民身分認同困擾的代罪羔羊。

目擊女兒球子挑釁態度的樹虹，並沒有太嚴厲指責球子，翠霞以爲那是樹虹把對亡妻小夜的愛轉移至球子身上的表現。即使翠霞內心如此不悅，但當樹虹、球子父女針鋒相對時，她是以顧全大局的態度勸樹虹別在公公骨灰前失態，並體貼地叮嚀事後別再責備球子。翠霞在年長自己二十歲的丈夫面前，表現出溫柔順從的賢妻良母形象，翠霞這種擬日本女性形象的塑造，絕不是所謂的「以柔克剛」的智慧展現，而是讓我們感受到皇民化家庭中台灣女性所受到的層層束縛。

相較於球子的挑釁態度，中學以後便在日本求學的樹一郎，對繼母翠霞的印象多來自書信文字，沒有球子因共同生活而產生的複雜情緒。樹一郎認爲繼母翠霞不因循舊習、隨時接受新事物，雖然和自己流著不同的血，卻合乎自己心中的現代女性形象。時空距離與性別因素讓母子彼此保有好感，卻也令樹一郎對繼母產生幻想。在與繼母共賞曇花的夜晚，樹一郎眼中身著台灣服的翠霞顯得年輕美麗，內心產生了情慾與人倫的掙扎，在月光下短暫一現的曇花，樹一郎毫不遲疑地說出「支那美人」的比喻，藉著對曇花的贊歎，暗示對散發異國風味母親的戀慕：

> 這是「支那」美人，不是日本女人……是一種命定的美……媽，您今晚眞漂亮。（頁 52）

沒有血緣的關係模糊了樹一郎親子身分的界線，最後樹一郎只得以唯美主義論調爲自己的失態尋找出路。

而翠霞面對年紀沒小自己多少的繼子樹一郎，從語言應對上敬語的使用，顯示出態度是極客氣的，樹一郎年輕的體格和蓬勃的氣息，令翠霞心情

愉悅。因此當聽到樹一郎讚美自己時，她竟無法馬上回應，只感到自己的心直跳、熱血直竄而呆立良久。樹一郎情不自禁的讚美，稍稍喚醒了翠霞因老夫少妻婚姻模式下沈睡的青春想望。

然而面對球子的文化挑釁、樹一郎的異性讚美，翠霞感受到自己在鄭家未來命運的乖舛：

> 結婚快五年了，一個孩子也沒有。翠霞良心上倒覺得那是一種幸福。
> 以翠霞的聰明可以推想，如果自己有孩子的話，一切行動自然會以
> 保有孩子和自己的地位為重，會對鄭家每個人加以刺探，她討厭那
> 種有如陷入泥沼中的自己。因此她已作好心理準備，萬一樹虹死了，
> 她就離開鄭家，一個人過活。那是躲避對球子眼光的恐懼、正面衝
> 突的不愉快的保身方法。（頁 55）

為了保持鄭一家表面的和諧，翠霞放棄了女性的生育權利。因為一個擁有純粹台灣人血統的第三代，將會使第三代的「皇民」產生「血統不純」的危機，使鄭一家邁向皇民的步伐，偏離血液漸趨純潔的道路。翠霞以自我犧牲企圖消除家中本島與內地對立的衝突，而打算在夫死後離家的決定，無疑是自覺於夫死須從子的命運，而那不僅是當時身為女性從屬於男性的宿命，也隱喻了台灣人在殖民統治下從屬於異族的位階。以抹殺母性認同來成全鄭家橫跨三代的皇民鍊成，看似出自翠霞聰明而自願的選擇，實際上是遭邊緣化後的翠霞所構築的倖存空間，呈現了女性生存空間的雙重禁錮。純粹台灣血統第三代的「不在」，顯示出支配者純血性思想的排他性。

當翠霞驚覺自己此生未能與初婚年輕男子成婚，對自己錯過的青春只能在心中唱著輓歌。她理性地檢視自己對樹虹的愛，深信是建立在對樹虹人品的信賴，而不是受動於嫁入豪門的誘惑。而這一段因樹一郎而挑起的騷動情緒，在回到台北熟悉的家中才塵埃落定，但也發現屬於自己生活的天地，只有這個封閉的小家庭。身為女性所看得到的人生，只有孜孜不倦地投入日常生活，將自己的所有獻給已經四十五歲的丈夫，以忘卻自己無視於青春的悲哀吧。擁有聰明和自覺性形象的翠霞，在大環境的宰制下，也只能「默默地嗅著自己血液中馥郁蓬發的年輕氣息，如此而已」（頁 59）。

第三節　內台融合的理想與現實

一、〈陳夫人〉的阿嬌、玉簾與春鶯

庄司總一的長篇小說〈陳夫人〉，在內台和親的主軸下，以內地女子五十嵐安子嫁入本島陳氏家族，所產生的民族文化衝擊爲鋪陳文本。由於庄司總一筆下的安子形象，象徵著大和民族血統純正的女神，以居高臨下的姿態審視著婆婆阿嬌、妯娌玉簾、春鶯等傳統女性，潛藏著殖民者父權體系的鄙夷眼光，本然存在的民族差異，在作者筆下都成了鄙陋而需要被改造的惡習，台灣傳統大家庭彷彿成了奇異風俗的淵藪，顯得獨斷而欠缺遼闊與深度〔註25〕。

已經當家了的婆婆阿嬌，和丈夫阿山彷彿是爲了口角爭執而結合的一對，在安子眼中是個發起脾氣來毫不留情罵人的凶惡模樣。從阿嬌堅持將死嬰棄水流、家中有人生病便請道士吹法螺、紅頭師餵符水的民間習俗，塑造一個執迷不悟的纏足老婦形象。即使到了晚年生病已願意看西醫接受注射治療，敘述者又嘲笑她視注射爲萬靈丹的無知態度。阿嬌始終覺得清文娶了異族媳婦，是破壞家庭的罪魁禍首，但七十歲時得到殖民政府表彰她長壽並長期貢獻社會的綠綬褒章時，令她「覺悟」這完全是養子清文夫婦創立農園工廠事業的功勞，而一改數十年來對自己親生兒子景文的信賴。在殖民政府的懷柔下，令人驚訝於她轉變的快速。

次男景文妻玉簾與三男瑞文妻春鶯，雖然面貌、個性與處世態度有天壤之別，但同樣得不到丈夫的眞愛，都面臨了丈夫納妾的問題。系出名門的玉簾，形象是美貌卻浪費成性，挑剔辱罵丈夫。對妯娌安子出於羨慕與競爭的心態，經常欺負爲難她，直到景文像報復般的納節儉的楊龍爲妾，令玉簾找到壓迫對象，才開始向安子學信基督教。作者安排玉簾懷了景文的孩子卻羞愧得自殺，實在令人不解，然而如此才得以讓從祈禱會回來的安子不期而遇的成爲玉簾的救命恩人。在女神的引領下，玉簾受洗成爲教徒，但仍停留在

〔註25〕巫永福曾以田子浩的筆名，於《臺灣文學》創刊號（1941 年 5 月）發表〈陳夫人に就いて〉一文，已提出此作的缺失：一、在台灣話的讀音及稱謂上的錯誤；二、對本島人習俗的批判過於獨斷；三、對於心理的微妙轉變呈現得不夠眞實；四、視線無法深入本島人家族生活所具的道德觀，以及其對家族成員間的心理狀況所帶來的影響。中譯引自黃英哲主編，《日治時期臺灣文藝評論集雜誌篇》第 3 冊，張文薰譯，頁 121～122。

把信仰穿在身上般的向人誇耀的層次，顯得玉簾即使向女神取經，也不能擺脫愛慕虛榮與思想膚淺的形象。

相對於性格強烈的玉簾，春鶯個性溫柔卻少了與她性情相配的容貌。奉父母之命嫁給瑞文，如奴隸般的順從不愛她的丈夫，連瑞文要納「番女」陳陣爲妾，她也獨排眾議全力支持，理由是只要不被丈夫遺忘或拋棄，而且正妻比妾佔上風，讓自己可以暫時離開被父權壓迫的位階，轉爲父權的幫兇，從替丈夫馴化「番女」陳陣的過程中獲得優越感。最後藉由陳陣爲春鶯失手射傷姪女的事頂罪、流離失所至病死的「犧牲」，才爲這段弱者壓迫弱者的關係劃下句點。但春鶯始終不變的自我矮化的宿命思想，加上瑞文對安子的愛慕之意，使得安子在俯瞰之餘也無能爲力。當春鶯兒子陳明追求安子女兒清子時，安子從中作梗，藏匿了陳明寫給清子的信，反對清子將來嫁台灣人，除了是純血信仰外，不排除對瑞文春鶯夫婦的鄙夷。

在作者的安排下，嫁入陳家的女性，除了安子以外，即使世代、容貌、性格、出身和地位有所不同，但她們在大家族中的生活是停滯不前的，人生觀是封閉保守的。她們對不同種族的安子，不管曾經如何因嫉妒而憎恨她，或因敬畏而排拒她，在受男性壓迫的狼狽婚姻生活中，不約而同的向安子求救，而安子也從容的向她們伸出援手。安子以一個外來者闖入台灣傳統家庭，作爲一位嫁入豪門的媳婦，她並不是以入境問俗的方式融入大家庭，與其說是站在宗教的高度，無寧說是以殖民者的優越感，誇大台灣傳統婚姻與大家族的荒陋，爲內台融合的高調留下一段不協調的旋律。

二、〈鄰人〉的胡秀梅

〈鄰人〉〔註26〕是坂口䙽子 1944 年 7 月發表在台灣奉公會的機關誌《臺灣文藝》的作品，應不無呼應大東亞戰爭下殖民母國的期許，特別是「內台融合」的口號。但坂口䙽子或許嗅出了日本政府所謂「一視同仁」的內台融合政策的虛妄性，作品呈現出少見的陰暗基調。

〈鄰人〉描寫台灣人胡秋海一家，爲了孩子的教育，從鄉下搬到城市，加入了日本人社群組織。即使擁有同樣的生活水準（意指「皇民式」的生活），

〔註26〕〈鄰人〉最初刊登在《臺灣文藝》1.3（1944 年 7 月），本文所依據的版本爲黑川創編，《〈外地〉の日本語文學選 1 南方・南洋／台灣》，原文爲日文，中文爲作者自譯。

主角胡氏秀梅因著自己是周圍環境中唯一的台灣人，與日本鄰居們接觸時，總揮不去差別待遇的陰影，一想到自己「國語」（日語）能力不足，就擺脫不了自己是「少數」的意識，因此心態上總無法與日本太太們平行往來。

小說敘事從遠矢太太一家人搬走後，秀梅在日本太太群中再度感到隔閡、陷入猶豫的心情下回述起，處於日本婦人群中的秀梅形象，總是手足無措但又不敢漠然離群，由於不善交際而態度退縮，有時竟比自己的孩子還需要他人照拂。眼見自己的孩子適應著皇民教育體制，還興沖沖地想改個日本式的名字。丈夫工作穩定，秀梅從不違逆他，為迎合丈夫的胃口，每天努力烹煮日式料理。但胡秋海對妻子的「非社交性」生活態度有所不滿，認為這和自己平日放任妻子個性發展脫不了責任。他為秀梅勾勒出美好的社群圖像：日本太太們都是好人，大家都包容她是鄉下人，自己要積極走出寄居蟹般的內在世界，與大家和睦往來，才能達成「內台融合」的目標。

文本以秀梅的視線為主要敘事觀點，對人物內心的掙扎與困頓有許多著墨，作者身為殖民者，採取被殖民者的視線敘事，似乎較能引起台灣讀者的共鳴。但以殖民者身分的發言，仍有意將日台融合的理想寄望於「指導者」日本人的身上。為了突破秀梅與日本人交往的困境，作者塑造了一個行事作風連日本人都感到佩服的「模範」──遠矢太太，她積極謙讓充滿幹勁，初次接觸即因為救護訓練的活動，讓秀梅有近距離的觀察。假扮傷患的秀梅，在遠矢太太背負她時，讓她聯想起母親溫暖的背脊。遠矢太太對一些事情的反應，給秀梅不同於以往的經驗感受，例如秀梅的第一任鄰居抱怨她養家禽，搞得環境又髒又臭的。而遠矢太太對台灣人把家禽當成家人般照顧，或在同一個小池裡婦人洗衣服、鴨子戲水的情景，則表現出好感。小說中遠矢太太不分日本人、台灣人，對每個人都能表現自發性的善意，交織出一幅內台融合的理想圖像。

當丈夫胡秋海無意間批評遠矢太太是個嚴苛的人時，秀梅堅決強調遠矢太太是個特別好的人，十分信服遠矢太太的指導，並認為那是對方將自己「一視同仁」的表現，並未產生任何不愉快感：

> 自己什麼都不懂，正好可以跟著這人吸取，要盡己所能地汲取養分。
>
> 就吸收所得，便不再感到柔弱。（頁 256）

秀梅十足是個被殖民者、喪失自主性的形象，她等待被指導，無法自主行動，總是聽由「他者」的安排。面對「良人」苦口婆心要她努力融入「他者」，卻

忽視自己和遠矢太太的特別情誼，秀梅覺得內心有被大石塊擊中的空虛痛苦感：

> 「可是遠矢太太比較特別啊！」
>
> 「哪有什麼特別的。你自己以為比較特別而已。你想想看，那位太
> 太沒和其他的人說話嗎？」（頁 258）

原來皇民化的丈夫並不在乎妻子對友誼的真正需求，不傾聽妻子內心的真實感受，他要秀梅擺脫對遠矢太太的依賴，致力於與全體日本鄰人維持和睦的關係，這種無視於個別差異與真實感受的「融和」，有如殖民帝國愚民式「同化政策」的縮影。

面對自絕於外的孤寂，以及丈夫對與日人鄰居「融合」的熱切期望，文本對秀梅在內外交逼壓力下產生的精神困頓，有著細膩的刻劃，在與遠矢太太的交往中，秀梅完全忘了自己是「本島人」，總是想說什麼就說什麼，即使自己反省起來有些後悔的話，回想當時遠矢太太的反應也毫無異樣。這種能完整表達自我的交往方式，本應是人際間來往的健全態度，無奈在民族不平等的大環境下，竟讓秀梅懷疑是另一種特殊的「差別待遇」：

> 自己是被驕寵著的嗎？遠矢太太是因為自己在十二家中與眾不同，
> 而憐憫我的嗎？（頁 259）

想到這點，秀梅若有所悟，自己一味地希望被人公平對待，希望被同情、被接納、被呵護的形象，顯得多麼愚昧而幼稚。於是秀梅想起有一回自己家養的小雞沒關好，跑到遠矢太太家的院子，把她剛播下的荽籽弄得亂七八糟，遠矢太太怒氣沖沖的表情和指責聲，讓她明白了丈夫批評遠矢太太可怕的原因，於是秀梅確定一件事：

> 那麼嚴格的人，應該不可能因為我是唯一的本島人，就什麼都寬容
> 我、姑息我。那麼，她的好意應不只是對我而已吧！（頁 260）

始終顯得庸人自擾的秀梅，彷彿因遠矢太太的「身教」而「開竅」，決定從明天開始要積極自信地和每個人交往。

然而伴隨女主角「光明」的決定，以及對新鄰居的期待而來的，卻是一個寂冷漆黑的結束場景：

> 今晚風颯颯地颳過空蕩蕩的屋子。沒有人煙的房子，即使在夏天也
> 感覺清冷。秀梅關上玻璃窗，熄了電燈。隔壁院子的陰暗再添上自
> 家的漆黑，夜顯得更深了。（頁 260）

「內台融合」的理想是否真能由秀梅／被殖民者的積極主動來完成？漆黑的場景正暗示著下一個未知的鄰人／殖民者才是眞正左右此一帝國「聖旨」、「口號」落實與否的主導者。在殖民宗主國戰時體制下，日本人、台灣人之間實際存在著差別的縫隙，坂口襟子意識到要達成「一視同仁」、「無差別意識往來」理想的困境，以女性獨擅關照的視角，將問題聚焦在戰時「被殖民」、「後方」、「女性」狹小的日常生活瑣碎上，一個荏弱女子內心的掙扎與無助，相對於「殖民」、「戰爭前線」、「男性」威權來看似毫無損益。但坂口襟子以寫實的筆法描述被殖民者克服苦惱的過程時，也流露出戰局深化下對未來的不確定感，或許是坂口藉由被殖民者的視線所提出的委婉質疑。

三、〈小豆飯〉的祖母

在小學任教的女作家德澄晶的〈小豆飯〉（紅豆飯）〔註27〕，刻劃了小學女教師房枝和學生黃秀雲、祖母間的交流，呈現一幕「表面化」內台融合的景象。

五年級的秀雲在校表現異常，上縫紉課時趴在裁縫機上旁若無人的睡覺、完成的襯衫作業先穿洗過才繳交、上課公然打開信紙寫信給哥哥等，讓只有一年教學經驗的房枝無法招架而感到悲觀。面對自己兄長出征，相對班上其他同學的騷動，秀雲的表現一如往常冷淡，彷彿是別人的兄長要出征般，對於房枝關心的詢問，秀雲仍冷冷回答：

> 「恭喜，令兄要出征。」

> 「是」

> 「你有兩位哥哥吧，是哪位哥哥？」

> 「最大的」

> 「他從事哪方面的工作？」

> 「不知道」

> 「哥哥很高興吧？」

> 「不知道」

> 「啊？」

〔註27〕本文依據《文藝臺灣》6.6（1943 年 11 月），原文爲日文，中文爲筆者自譯。

「沒說，他什麼都沒說。」

「……」（頁81）

秀雲冷漠的態度，加上平日課堂上反抗的行為，令年輕老師房枝反應不及，只能要秀雲趕快回家幫忙，並要她好好為哥哥打氣。

　　兩三天後令房枝意外而驚喜的是，秀雲一反往常交了日記，描述了那天家人送哥哥出征的情形，筆調顯得冷靜，情緒不悲也不喜：

　　七月一日　星期四　晴

　　今天是哥哥從軍的日子。一早就是好天氣。早上五點就聽見劈里啪啦燒飯的聲音，不知是誰，一看是祖母。我說：「祖母，真早啊！」祖母說：「盛東要去打仗，做了紅豆飯」。我想哥哥會很高興的。

　　哥哥出發時，戴上皮綁腿。我不敢摸。哥哥對祖母說：保重，我走了。祖母默默看著哥哥的臉。然後，我、弟弟、祖母和媽媽爸爸都高呼萬歲。哥哥笑容滿面。

很少寫日記的秀雲，卻特別記載哥哥出征的事，顯得人物性格有些前後不一致。星名宏修指出祖母為出征的孫子做紅豆飯（日本人慶祝喜事的食物）、一家人高呼「萬歲」的場面，寫出了統治者期待的台灣人「正確」形象，也令平日為秀雲行徑束手無策的房枝，為這表面化的皇民表現而感動滿足。〔註28〕

　　心滿意足的房枝並未加深思，感動之餘第二天便去黃家訪視，平日自嘲彷彿是不良少女的母親的心，那一天充滿希望，在往來秀雲家一個多小時的路程中，房枝被塑造成「像個幼小的孩子，專注走路不想其他事」（頁84）的純真形象，有時搖搖祖母送的豆子，有時把弄著包巾上的結花，喜悅之情溢於言外。在皇民化作品中經常以受教形象出現的小學生，在〈小豆飯〉中小學生秀雲則被塑造成表情冷漠、對老師的好意無動於衷的形象。在整個家庭訪問過程中，秀雲只有在聽到房枝以台灣話和七十七歲的祖母說「喔，長命，真好命」（頁85）時，驚訝高興之餘，表情稍微緩和些而已。星名宏修提到比起房枝像孩子般的形象，黃秀雲陰鬱的神情反而像個大人〔註29〕。殖民者與被殖民者的形象對照，顯示出房枝對皇民化的意義深信不疑。

　　房枝主動以台灣話與祖母交談的場面，可以說是日人作品中少見的安

〔註28〕參考星名宏修，〈共感の「臨界点」——德澄晶の作品を読む〉，頁50。

〔註29〕同前註，頁53。

排，尤其是總督府積極進行國語純正運動時期，作者表現出難得的思慮。祖
母還不明就理問秀雲「老師是內地人，還是客家人」（頁 85），令房枝、秀雲
師生笑出了眼淚，拉近了彼此的距離。

當房枝目睹秀雲祖母爲腰痛所苦時，主動爲她按摩、和她聊天，由秀雲
居間通譯：

> 「奶奶啊！您一定要健康的等到孫子凱旋歸來。」
>
> 秀雲是怎麼傳達的不清楚，但回答如下：
>
> 「不，不，已是日薄西山了。」
>
> 房枝對著爲從軍的孫子做紅豆飯慶祝的老太太，那枯木般僵硬的
> 腰，心中泛起一股莫名的悲傷。
>
> 「奶奶，我姐姐要嫁給就要出征的人。」
>
> 玉連（譯註：秀雲的同學）邊想邊翻譯，老太太一聽嚇了一跳的樣
> 子，把身體扭向正在揉腰的房枝。然後對著秀雲很快的説些什麼。
>
> 秀雲一一點頭，走到房枝旁小聲的説。
>
> 「老師的姐姐出嫁時也做紅豆飯嗎？」
>
> 「是，做啊，爲了慶祝。」
>
> 秀雲轉告祖母後，祖母馬上起立，從後門走去。（頁 85）

作者所營造的是一個人與人自然交流的場景，對懂得在孫子出征時做紅豆飯
慶祝的台灣鄉下老婦人，房枝本懷著同化成功的喜悅，但親身接觸了這位垂
暮的長者後，同情之心油然而生，對於造成老婦人與孫子生離的原因雖然不
見批評，但敘事者藉著談話表現出殖民者對被殖民者的同理心。

原來急著起身的祖母爲了祝福房枝姐姐出嫁，準備了許多豇豆讓她帶
回，秀雲説：

> 哥哥出征時，因爲沒有眞的紅豆，所以也是用這個。奶奶説要送給
> 你。（頁 86）

原來爲了讓出征的孫子高興做的紅豆飯，用的不是一般日本人常用的紅豆，
而是比紅豆耐煮不易破的豇豆，房枝欣然接受，並迫不及待要回家告訴母親
和姐妹們。

在〈小豆飯〉裡的台灣老婦人，並沒有在台日人作品中常見的冥頑不靈
形象，或超乎常情的皇民化塑造，較趨近於人性自然的呈現，其間的內台融

合理想，是在對等位置下的互相調和。這篇發表於作家被強烈要求協助戰爭宣傳時期的作品，作者身爲日本女性的「他者」，尚能關照被殖民者的反應，文本中將被殖民者置於與殖民者對照的位置，呈現了政策的理想與落差。可以看出德澄晶從在〈海ほほづき〉（海酸漿）〔註30〕帶著指導階層的使命感，藉著台日兒童自然融合的理想，去灣化爲同化的描寫後，再對同化、融合等問題提出的一個現實面的考量。

第四節　女性皇民的塑造

一、女學生的皇民形象

　　日本殖民台灣初期對台灣女性教育態度消極，女性教育附屬於男性教育下，1896 年成立的「國語傳習所」即採取男女共學制。1898 年發布《臺灣公學校令》，將國語傳習所改爲公學校，雖然爲女學生增設了裁縫科，但台灣女性的就學率要到女子公學校設立才得以提高。1922 年總督府重新修訂了《臺灣教育令》，改採「內台共學制」，收 8 至 14 歲兒童，教授國語、修身、作文、讀書、習字、算術、唱歌與體操等。1941 年發布的《國民學校令》，將小學校（專供日籍學童）、蕃人公學校（專供原住民）與公學校（專供台籍學童）一律改稱國民學校，1943 年始實施義務教育。〔註31〕從國民學校到高等女學校，是日據時期台灣女子接受新教育的管道，殖民宗主國透過教育，強化學生皇民思想，以確切涵養皇國國民性格，成爲推行皇民化運動的基礎。在台日人小說中的女學生，展現了接受現代化教育的樣貌，也是作者直接表現皇民教育宣傳的對象。

　　日據時期日本在台灣實施的小學教育，以教授日語、傳授知識與涵養德性爲主要目標〔註32〕，學子的愛國表現更成了宣傳統治意圖的典範，最著名的如 1940 年代起出現在小學課本的〈君が代少年〉（國歌少年）詹德坤，〈サヨンの鐘〉（莎勇之鐘）的莎勇・哈勇，呈現台灣少男少女崇敬日本、義勇犧

〔註30〕本文依據《文藝臺灣》6.5（1943 年 9 月），原文爲日文，中文爲筆者自譯。
〔註31〕參考游鑑明，《日據時期台灣的女子教育》（臺灣師範大學歷史研究所碩士論文，1987 年），頁 47、頁 59～60。
〔註32〕參考周婉窈，〈失落的道德世界——日本殖民統治時期臺灣公學校修身教育之研究〉，收入《海行兮的年代》，頁 295。

牲的形象，〔註33〕以作爲皇民教育的目標。

　　在台日人小說中對於愛國女學童的形塑，可見於神川清〈墓前報告〉〔註34〕。即將出征的「我」在恩田隼人夫婦墓前，報告領養遺兒一郎和二郎以來，二十一年的成長過程。其中二郎完成中學學業後，志願到有台灣人學生的國民學校任教。他一面教導學生「凡對天皇陛下有益之事立即實行」，自己也率先身體力行，但對學校的道德教育尚未深植奉獻皇國的信念十分失望。

　　有一天小學五年級的台灣女生從單槓上摔下來，在右手穿破性骨折的狀況下，仍懷著歉疚以極禮貌的日語向老師報告，令二郎訝異於自己平日的教導終見成果。結果女童因傷口感染破傷風，半夜在醫院過世。這位家住偏遠山區，平日成績表現並不理想的女童，臨終時堅定而小聲的交代二郎：

> 老師，長期承蒙您的關照。我的事請別介意，請繼續以單槓鍛鍊大家強健的體格。此外，很遺憾破傷風菌竟如此輕易的讓人喪命，希望日本的學者們能累積研究，讓這類的菌不再爲害。拜託老師了。
> （頁 44）

這番置個人生死於度外的遺言，出自於小學五年級的台灣學生之口，不僅令二郎非常感動佩服，也令我們對這完美的獨白匪夷所思。女童傷殘的雙手平放在胸前的臨終姿態，二郎贊譽那是爲皇運昌隆祈禱的神態。二郎爲自己一手教導的學童的皇民表現十分感動，昂揚了他成爲飛行員投身聖戰的意志。對強力主張「皇民文學的內容必須是國體性、決戰性」的作者神川清〔註35〕，以女童作爲統治者宣傳的典範，美化了殖民政策中存在的暴力，所有不盡人情的部分，在決戰文學中卻成了賺人熱淚的統治神話。

　　總督府在 1922 年發布的第二次《臺灣教育令》中規定，中等以上學校爲內台共學制，女子學校名爲「高等女學校」（四年制），教育主旨在培養嫻淑溫雅的日本女性，爲達同化台灣人目的，特別增強精通日語和確立日本國民性格。1941 年後，更重視女子在國防、生產和生活上的訓練，確切涵養「皇

〔註33〕　參考周婉窈，〈日治末期「國歌少年」的統治神話及其時代背景〉、〈「莎勇之鐘」的故事及其周邊波瀾〉，收入前引書，頁 1～31。

〔註34〕　本文依據《臺灣文藝》創刊號（1944 年 5 月），原文爲日文，中文爲筆者自譯。

〔註35〕　神川清，〈皇民文學の樹立〉，《文藝臺灣》終刊號（1944 年 1 月）頁 34。中譯引自黃英哲主編《日治時期臺灣文藝評論集雜誌篇》第 4 冊，邱香凝譯，頁 426。

國女子」、「皇國之母」，以協助完成「聖戰」。〔註36〕由於教育機構並未公平開放，台籍女學生在初等教育內容不均等、入學考試強調日語能力的不利條件下，進入高等女學校窄門時必須與日本籍女學生競爭，也使得價值認同一步步傾向日本化。

在台灣出生成長、受教育，並曾任教於臺南州立第二高等女學校、臺北州立第一高等女學校的新垣宏一，小說中經常藉著高等女學校教師的角色，傳達本身對皇民鍊成、國語教育與舊慣習俗的見解，顯示出身為殖民地教師的使命感。

〈城門〉〔註37〕透過台灣大地主家庭少女劉金葉寫給女學校時期老師的書信，細訴自己努力成為皇民所產生的種種苦惱，包含著對「家醜」與父親的批判，表現出親近的師生關係。從金葉對祖父選擇日本式葬禮的崇敬、對父親高喊皇民鍊成卻仍蓄妾的鄙夷，以及對自己升學、婚姻的憂慮中，看出金葉受了皇民意識的影響，對台灣傳統的喪禮、家庭結構、城門建築、語言和服飾等表現出「羞恥」感，顯示出受殖民地高等教育的女性，對「皇民化」即「現代化」的迷思，也帶出了殖民政策即使獲得被統治者表面化的配合，但內心對舊慣習俗仍存在著無法切割的問題。

原本存在的祖孫世代差異，由於殖民者的皇民化要求，使得金葉與祖父、父親與母親間的親情，摻雜了文化衝擊下的矛盾。在金葉口中屬於舊時代人的祖父，和自小受皇民教育的自己雖然語言隔閡，但在血脈相連的親情下，金葉卻能了解祖父以台語告訴她的民間故事。只是不會說日語也不穿和服的葉老先生，就因為疼愛孫女，不願讓孫女看到日皮台骨的異樣葬禮，接受了孫女的皇民化「新訊息」，生前即交代喪禮採日本式的火葬，至此祖父成了金葉心目中性情相通的「好日本人」。

相對於祖父的包容力，擔任市議員的父親劉木川，對金葉十分寵愛，因父親的社會地位所帶來的皇民化生活，也令金葉在女學校生活中保有「優越感」，對父親在議會中提議將台南的舊城門改建為公廁的「謬論」十分贊同。金葉一心只想早日擺脫台灣式的生活，以活在「新」時代。但父親將母親當年陪嫁的女傭納為妾的事，加上母親也不置可否的態度，令金葉憎惡台灣男性，在為母親感到悲哀之餘，更擔心自己將來的婚姻也將遭所謂「第二夫人」

〔註36〕游鑑明，前引書，頁55～56。
〔註37〕本文依據《文藝臺灣》3.4（1942年1月），原文為日文，中文為筆者自譯。

的威脅，因而既欣羨日本人的家庭生活，又批判父親不能貫徹皇民化的生活，甚至質疑父親對自己的愛，認為不懂皇民鍊成理論卻能溫暖包容自己的祖父才是偉大的，就如同那些連低階教育都沒受過卻能血書志願從軍的青年一般，敘述者所歌頌的便是這種毫無掙扎的順民形象。

透過金葉信中的文脈，作者也傳達了身為皇民化指導者的理念，對金葉所憂慮的納妾風俗，「老師」認為在提高「皇民鍊成」實績的前提下將來一定會消失。對台灣人大都選唸醫科的現象認為是把學校教育窄化為追求物質安定的手段，主張像金葉這種富家子女，應學習可以提升自己教養的課程，以備將來能在台灣的文化相關部門貢獻力量。師生到東京畢業旅行時，對留學東京的台灣青年以台語交談的事感到痛心，但「老師」安慰金葉：

> 在東京過那種生活的人果真了解自己嗎？為在東京的自由而沾沾自
> 喜的精神果真能解救台灣嗎？能成為台灣進步的積極力量嗎？想要
> 提升台灣的話，就應該生活在台灣，與台灣一同成長。（頁68）

在殖民者合理化統治行為的修辭下，台灣需要被「解救」、被「提升」。「老師」耐心開導的態度令金葉十分感激，認為不只解救了她個人的危機，透過她又不知造就了多少堂堂的皇民。言語間充滿了對以「老師」為首的皇民的孺慕，表現出自身投入皇民化運動的熱忱。

作者將接受現代教育女性的視角代之以皇民鍊成的視角，傳統彷彿都是些去之而後快的惡習，顯示接受越高教育的殖民地台灣女性，雖然因為學習日語得以獲得新知，擴大生活範圍，但並未因此樹立女性自主權。甚至日本的「教養」越深，越游離台灣在地的社會土壤，依附順從的對象，從母國男性移向殖民宗主國男性，並在指導者的薰染與期待下，成為家庭、社會推行皇民化運動的潛在力量。

由於殖民統治者對台灣女子教育偏重於上流社會，女子教育逐漸成為一種身分階級的象徵。〔註38〕出身中下階層家庭的女學生反而成了作家關注的對象，熱心皇民教化的教師形象又再次出現在新垣宏一的作品，〈砂塵〉〔註39〕敘述台南女學校的教師澤野，利用作文課時間向畢業班學生解說佐藤春夫以台南為舞台的小說〈女誡扇綺譚〉，藉其中可憐女婢的下場，評介

〔註38〕洪郁如，《近代台灣女性史》（東京：勁草書房，2002年10月一版三刷），頁123。

〔註39〕本文依據《文藝臺灣》7.2（1944年1月），原文為日文，中文為筆者自譯。

人身買賣的陋習，並期許女學生們向皇民生活邁進，想不到因此觸發了女學生陳寶玉的煩惱，向老師傾訴自己無可奈何的處境。

寶玉的父母從事日趨沒落的傳統傘業，家計因此陷入困境，父陳阿木自暴自棄的沉迷於賽馬，輸了一身債後，竟以女兒寶玉、金鳳抵押，向高砂町周某借了五百元，又輸了錢後不見人影。寶玉姐妹陷入不知何時要被債主帶走的恐懼中，二人決定休學工作以償還債務。

澤野一方面覺得再兩個月就可以從高女畢業的寶玉，休學實在可惜；一方面又覺得這樣的遭遇，彷彿回到〈女誡扇綺談〉中無智純情下婢所處的時代，令他質疑女學校教育到底發揮了多少效果，學校一味加強皇民鍊成，卻沒有人教寶玉如何以日本精神面對人生難題。澤野承認自己的教育基磐脆弱，本以為透過皇民化教育學生，就可以完成將日本精神傳達至家庭的任務，寶玉的事讓他發現自己的想法過於單純，於是開始反省如何將皇民鍊成的精神傳達給無智階級。

澤野一方面著手查證阿木借據的內容，一方面勸慰寶玉的父母，讓寶玉完成女學校教育，準備應募國民學校初等教員，隨著義務教育的實施，教導本島人小孩才能發揚女學校教育的意義。至於當務之急的債務與人身買賣問題，澤野則打算交由警方處理。

作者透過澤野處理寶玉的問題，暴露出了皇民化的表面化現象，與指導階層的反省，也展現了殖民地教師關切學生的熱情。然而面對寶玉母女的問題，澤野以出征家庭（獨子天賜為志願軍夫）的榮譽勸勉，並以日本女性為標準，要母親作好盡責的皇民之母。至此教師成了將皇民化教育深入家庭的指導者，既表現了從事皇民教育者的強烈使命感，一切以日本為基準的民族優越感也無所不在。

二、職業婦女的皇民形象

隨著接受教育的台灣女性逐漸增加，由於官民支持、社會價值觀念改變及戰爭期間人力動員等因素的刺激下，獎勵婦女就業的輿論也隨之而起。在殖民政府政策、經濟發展與社會需求，女教師、護士、產婆等職業的產生，讓女性就業的願望具體落實。〔註40〕呈現在小說中的台灣職業婦女，不再受

〔註40〕游鑑明，《日據時期台灣的職業婦女》（臺灣師範大學歷史研究所博士論文，1995），頁 253～254。

限於家庭空間，在職場上展現新女性的專業與自主，但在殖民者揮之不去的差別意識下，台灣職業婦女的地位不如在台日本女性，但對她們皇民奉公精神的要求則有過之而無不及，在台日人小說中的職業婦女，呈現出在不同行業中共同朝皇民奉公努力的樣貌。

（一）〈湯わかし〉的玉枝

河野慶彥的〈湯わかし〉（燒水）〔註 41〕描寫家政女學校的同學玉枝、清雪與碧梅畢業後的發展。玉枝成為小學助教，清雪則為相親結婚與否煩惱，碧梅留校擔任助手後考上看護助手準備上前線，這些本島女性的形象呈現了皇民教育的成果，她們和日本女性的差別，似乎只在於中式姓名和低階的職位。

玉枝一畢業正值小學教師需求時期，帶著榮耀父兄的心情當上助教。但面對責任重大的教師工作，玉枝仍感力不從心。原本對生活沒有太大的抱負，當老師是由於一方面沒有其他更喜歡的選擇，一方面出於可以比仍在高等女學校就讀的小學同學提早就業的競爭心態。校方為了提高助教的能力，頻繁舉行的教學研究，令玉枝不堪負荷，校長又指派她為下次自然觀察課程示範，玉枝擔心自己無法勝任。

由於母親早逝，玉枝與父親特別親近，父親對玉枝的要求，出於疼愛也多能配合。例如本不愛洗澡的玉枝，成為學校教師後，接觸日本同事時，令沒有每天洗澡的自己顯得非常髒，加上校長經常提醒要以身作則的觀念，便央求父親買浴盆，認為：

> 因為自己已是教師，家中的人也要像剝去一層一層的薄皮般，除去
> 陳舊的本島人氣息。（頁 49）

不僅寵愛玉枝的父兄配合，連家中的女傭也每天洗澡。這個每天清潔的動作，成為玉枝滌清台灣人習慣，由外到內改變為皇民的象徵儀式。

為室外教學示範工作惶惶不安的玉枝，從同學碧梅志願到前線從事看護助手的事得到激勵，碧梅上前線的日子也是玉枝主持教學觀摩的時候。不能到車站歡送的玉枝，在全校職員面前，指導學生如何架設竹架、生火、燒水和善後處理，表現得十分平穩。在為學生的柴薪點火時，玉枝心生一種為神奉獻的聖潔感，學生一組一組的將火傳下去，彷彿傳遞著聖火般。對內急請求上廁所的學生陳登山，玉枝更一再糾正他不正確的國語（日文），直到說正

〔註 41〕本文依據《文藝臺灣》6.3（1943 年 7 月），原文為日文，中文為筆者自譯。

確了才放他去。（頁 61）在其他職員的笑聲中，敘述者寫出玉枝又羞愧又嚴厲的態度，學生國語使用不適當、發音不正確，又不能發揮忍耐的精神，不只是顯示平日教學成效不足，彷彿身爲教師的自己皇民化程度也一併遭檢視。

當學生的壺水一一燒開時，玉枝興奮得拋開一切令她不安的情緒，而在同時間，遠處傳來火車的鳴笛聲，玉枝望見載著看護助手的列車經過，穿著白色上衣的碧梅，從車窗探出半個身子，向玉枝的方向揮著手帕，不久又隨著車身沒入龍眼樹叢中。玉枝壓抑著瞬間盈眶的熱淚，以冷靜堅定的態度繼續完成教學工作。（頁 62）

作者爲台灣女性營造了理想的職場環境，不論是懷有理想的，或心無大志的，接受新教育後投入職場，逐步展現奉公精神。在宣傳皇民思想的前提下，小説中台灣女性的形象模糊，心理刻劃也不深刻，可說是作者心中理想的殖民地女性想像，以女性實際參與聖戰，激勵台灣女性徹底實踐皇民化生活，表現婦女的職業奉公精神。

（二）〈月來香〉的龍氏滋美

庄司總一延續了《陳夫人》混血與內台融和的主題，在《旬刊臺新》中連載的〈月來香〉〔註 42〕，描寫台灣無知的婦女龍氏滋美，如何在日本人指導下皇民化的一生。對照《陳夫人》美化了嫁入台灣大家庭的日本女性安子，〈月來香〉則美化了未婚生子的台灣女性龍氏滋美，深具皇民奉公運動的色彩。

出身鄉下農家無學文盲的女子龍氏滋美，經過三十多年的努力，成爲具有產婆資格並自行開業的職業婦女。而這三十年力爭上游的過程中，包含與幫傭家庭男主人間非婚生子的糾纏、與骨肉分離的痛楚，以及職場中出現的差別待遇問題，作者所描寫的龍氏奮鬥歷程幾乎等同於台灣女性皇民化的過程。

十七歲進入梶井永吉開設的醫院幫傭，在夫人朔子一年的嚴格調教下，待人處事已可匹敵日本女傭。比起在農家受貧窮父母的斥責、如牛馬般的勞動，龍氏覺得在內地人家庭工作實在幸福。這種貧窮與富裕、落後與進步的對照，顯示出龍氏的皇民化是建立在無根的、物質化的價值觀上，因此看不到她與自身文化的糾結或掙扎，作爲一個聽命於男性的女性，短暫的幸福在

〔註 42〕本文依據《旬刊臺新》1.5（1944 年 9 月上旬）至 1.13（1944 年 11 月下旬）九次連載內容，原文爲日文，中文爲筆者自譯。

與男主人暗結珠胎後劃下休止符。

　　龍氏回到鄉下娘家生下次郎不到一週，即被氣急敗壞的梶井夫人藉著孩子的成長與教育為由，以金錢強行交換，並要龍氏至死都不可洩密，因為她的台灣人身分將不利於骨肉的前途。被奪去孩子的龍氏，無助的將母乳滴在爐火上，一方面痛恨夫人的報復手段，一方面又想像孩子因此可以過著富裕的生活，她的矛盾並不深刻，因為象徵殖民者的梶井家左右了龍氏的一生，而龍氏在母愛的大名下也主動向皇民的行列靠攏。

　　一年的幫傭生活讓龍氏具備很好的國語（日語）表達能力，且已習慣榻榻米上的禮儀生活，對農村的勞動與風俗反而不能適應。這不只是單純表現人好逸惡勞的習性，也包含了對台灣農村的鄙夷態度。而讓龍氏脫離農村繼續皇民鍊成的，是已皇民化的牧師簡傳和，介紹龍氏到台北三原秋子經營的高砂幼稚園工作。（以上第一回〈大正の頃〉）

　　都市幼稚園的工作，拓展了龍氏的見聞，龍氏不僅脫離農村，更走出家庭附傭性職場進出社會。在園長三原秋子教導下，開啓了龍氏的知識欲望。從編輯教材到成為園內教務助手，雖然遭同僑杉山好子妒嫉，指她為本島人又沒有完善的教養，甚至有家長反映討厭龍氏抱他們的小孩。龍氏把照顧別人小孩視為贖罪的方式，深得同有失去小孩經驗的三原園長認可，認為龍氏有幼兒保育工作者最重要的愛心。但這看似平坦的前景，卻因三原腦溢血驟逝而生變。此時與梶井永吉在台北街頭偶遇，急於知道自己骨肉近況的龍氏，因此錯過了與簡傳和牧師一起返鄉結婚的機會。（以上第二回〈智慧の悲しみ〉）在作者的安排下，龍氏不斷的在惡運捉弄下反省、成長，也總是在男性的指示下行動，尤其是象徵殖民者／父權的梶井。對造成龍氏的不幸，並未見梶井真誠的愧疚，只是不斷指引她自我提升的皇民之路，彷彿成為「皇民」是龍氏一生義無反顧的選擇，而這也是殖民者美化自身過錯的方式。

　　龍氏被安排到台北醫院婦產科當見習護士，工作的挑戰越見複雜，在種族歧視的環境下，龍氏頻遭日本同事嘲諷為偷竊者。而作者解決龍氏煩惱的方式，總是透過理性的日本人出場解圍，讓我們不得不羨慕龍氏的好運氣。在新的護理長佐佐木的知遇下，一年後成為正式護士，並以自行開業的產婆為努力目標。（以上第三回〈荒波〉）作者體貼的安排龍氏從事與小孩有關的工作，彷彿因此就能化她不幸的未婚生子痛苦為職業婦女的專業成長，並完

成完整的皇民鍊成，以備將來與混血的兒子相認時，具有「皇民之母」的條件。

考取產婆執照的龍氏開業後，已全然帶著殖民者的眼光，既無視於農村不景氣下父親與地主、土龍間的糾紛，又批評台灣人居住環境髒亂、迷信不潔等事。但再一次憑著曾為人母的悲喜溫情，不計較收費的熱心工作。只是偶然發現梶井又回到台南開業，她朝思暮想的骨肉次郎也在同一城市中成長，令她既悲又喜，也因而一再與平淡的生活失之交臂。（以上第四回〈孤獨〉）

上了中學的次郎，從診所離職的護士口中，輾轉得知自己的生母是台灣人時，他想像中的龍氏是個「上了年紀、梳著大頭鬃、穿著台灣服」，甚至可能「裹小腳、吃檳榔」的樣子，原來在敘述者眼中台灣婦女就是如此不體面的形象。繼母直子更因此視「本島人」如異類，以「動物也會生小孩」來侮蔑龍氏，要她知道在她完成「生產」動作後，就不具任何其他意義了（第八回頁31）。這種極力要切割母子實際血緣關係的言語，既否定了台灣女性的主體性，又將台灣女性加以物化，從家庭組織的衝突摩擦中，暴露出殖民者的霸權心態。

因此當直子得知次郎主動去會龍氏時，震驚得彷彿自己的兒子是去會了妓女般。然而這會面中龍氏的言談舉止令次郎忘了她是台灣人的事實，因此「本島人母親」在成功皇民化的條件下，令母子相認的問題聚焦在血統的純粹與否上，母子初會面的結果顯得矯情自飾，次郎臨走時龍氏取下插在水瓶裡的月來香送他，夜裡月來香在次郎的房間裡散發著香味，自此之後「月來香」便成了龍氏的象徵，一個只能在幽暗處散發美好本質的本島女性形象。（以上第六回〈傷める花〉）

為了解決次郎的血統困擾，作者安排龍氏因肺炎引發腦炎性命垂危，而且只有次郎和龍氏 O 型血型一致。原本彆扭的親子關係，藉著這一幅輸血的畫面，翻轉為接納與奉獻的情感。（以上第七回〈血の問題〉）

次郎到日本報考海軍卻落榜，當龍氏認為是自己的身分妨礙次郎的發展時，次郎轉而選擇成為飛行員，以翱翔空中的戰鬥形象，既歌頌了戰爭，也化解了人物心中的矛盾與衝突。（以上第八回〈空ゆかば〉）。藉著飛行練習的機會，飛到龍氏家上空，讓龍氏欣賞自己駕機的英姿，母子近乎浪漫的相會方式，最後次郎還從飛機上丟下一束月來香，回應當年龍氏要他再來看她的

叮嚀。

　　次郎在最後一次出任務前特地去看龍氏，本以爲此生無緣與次郎享受親情的龍氏，出門共享天倫之樂時特地穿上和服，「因爲身爲海之荒鷲〔註43〕之母，就算只是一天，第一次出現在明亮的太陽下，不穿和服總覺得不稱頭。」

　　好不容易被次郎接納的龍氏，雖然當年只有懷胎十月、餔乳七日的經歷，二十多年的空白，因接受了次郎救命的日本血統輸送連接起來。當次郎親手爲龍氏整理過緊的和服腰帶之際，兩人的血液彷彿發出了共鳴的聲音，爲龍氏脫本島人入皇民的歷程，劃下美麗而虛幻的句點。然而更大的榮耀是，龍氏升格爲爲國犧牲、護國英魂永恆的母親。次郎曾滿懷感激的對龍氏說「還好您一路堅持未婚，多虧了您，我們才有現在」，龍氏便成了「世界上再也沒有像我這麼幸福的女人了」。（以上完結篇〈永遠の母〉）強勢的統治者野心與殖民文化，透過親情的溫馨包裝、戰爭的神聖歌頌，不僅無視於女性受抑於父權的自我犧牲，在皇民化運動的價值體系下，抹殺自身文化，從外在到內部的改造，成了不幸女性擁有幸福的良方，皇民化之路已被美化成不幸女性獲得救贖的道路。

（三）〈ある一座〉的秀蓮

　　新田淳〈ある一座〉（某劇團）〔註44〕以日據時期新劇團在地方轉徙演出的生活場景，呈現台灣戲劇的發展困境。女主角秀蓮畢業於公學校，原本是傳統劇團中串場演唱台灣戀歌的歌手，在劇團生活中還必須抵抗財色的誘惑，直到轉到明陽新劇團轉型爲演員，並結識寶源，進而相戀、結婚生子，過著以劇團爲家的生活。十五年的豐富舞台經驗，加上爲人妻爲人母後越發自信，有時只需了解故事梗概，不需死記台詞，便能馬上上場。（頁40〜41）敘述者因秀蓮的國語（日語）能力得以脫離傳統劇團進入新劇團，對新劇團的推崇與對台灣傳統劇團的詆毀不言而喻。

　　以演戲謀生的秀蓮身兼數職，既要粉墨登場，又要照顧家庭、哺育幼子，所幸丈夫寶源也是同行，雖然過著四處巡迴演出、居無定所的生活，但夫妻同心，婚姻也稱得上美滿。在多對夫妻與年輕團員組成的四十多人劇團中，夫妻、團員間時有摩擦或爭風吃醋的事，只見秀蓮總是能迎刃而解。當年輕

〔註43〕「荒鷲」義爲勇猛的老鷹，在大東亞戰爭期間爲飛行員的代稱。參考周婉窈，〈美與死——日本領臺末期的戰爭語言〉，前引書，頁190。
〔註44〕本文依據《文藝臺灣》6.2（1943 年 6 月），原文爲日文，中文爲筆者自譯。

團員華招陷入他團以結婚和高薪挖角的困擾時，她勸華招不能爲金錢結婚，而且要確定求婚者是否畢業自公學校：

> 現在起演員如果沒上過學、不會說國語、不認識字的話不行的。現在國語普及，舞台上也用國語，像歌仔戲那種假戲劇，以後不論在多麼鄉下的地方都會被淘汰的。（頁 45）

秀蓮這番「務實」的言論，也反映出殖民政策對傳統戲劇打壓的情況。

新劇團生存的現場面臨重重困難，以明陽劇團而言，是沒有觀眾基礎的小劇團，明知在小地方演歌仔戲可能更受歡迎，但不被殖民政府允許。因此上演的劇本不論是喜劇或是偵探劇，皆是刪改自電影，再加上甲種大劇團已早先一步演過了，種種因素，票房自然不理想。（頁 45）在統制革新的口號下，劇團改革只是換新名、導演要求變多，大家都想面對新秩序、新目標，但無論是演員或觀眾，多爲不識字的「未受教育的一群」，連台詞要改用當時的國語都是空談。（頁 37）曾到內地見習的寶源抱怨：

> 演戲眞沒意思，觀眾不行，演員也不行，什麼都不行……在東京時我就想，戲劇是不能沒有當地古文化的。但在台灣這塊新土地上，人們只考慮到錢，這樣的話做什麼都不行。總是用著台灣話，以老人爲對象，搞些騙人的把戲，這樣台灣怎麼會好？我實在不懂自己到底爲了什麼演戲……
>
> 再怎麼教育或給錢，如果老是這些人來做，能做什麼？看看內地的戲劇，劇本多好，演員全是日本人，觀眾也都明白。……
>
> 放任台灣戲劇發展的不是政府也不是警察，而是我們，本島人，因爲本島人不能早點成爲日本人。（頁 41～42）

陷於政策與現實矛盾的寶源，以殖民帝國的眼光看待台灣新劇界，彷彿從上到下都是烏合之眾，這一大段似是而非的言論也反映了當時台灣戲劇發展的困境。根據石婉舜研究，日本發動侵華戰爭以後，台灣新劇團體舊的困境尚未解決，面對殖民當局強烈的「皇民化」要求，特別是禁用漢語一項，使得劇團經營越發困難，既爭取不到觀眾，對當局的要求也只能以「應付的」、「模仿的」態度面對，令殖民當局備感頭痛，有識的新劇運動者也爲找不到出口感到焦慮。〔註45〕有識者都無法解決的問題，這群現場演員提出的解決方

〔註45〕 參考石婉舜，《一九四三年臺灣「厚生演劇研究會」研究》（台灣大學戲劇學系碩士論文，2002），頁 10～17。當時對新劇運動提出針砭的如黃新山，他認

法也成了空中閣樓，既提出了台灣人不能早日「成爲日本人」的問題關鍵，也呈現出皇民化運動的虛妄性。

面對劇團發展的困境，加上孩子生病就醫奔波的無助，令寶源感慨劇團生活對孩子將來受教育不利，心生放棄戲劇改做買賣的念頭，秀蓮卻樂觀的道出：

> 到那時，戲劇應該也轉好了。也許戰爭還打不完，而台灣的呃，對，文化，文化的建立該由公學校畢業的我們來做。戲劇協會的老師不是曾經說過嗎？到這孩子上學以前，還有五年的時間，我們要給年輕人純國語戲劇的日子一定會到來的。（頁 49）

把國語能力視爲在殖民體制下生存條件的秀蓮，看不出對戲劇的現狀有什麼具體的意見，只是一味的鼓勵丈夫寶源，戲劇彷彿成了國語推行運動的一環。秀蓮的賢妻良母形象，讓沮喪的寶源也覺得前景一片光明。而在帝國作家僵化的描寫下〔註 46〕，秀蓮成了沒有自己想法、聲音，也不見任何抵制、掙扎的帝國傳聲筒。

三、自由戀愛女子的皇民形象

日據時期台灣社會對於戀愛婚姻的新觀念多來自日本內地，不論是留日學生在日本接受新思潮而來的，或在台知識階層藉由閱讀日本內地的報刊雜誌或戀愛小說獲得，戀愛成了受新教育的男女追求理想婚姻的基礎。〔註 47〕

川崎傳二的〈十二月九日〉〔註 48〕以一台灣女性的日記，呈現追求皇民化的經過，透露了媚日女子的私密心情。在太平洋戰爭前夕的背景下，日記中不時穿插時事評論，鋪陳出山雨欲來的氛圍，藉此烘托出在「國難」下青年男女愛情的價值（頁 40）。

爲新劇運動停滯不前的主要原因有四：一、出資者的野心；二、演員的不自覺；三、缺乏好劇本；四、觀眾看戲的水準低。這些現象也都反映在新田淳〈ある一座〉的描述中。

〔註 46〕博埃默指出帝國文本的重要性在於：「它揭示了那個世界體系如何把其他民族的淪落視爲當然，視爲該民族與生俱來的墮落而野蠻的狀態的一部分。但由於一切都歸於僵化的類型定式，對於本土人的描述往往就掩蓋了他們的動因、多樣性，他們的反抗、想法和聲音。」參考博埃默著，盛寧譯，《殖民與後殖民文學》（香港：牛津大學出版社，1998 年），頁 22。

〔註 47〕參考洪郁如，前引書，頁 186～194。

〔註 48〕本文依據《臺灣文藝》1.2（1944 年 6 月），原文爲日文，中文爲筆者自譯。

　　出身資產家家庭的碧霞，高等女子學校畢業兩年多了，同學中有結婚的，也有申請成為紅十字會特別護士學徒的，到東京的專業學校深造的也快畢業了，而碧霞在父母反對下，既去不了嚮往的東京，進修了一年的裁縫課程也不了了之，只是躲在家看書，卻感染了傷寒。住院期間開始藉寫日記抒發情感。

　　病重時接受了中川巡查輸血，使得碧霞對兩人間的情感發展，不時受到血液問題的迷惑。原本就憧憬著婚後依附丈夫的碧霞，在中川「以大東亞發展為己任」的帝國青年形象「光環」下，碧霞喪失台灣人的形象，在愛情婚姻的追求中，顯現她對日本（等同於進步）的崇拜。

　　和中川第一次見面談話時，碧霞一想到自己的血液中混著中川的血時，彷彿身體某處被窺視而感到嫌惡，感覺自己失去了純潔。（頁26）對自己的救命恩人本應懷抱感激，只是她自己不太明白，和恩人見面時為何會心生羞愧。敘述者藉著侵入的血液，描寫女主角對愛的渴求與矛盾：

> 看著右手腕的青色靜脈，就可以感到中川的氣息，我輕輕的把嘴唇押在靜脈上。啊，我的小日記，靜靜的睡，月娘是否在窗外呢？日記啊，秘密，秘密。（頁28）

　　作者藉著自由戀愛的過程，寫出了女主角的任性，原本大小事都會與父親商量，但與中川的事卻顯得大膽妄為。穿著和服和嫂嫂美玉（東京津田英學塾的才女，有「宋美齡女士」的別號）去看電影，被嫂嫂贊美將來結婚穿和服會很好看時，便說出「當然，我打算和內地人結婚」（頁33）的話。當中川到大陸南方A市工部局（共同租界的警察兼行政機關）工作時，碧霞想盡辦法要赴大陸會中川。在A市海濱散步時接受中川的求婚，碧霞沒有什麼內台通婚的困擾，因為「我對內地人的風俗習慣充分了解」（頁36），雖然文中未交代碧霞皇民化的過程，但上流家庭出身與接受完整的殖民地女子教育，使得她的自我認同傾向日本內地。她雖然擔心父親的反應，但也抱著如果父親反對便以死示志的決心，她的決斷來自於「死也分不開的心情，歸咎於輸血」（頁37）。血液的牽扯成了碧霞決定終身大事不可違逆的命數般。

　　這對行走在中國租界地上的男女戀人，談話的內容全是日本青年的願景。隨著日本在中國戰場的前進，中川認為日本人有責任啟蒙中國人，改變其抗日的敵愾心。碧霞完全信服中川的言論，合理化了日本對中國的侵略。當她聽說租界的日本小學生在上學途中遭人丟擲石塊時，竟覺得住在日本的

「支那人」是幸福的。自覺結婚後必然要在外地生活的碧霞，決定要爲日華親善貢獻己力，積極向六十幾歲昆明女子師範畢業的老師學北京話。（頁42）因爲自己所接受的教育，以及日本人救命的血液，即將成爲眞正日本人妻子的碧霞，已全然認同自己是日本人，把「支那」視爲需要被馴服的異族。

碧霞的叔父欲透過中川取得 K 島的當鋪營業許可以經營錢莊，中川批評這是對「法治」不關心的「舊支那人」觀念。叔母激動的向碧霞抱怨叔父要納十九歲的中國少女爲妾，但在叔父面前又若無其事的鴕鳥心態，令碧霞十分失望。（頁43）而叔父凡事總想以金錢買通的習性，令中川擔心連碧霞會遭到污染。碧霞可說是對租界地「血親」的失望，加上父親的催促而回到台灣待嫁。

回到台灣的碧霞，半年內日記只零星記了幾則，一方面記錄日趨緊張的美日關係，一方面沈浸在翌年春天出嫁的喜悅中。但在日本襲擊珍珠港的第二天，中村在 A 市自宅前遭放火分子截擊喪命，碧霞的戀情隨著枯竭的淚水結束，只留下爲君抗敵的使命。在皇民教育中變身的台灣女子對戀愛表現積極主動，但在這齣被塑造成「動亂」下的愛情悲劇中，台灣女子始終無法跳脫被支配者形象。

第五節　小　結

在台日人小說中登場的台灣女性，不論是作爲作家營造異國情趣以寄託南方憧憬的角色，或是作爲神化日本女性的配角，或是作爲作家宣傳國策的皇民化示範人物，總擺脫不了「他者」的視線，令人有不眞實的感覺。究其原因，一來由於囿於父權與殖民支配者的觀點，忽視女性的主體性。其次由於他們缺乏對台灣人實際生活的認識，而爲了達到政策配合的目的，作家也無意傾聽台灣女性的聲音，因而形成一種教化功能大於寫實或批判的呈現。尤其在男作家筆下的台灣女性形象，遠離了禮教束縛，充滿著理想性，積極參與社會，在皇民鍊成中對身分認同毫不懷疑或掙扎，顯示出殖民者對於台灣女性／妻子／母親，只期許她們成爲丈夫或子女在形式層次上成爲「日本人」的「賢內助」，並不賦予她們主體意識或獨立性。

相較於在台日人男性作家，女性作家如坂口䙥子、德澄晶，以女性視點刻劃角色的精神世界，較能跳脫統治者殖民地想像的框架。尤其坂口䙥子的表現特別突出，在皇民文學中理想化「父之家國」的敘述下，男性對皇民化

的認同或掙扎，或出於原意，或有不得不然的苦衷，而坂口襟子將觀照點放在皇民化下女性的不安與苦悶，比男性角色多了一分遭禁錮而無法自主的悲哀。雖然刻劃女性角色的場景不脫家庭範圍，然而「家」是社會國家組成的單位與縮影，不無見微知著的功能。本文所討論的〈鄭一家〉、〈鄰人〉小說中的台灣女性，從老一輩的江玉對傳統的堅持，到年輕一代周翠霞的自主性喪失，到胡秀梅對台灣人身分的自卑感，顯示出被殖民者心理遭扭曲變形而每況愈下。

考察在台日人小說中的女性形象，發現台灣女性不論新、舊，都是一群遭消音的被支配者，偶爾在輕微的雜音中瞥見皇民化過程中遭異文化擠壓所產生的扞格，也正反映了被殖民者在認同發展中所面臨的困境 —— 即使言行已經內化為皇民，仍要面對不可能消失的差別待遇。

第五章　殖民地的農業移民

　　日本農業移民不但是台灣移墾史上特別的移民型態，在日本移民史中也十分特殊。日本自明治三十年代（1897～）以降，爲解決因資本主義發展產生的農村人口過剩、糧食不足等問題，實施海外移民政策。在台灣實施移民事業是日本第一次嘗試殖民地移民，一方面紓解日本國內農業危機，一方面藉此同化被殖民者、鞏固殖民統治，以便永遠領有此一殖民地，所累積的熱帶墾殖經驗，可爲日本南進政策預作準備。〔註1〕

　　日本對台的移民事業分爲官營與私營，但不論目的是拓殖或是營利，由於台灣的氣候風土與日本殊異，日本農民欠缺熱帶農業經驗，所經營的耕地也較台灣人已開發者不良，因此日本施行的農業移民計畫屢屢失敗。我們透過描寫日本農業移民的小說，看到農民如何在離鄉背井的焦慮不安中，與異鄉土地奮鬥的情形，透露出移民政策難以成功的訊息。

　　在台日人小說家以農業移民爲題材的創作，表現出對移民村與農民生活的關心，暴露出移民政策的種種問題。日人作家書寫本國農業移民，相當於支配者對支配者的描述，反映了在台日人社會的特殊層面，有其時代意義與地方特色。作家偶現於文本一隅的跳脫殖民者優越性框架的視線，雖仍無法直指出殖民政策的失誤，但著眼於農民對土地認同困境的探討，隱含著對無意扎根台灣的日本人的批判，讓文本發出微弱而較貼近土地的聲音。

　　濱田隼雄的長篇小說《南方移民村》〔註2〕，描寫日本東北佃農移居台灣

〔註1〕　東鄉實，《臺灣農業殖民論》（東京：富山房，1914 年），頁 338～339。張素玢，《臺灣的日本農業移民（1905～1945）：以官營移民爲中心》（台北：國史館，2001 年 9 月），頁 1。

〔註2〕　濱田隼雄的〈南方移民村〉前半部分連載於《文藝臺灣》3.1 至 4.3（1941 年10 月至 1942 年 6 月），未連載完即於 1942 年 7 月在東京出版單行本。本文所

東部，在小型製糖公司的榨取下，墾荒與建村的艱困歷程。在贊揚農民精神之餘，較側重指導階層知識分子的書寫，呈現出以知識階級領導無產階級的構圖〔註3〕。

西川滿發表於《文藝臺灣》以移民村爲背景鋪陳男女感情的〈牛のゐる村〉（養牛村）〔註4〕，敘事者對移民村指導員夫婦給予浪漫的歌頌，對農業移民缺少刻畫。

坂口襦子1940年獲得台灣放送局廣播小說徵文特等獎的〈黑土〉〔註5〕，1941年4月發表於《台灣時報》的〈春秋〉，1943年7月發表於《台灣文學》的〈曙光〉〔註6〕，都是以移民台灣的日本農民爲主題的小說。坂口襦子在一片「父之家國」的大敘事中，發揮女性意識的寫作視點，透過農業移民村中的家庭生活與鄰里關係，從〈黑土〉聚焦於土質問題，〈春秋〉則帶出移民的精神依歸問題，直至〈曙光〉爲一群等待黎明的飄泊靈魂揭示出終老他鄉的土地認同，與移民後代的教育啓蒙出路，呈現了農業移民認同殖民地的歷程。

日本第一次近衛內閣農相有馬賴寧在 1938 年 11 月農民文學懇話會提到：「農民文學不是要沿著現有的國策的，而是希望它能成爲今後制定真正地解救農村的國策的原動力」〔註7〕，揭示了農民文學作爲國策文學的創作精

依據的版本爲中島利郎、河原功編，《日本統治期台湾文学日本人作家作品集》第 3 卷所收，原文爲日文，中文版爲黃玉燕譯，《南方移民村》（台北：柏室科技，2004 年 10 月）。引文中譯爲筆者參照原文與中譯版完成，所示頁次爲日文版。

〔註3〕 張文薰認爲《南方移民村》是舊普羅文學作家濱田隼雄藉以找尋己身出口的更生之作。然而濱田無視於台灣殖民體制下異於日本的階級勞資問題層次，小說中的知識階級被賦予「公」的特質，體現了「國家代言人身分」，消解了無產階級與資本家、國家機器的敵對性。濱田失去了曾具有的「對於現實無情而嚴格」、「客觀而寫實」的批判精神，呈現文學被國家機器收編的悲哀。參考張文薰，〈「外地」的意義——濱田隼雄的文學軌跡〉，收入《台灣文學的東亞思考——台灣文學藝術與東亞現代性國際學術研討會論文集》（台北：行政院文化建設委員會，2007 年 7 月），頁 386～388。

〔註4〕 本文依據《文藝臺灣》5.6（1943 年 4 月），原文爲日文，中文爲筆者自譯。

〔註5〕 〈黑土〉，收入坂口襦子創作集《鄭一家》（台北：清水書店，1943 年 9 月）。原文爲日文，中文爲筆者自譯。

〔註6〕 〈曙光〉最初刊登在《臺灣文學》3.3（1943 年 7 月），本文所依據的版本爲中島利郎、河原功編，《日本統治期台湾文学日本人作家作品集》第 5 卷所收，原文爲日文，中文爲作者自譯。

〔註7〕 有馬賴寧在 1938 年 11 月農民文學懇話會中，針對島木健作「我要沿著國策之路積極地行動起來」的發言所作的回答，〈農民文學に望む〉，收入《土を

神。相信在台日人作家以農業移民爲題材，也是以關心農民爲出發點，然而
作家在政治的投影下，如何呈現殖民政策與農民發展的關係，在協力國策下
又如何看待農業移民發展所存在矛盾，將是本論文觀察的重心。

第一節　農業移民村的地景

一、鄉土的迷思

　　身爲資本主義發展下的弱勢團體，日本農業移民多爲非自覺的殖民者，
卻必須擔負起殖民母國賦予的殖民任務。一向安土重遷的農民，會飄洋過海
到水土風候與故鄉迥異的台灣來，動機往往是爲了尋求可耕地與更好的生
活。《南方移民村》中的指導員國分論及移民事業與台灣的意義：

> 對於沒有土地而一籌莫展的內地農民，不得不往外地發展。臺灣正
> 是爲此而存在的。（頁 102）

張文薰指出這是濱田顯示出爲日本人殖民開拓台灣正名的意圖〔註8〕。坂口䙴
子小說〈黑土〉中的啓作，由於是家中的次男，能繼承的田地有限，再加上
旱災風災侵襲，雖不至於吃不飽，但總希望拼命耕作後能獲得較好的收成，
於是選擇了加入台灣移民行列。在日本南部成長的啓作，想像自己能在陽光
普照的南國勝任扎根大業。（頁 175）

　　來自日本外地拓荒、發展的呼喚，同樣出現在〈春秋〉：「故鄉土地當然
是肥沃的……然而狹窄有限的土地……爲何不向外尋求土地呢？正向沒有土
地的他們招著手，難道聽不到遼闊土地的呼喚嗎？」（頁 176）；〈曙光〉：「因
爲受無法制止的發展慾驅使，而移民來台」（頁 116）。〔註9〕移民台灣的農民，
雖然來自日本不同地區，面臨的農業困境嚴重性未必相同，但將台灣視爲農
民根植於土地的海外開拓理想所在是一致的，這個理想也正契合了帝國以移

〔註8〕　張文薰，前引文，頁 389～387。
〔註9〕　黃素珍指出〈春秋〉、〈曙光〉以來自外地「遼闊」「發展」的呼喚＝拓荒，
　　　　闡述了移民政策要旨：拓荒＝報國，認爲作者在透過移民對土地的感知所形
　　　　成的地景配置隱含著帝國主義意識形態。參考黃素珍，〈台灣移民書寫一隅：
　　　　日本農業移民小說論述──以日據時期女性作家坂口䙴子之移民小說爲研究
　　　　中心〉，《第三屆全國台灣文學研究生學術論文研討會論文集》（台南：國家
　　　　臺灣文學館籌備處，2006 年 7 月），頁 369～370。

民殖民的政策導向。

　　相對於男性開疆拓土的理想追尋，女性將土地視爲子女般愛心澆灌的情感，實是農民熱愛、依賴土地一體兩面的表現。作爲生產勞動一員的農民妻子 Maki（マキ），面對丈夫啓作移民的決定只能夫唱婦隨。對故鄉土地不捨的 Maki 默默的準備移居事宜，她的沈默在丈夫啓作看來，反而是一種被迫作出扎根異鄉決心的反射。在出發前往台灣的那天黎明，啓作看到 Maki 伏泣在門前那片她平日以愛心灌溉的菜田裡：

> Maki 掘起眼前的田地，以手掌捧著。感覺冷冷的，沈甸甸的。這片用愛心培育的泥土。當初將好不容易留下的貧瘠肥料混入泥土後，Maki 感受到日益肥沃而在寒霜下顫抖著的泥土。長出白蘿蔔、紅蘿蔔和青蔥的泥土。Maki 充滿愛意地將泥土貼向面頰。（〈黑土〉頁 178）

視土如命、安土重遷的農民，爲了追求更好的耕作成果，在港口和父母、鄉親淚眼相看，帶著永別的決心與不安遠離家鄉。（〈春秋〉頁 174～175）

　　日本新殖民地台灣對日本農業移民意味著農業土地，〈黑土〉中的農民，初到台灣所面臨的問題焦點即是土地分配與土質問題。農業移民們在開往台灣的航船中以抽籤的方式分配新土地，未來的幸與不幸似乎在那一刻便被決定了（〈黑土〉頁 178～179）。經過舟車勞頓到達台灣，目睹了異地風土後，移民們更確定的是，故鄉已成了遙不可及的原鄉，移民團的車廂中一片肅靜沈默（〈春秋〉頁 175）。當搭載移民的大卡車行至途窮處，距離落腳住處仍有兩公里，農民苦於來回奔走搬運行李，甚至認爲那是背離鄉土所必須承受的現世報。啓作分配到四甲的土地，其中有七成屬於沙地，移民對於所分得土地土質的失望，令他們更想念濕潤厚重的鄉土（〈黑土〉頁 177～178）。本應指向當局移民政策的種種疏失，卻代之以對台灣土地的不滿，〈春秋〉中移民子女學校老師小笹雪子的觀察：

> 他們對脆弱的土地感到失望之餘，對土地施以化肥，嘗試各種方法，以求爲這片瘠地注入活力。內地的土地因爲能適時進行腐殖作用，土壤經常保持豐饒。但在溫濕度都很高的台灣土地，由於消耗太快，無法好好貯藏養分。
>
> 黑土啊，黑土，移民想念摸起來濕潤厚重的黑土。（頁 183）

耕作的不順遂和異鄉的疾苦，使得有的移民早早返鄉，有的卻因此自暴

自棄，借酒澆愁，苦於不知該向誰討回公道（〈黑土〉頁 179～180）。在處理移民政策與實際的落差時，在台日人作家迴避了對當政者提出批判。在濱田隼雄的〈南方移民村〉中，描寫苦於現實貧困的農業移民酒後打架傷人，移民村警察石本說：「貧困所以酗酒，酗酒又加速貧困……找出貧困的原因加以解決才是根本之道」（頁 63）。這群屬於在台日本移民中的弱勢族群，彷彿成了殖民母國光環照射不到的棄民。

　　在這群時運不繼的農業移民群中，〈黑土〉的啓作與 Maki 卻能逆來順受，夜以繼日地勞動操作，從埤圳裡挖來黑色粘泥，填補在茱田花壇裡，種出木瓜、食用甘蔗來。啓作一家認眞積極的作爲，對其他移民起了示範作用，拓殖移民此刻又顯現出指導員的功能，激勵著大家努力讓村落從這片荒野中翻身：

> 雖然這土地像虛弱的老人般缺乏精氣，村民竭盡力氣，爲求這疲弊的土地能再次化育生命，像沃若的青年般能長養出作物來。（頁
> 181）

　　支撐著啓作與 Maki 的是故鄉母親寄來的黑土，老母叮嚀放些黑土在工作鞋裡可以預防腳氣病。這種無稽之談對離鄉背井的移民而言，卻成了療癒他們思鄉戀土心病的感傷信仰。來自故鄉的黑土被 Maki 供奉在神壇，被啓作珍惜地一撮一撮地撒在田裡，當故鄉的泥土與殖民地的沙土混接時，Maki 暗自流下淚：

> 和故鄉接續起來了，南方果實之國，作爲他們埋骨的斯土，已加
> 入故鄉的泥土。是 Maki 以手掌掬捧讚歎的故鄉之土。開滿蔬菜
> 花，被雪白冷霜覆蓋的泥土。看不見的緣分，永續而傷感的結合。
> （頁 183）

移民對於移住地／外地的認同，最重要的行爲表現爲埋骨於斯土的決心。但當移民被賦予殖民角色，雖處在在台日人的中下勞動位階，但面對台灣人時又被視爲統治者，這種身分的矛盾問題，以及自身因欠缺熱帶農業經驗產生的挫敗感，個性保守的農業移民，面對與母國殊異的風土，不能從入境問俗的態度面對種種遭遇，反而念念不忘故鄉的一切，最後只能依靠故鄉的黑土感傷浪漫的自我救贖。如同鹽見薰指出，農民對土地的執著、憧憬，在於生活基礎的土壤，而不是遠洋水手充滿懷鄉之情的普通土壤，「一點一點將故鄉的泥土植入移居地土壤裡的農夫身影，的確有其令人感動的一面；可是唯有

克服了這種感傷，才能造就超越常識的更加崇高的移民村現實」〔註 10〕。而小說中這一片經過母國黑土「加持」的土地，還要傳遞給一批一批新進的移民（頁 183），以便移民／殖民的神話永遠流傳下去。坂口刻劃了農業移民對殖民地土地憧憬與失望的落差情形，雖然沒有到達李文茹所指出的著眼於農業移民是國家、資本社會的犧牲者這一點〔註 11〕，但傳達出農民對土地的執著之情也隱含著對移民政策的不滿。

二、帝國圖景的再現

西川滿的〈牛のゐる村〉（養牛村），以斗六莿桐的移民村為背景，主人翁「我」（孝）從日本到台北開會並至南部參訪，和隨移民村指導員堂兄矢部義雄到台灣來的嫂嫂禎子重逢。離別十年物是人非，使得「我」禁不住追憶起年輕時對嫂嫂的愛慕之情。值得玩味的是，主角千里迢迢來到外地台灣，找尋的是日本本土的人事景物，包含在時空距離下幾近流失的的自己。〔註 12〕

「我」以一個短期旅人的視線觀看台灣，小說由強風中木麻黃沙沙的聲音寫起後，便無所不在地構築出不同於日本的台灣景致，並時時以日本的觀點審視。例如在真正認識「木麻黃」前，先帶入琉球松的聯想，待近觀後，又將木麻黃與日本本土有針一般骨氣的松樹作比較，得出木麻黃給人溫順、樸直與和善的印象〔註 13〕。木麻黃是日據時期自澳洲引進的防風功能植物〔註 14〕，在文本中反覆出現，已超越了純粹的風景描寫，帶有報告農業行政

〔註 10〕 鹽見薰，〈坂口れい子の《鄭一家》について〉原刊於《臺灣公論》9.1（1944年 1 月），引自黃英哲主編，《日治時期臺灣文藝評論集雜誌篇》第 4 冊，邱香凝譯，頁 447。

〔註 11〕 參考李文茹，〈坂口䙓子の移民小說と戰爭協力〉，頁 31。

〔註 12〕 辻義男批評此作為西川滿自我突破的失敗之作，認為其感傷已失控為濫情。辻義男在此文中批評西川對「糞寫實主義」的主張，認為描繪「繼母虐待繼子」、「家族之間的糾葛」的不叫「糞寫實主義」，主張作品的高下取決於作者以何種手法描寫何種「惡毒的繼母」或「家族糾葛」而定。參考辻義男，〈《牛のゐる村》に就て——台湾の文学のために〉，原刊於《台灣公論》8.6（1943年 6 月），引自黃英哲主編，《日治時期臺灣文藝評論集雜誌篇》第 4 冊，吳豪人譯，頁 196～201。

〔註 13〕 1943 年 1 月西川滿於《臺灣鐵道》發表隨筆〈木麻黃と甘蔗〉，對木麻黃與甘蔗有唯美浪漫的歌頌，認為足以象徵台灣，文中並將木麻黃比喻為美心守貞的女性，可為一生無悔的伴侶。收入中島利郎編，《日本統治期台湾文学集成22・台湾鉄道作品集二》，頁 268～269。

〔註 14〕 島田彌市，〈臺灣の植物〉，《東洋・始政四十年臺灣特輯號》（1935），收入《中

成果的意義。﹝註15﹞季節風帶來的寒意、難得見到的日本牛，讓「我」感到
迷離神往、虛幻不實：

> 這麼冷，一點到台灣來的感覺都沒有，再加上剛才看到的牛，怎麼
> 有在內地的感覺。（頁 12）

　　與來自日本的親友敘舊，話題不外乎是家鄉的種種，但在移民村生活了
兩年的禎子，對台灣的觀感仍是偏向日本視點的。移民村整年吹著強風，禎
子肯定的向「我」訴說會越住越習慣，因為「健康」的強風讓村裡的孩子們
「一點病都沒有，臉頰不是台灣色的，而是像東北（譯註：指日本本州東北）
孩子般的臉龐」（頁 13）。亞熱帶台灣在殖民統治下，孩童的膚色也將變成如
帝國本土風候下的「正色」。

　　對嫂嫂仍是一往情深的「我」不明白的是，堂兄因移民村工作過勞而死
在台灣，嫂嫂何苦將餘生埋葬在「偏僻的台灣」（頁 17）。禎子訴說著移民村
草創時的種種艱辛，滿是石塊的土地、比台灣人還悲慘的生活……，身為指
導員的夫婿忙裡忙外，既要安撫憤憤不平的農民，又要張羅肥料、埤圳工程，
還為村民舉行祭典以解鄉愁，禎子說：

> 說起來有點怪，我來到這裡，第一次被義雄的偉大感動。（頁 19）

原本對丈夫缺少熱情的禎子，從義雄的奉公身影中自我反省，由奉獻自己的
決心中獲得重生，了解到幸福的真意（頁 20）。殖民地的移民村體驗，讓一介
纖弱女子，拋開兒女私情，繼承丈夫遺志，留守移民村奉公，還可以緩和那
些動輒就嚷著「收成不好、設法早日回內地」的村婦們的情緒。「過一陣子我
想養一頭牛，我已拜託指導員，要一頭很大的內地牛」（頁 22），點出了題目
所指，以日本牛代替台灣農村隨處可見的水牛，以日本帝國的景物營造在殖
民地、又不在殖民地的錯覺。

　　禎子認為留在台灣，是忠於亡夫、忠於自己的表現，似乎對這塊「外地」
不離不棄，並代之以內地的景致，便是移民村可望的未來。木麻黃下雪白的
日本牛，與眼神明澈、步伐堅定的日本女子禎子，編織出移民村虛幻的理想
圖像。這個殖民體制政治規劃下的封閉空間，以殖民帝國的景物在殖民地上

國方志叢書・臺灣地區》174 號（台北：文成出版社，1985 年），頁 200。
﹝註15﹞本觀點引自垂水千惠，〈呂赫若文學中《風頭水尾》的位置〉，《台灣文學學報》
　　　　3（2002 年 12 月），頁 28～29。垂水千惠指出呂赫若〈風頭水尾〉文章開頭
　　　　對作為防風林而種植的木麻黃的反覆描寫，與當時「耕地防風林設置獎勵」
　　　　的農業行政重點有關。

從事硬生生的空間轉移，農業移民所面臨的衝突矛盾都在作者浪漫抒情筆調中化爲無形。

第二節　農業移民的形象與人際關係

一、農業移民的形象

　　《南方移民村》中的移民是一群來自日本東北貧瘠山村的農民，他們經由私人小資本糖業公司的安排，進入當時也罕有台灣人開墾的台東山區種植甘蔗。土質與引水的問題始終一籌莫展，糧食無法自給自足，不斷借貸而負債連連，還有瘧疾、酗酒等健康方面的問題，使得他們的形象跳脫了帝國統治者優越的面貌，面臨的是較在日本本土時有過之而無不及的貧窮困境。透過剛移居至鹿田移民村公醫神野珪介的視角，呈現出移民台東的日本農民面貌：

> 長期未接觸故鄉的農民，一直生活在市街的珪介，「這就是內地的農民嗎？」他簡直不敢相信自己的眼睛。說到內地人，大多想到是政府官員或公司職員等，對已住慣臺灣且過著有相當水準生活的他，即使提到移民村，腦海裡浮現的是比本島農民更好的情形。而現在目睹的，是在內地也算是極貧農般的落魄樣子……她們混濁眼睛裡的暗處有著陰影，表示全村的人都不輕鬆。（頁 31～32）

點出了鹿田村農業移民生活的困境，連日本人自己看了也不可置信。這裡的農民耕作不順遂，沒有負債的移民早早返鄉，被借貸束縛而無法動彈的，在無止境的肉體、精神勞頓下，因此自暴自棄，借酒澆愁，《南方移民村》的蔗農：

> 生活中沒有令人提得起勁的。白天無可奈何的到蔗園工作，即使沒有風害、水災、野豬肆虐，一想到結帳時借款還是有增無減，看著那些長得細長、高過自己頭的甘蔗莖，反而覺得可嘆。
>
> 回到家，院子裡看不到咕咕覓食的雞，也沒有飢餓而嗚嗚叫的豬。跟在故鄉的農民生活多麼不同啊。令人愉快的只有烈酒，能忘掉接二連三不安無助的心情。（頁 53～54）

困於現實貧乏的農業移民，日日藉酒澆愁的後果，更有酒後打架傷人的慘事。

這群殖民者位階中的弱者全無生氣，「即使喝酒時，也沒有人哼著令人自豪的鄉土民謠追分調，只是一言不發的大口喝著酒」（頁 57～58）。作者刻劃並歌頌農業移民在台灣土地上與大自然奮鬥的精神之餘，卻未能將筆鋒深入總督府的農業移民政策問題，或糖業公司的制度組織缺陷等，一方面呈現出農民「植」民台灣的困境，一方面也顯出國策配合下作者失去了原有的嚴格批判精神。

《南方移民村》中這群蔗糖經濟的基層勞動者，讓珪介打破了內地人總是過著進步生活的必然想法，然而不只是由日本來台的珪介有如此先入為主的想法，自幼隨父母來台的指導員國分，在台北生長的他，想像內地有如夢境般美好。高中暑假的一趟日本鄉下之旅，吃驚的發現有許多住屋簡陋，以為只有台灣人才當的乞丐，竟也出現在日本。目睹雙親家鄉的農民情形，使他有所省悟：

> 全身泥濘在田裡工作的內地人，他感覺有些不太對。從小只看過本島農人在稀泥中勞動的他，這內地農人的樣子總有些奇怪。並不是他以為內地沒有農人，但親眼目睹內地人連臉都沾著泥土幹活的情景，實在是始料未及的……內地人的我，所以是優越的，被教育成如此單純的信念，他自覺是一種錯誤。（頁 219～220）

灣生對殖民母國的想像與幻滅，也出現在台灣農民對農業移民的觀看中，異民族的接觸因著統治者與被統治者不同位階，而有〈春秋〉中如下的描述：

> 本島人總是將內地人視為一種類型，本島人視移住民為最厭惡的勞動者，在發現彼此為同類而感到親切之前，對他們極盡侮蔑與嘲笑。移住民必然因此脫離農民生活的軌道。（頁 172）

在故鄉曾為耕地不足所苦的農民，來到殖民地台灣，開始有了民族意識，沾染了其他在台日人依恃優越感的態度，宛如小地主般雇用台灣苦力除草、施肥，自己卻從事其他工作而成為剝削者，漸漸背離了農業移民當初「為台灣樹植內地農民精神」的使命，〈春秋〉中提到：

> 很多女人連插秧何時開始、何時結束都不知道，還因此沾沾自喜，一點沒察覺自己的錯誤。（頁 172）

農民原屬於較不自覺的殖民者，面對辛苦的開墾事業時，一旦自覺為統治者，卻走向脫農的途徑，而與總督府的殖民政策漸行漸遠，只有依恃指導

階層的引導，才能回歸本業。作家在藉指導階層的理想性來消解農業移民的矛盾，以重塑農民形象時，也顯示了配合政局發展需要的意圖。〈春秋〉中的川本順雖是農業移民的一員，在農民身分中還帶有指導員色彩。面對村民的脫農行徑，川本順獨行其道，不畏其他村人的嘲笑，認為「不下田的農民就不叫農民」，堅持不假手台灣人親自下田，如此才是農民為國効力的表現：

> 順的水田收成比外面的田好，一旦收得好米，村人漸漸開始反省了。
>
> 順也藉此對他們諄諄善誘增收米的重要、農民的使命。這片土地是我們領受來的，是自己的，又不是自己的。培育這片荒地，一心努力思考如何增收，就是我們農民對國家効忠。（頁 172）

川本順恪守農民的本業，並發揮指導員機能，以行動引導村民回歸本業，希望能令台灣農民對日本農民刮目相看，一步步朝向總督府同化台灣農民的機制邁進。以農民實際務農的行動，代替指導員由上而下的指導機制，發揮農民報國的精神，可說是順應國策的發展。

《南方移民村》中本應由農業移民自身展現的堅韌不撓的農民精神，也藉由公醫珪介、指導員國分與巡查石本等知識領導階層的感知、映照來表現，但真正擔負著移民村改革的重責大任的，竹村猛分析，「至少在前幾章，就登場人物而言，是以這些善意的為中心而開展的。自國分的意外死亡後，這三人組的主要性漸失，逐漸轉至移民這邊的人物。作者特別注入心力描寫因他們而對土地重拾熱情的嘉兵爺，甚至市治、彌太郎或嘉久治達等青年階層」〔註16〕。小說後半的珪介以奉公精神，積極投入村子的各項建設工作，例如成立禁酒同盟、托兒所、青年訓練所，以及建置野獸防禦柵欄、爭取水田與修復鹿田圳等，黃振源認為《南方移民村》中作為指導階層的知識分子，多少都投射了濱田個人對移民村的抱負與理想。〔註17〕張文薰更指出濱田是藉著對貧困農民的近距離觀照作為在台灣完成「轉向」以更生，因此時見知識階層理想破滅後反自農民處獲得撫慰力量的描寫。〔註18〕因而《南方移民村》中的農業移民形象，在與知識分子交互映照下，逐漸呈現作者的政

〔註16〕竹村猛，〈『南方移民村』近傍〉，《文藝臺灣》5.1（1942 年 10 月），頁 26。原文為日文，中文為筆者自譯。

〔註17〕黃振源，〈濱田隼雄〉『南方移民村』論〉，《論究日本文學》63（1996 年 1 月），頁 26。

〔註18〕張文薰，前引文，頁 384～385。

策性意圖。

二、農業移民的人際關係

　　農村本是一個根著於土地，結構穩定的社會，從農務到家業，村民互相協助，人與人之間關係緊密，但也帶有封閉與傳統的性格。〔註19〕

　　在〈春秋〉中特別描述了移民村女性的情誼，加代懷孕時，農婦們要她放下水田的工作多休息，幫忙大家作飯即可，對剛到移民村就流了產，三年後才懷孕的加代來說，村婦們的體諒讓她感動得淚流不止。為了感謝大家的扶持，順利用農暇上街買來點心，加代則蒸地瓜、煮玉米，以招待婦人和小孩，一片和樂融融。（頁170）

　　然而來自日本不同地方的農業移民，地方語言的隔閡與觀念的根深柢固，也顯現出農村性格中各執己見不善溝通的面向，〈春秋〉的敘述者批評道：

> 在農村成長的人天生有種頑強的性格，即不夠機伶。即使半年一年
> 的也無法往來，並且心生嫌隙。以自己地方為傲的情緒高漲，造成
> 彼此不說話的不和情形，說他們不成熟也不是沒道理。保持戒心、
> 自我保護，每一戶就像緊閉的貝扇般執拗。（頁183）。

因此新來的日本同鄉加入移民村，成了移民開墾生活中令人期待的事，只是期待在每一回迎接新移民的活動中都落了空。（頁175～176）

　　令移民村農民關係緊張的事件，往往和土地、物資分配有關。〈黑土〉中對以抽籤方式分配取得的土地，是讓農業移民最感失望的，但是：

> 當他們知道並不是所有的人都失望時，他們從失望變成憤怒。一想
> 到他們命運全憑一紙籤決定，對已在濕潤的黑土中播完種的其他村
> 落移民的幸運感到憤怒。（頁178～179）

〈春秋〉中二十戶農家所需的工作膠底鞋，幾個月的等待卻只分配得兩雙，只好以抽籤決定順序。結果抽得的人在全村人都穿著破敗鞋子的壓力下，也不好意思換上新配給的工作鞋，又反而招致其他人的奚落。《南方移民村》的指導員國分剛到村子一個月，便一針見血指出農業移民的嫉妒心：

> 同住一個村子，又同屬一家公司的移民，卻像一盤散沙。看在彼此
> 是同鄉到臺灣來打拚的心，應該稍微團結點，卻一點也不是那

〔註19〕福武直，《日本の農村社會》（東京：東京大學出版會，1953年），頁18～35。

樣……每家都負責三甲多的土地，不像內地有自耕農或佃農的差
別，應該很好了，卻因爲土質有好壞的差別，分配到較差的人還是
會有嫉妒心。這樣下去是不行的。（頁 89）

〈曙光〉中對於移民村農民嫉妒心的描寫則朝向勞動階級與知識階級的
對立關係。出身農家的佐渡品子，在家人移居台灣時，留在日本接受女學校
教育，畢業後來台依親。她內地女高學歷的條件，讓能幹的柿迫太太 Hagi
（ハギ）覺得女兒鐵與農村青年萩原修可望的婚約受到威脅，因而對品子的
行爲總是盡其所能的誇大曲解。進入決戰時期後，適婚年齡男子多被徵召至
前線，Hagi 對品子反感的言行，也反映出戰爭期家長面對子女婚姻的壓力。
異鄉生活與對未來的不安，使得封閉的移民村農民，在合作中也呈現出競爭
的緊張關係：

出於本能的，移住民們逞強得要自己高於他人，在彼此互助的另一
面卻是不能諒解他人的缺點。（頁 115）

中途加入移民家族的品子，作爲知識階層的她，行爲與想法往往具有日
本內地的代表性。加上擁有出征經驗的農村知識分子萩原修，這兩位移民村
少數的知識分子，他們的行動總是給村子帶來正面的意義。在他們的努力下，
移民村的戰備已漸入狀況，不論是防空用具的準備、防空壕的挖掘，都是全
體村民共同投入的成績。戰爭的成果牽引著村民的心，讓村民的心更貼近，
精神更互相依賴，這種因戰爭帶來的「正面」意義讓品子十分欣喜（頁 140）。
在國策協力的歌頌聲中，顯示出外地的移民村同樣領受著「神國日本」的「神
業」，是內外同一的表現。

第三節　農業移民的鄉愁與出路

一、飄泊的靈魂

坂口在〈春秋〉中藉著四季農作的情景，刻劃農業移民欲扎根台灣土地
時，精神上的不安與寂寞。農業移民川本順和妻子加代一家四口，移居至豐
福村（位於當時台中州北斗郡）已經過三個寒暑，村民在物資匱乏的條件下
（例如工作用膠底鞋配給趕不上破損的速度，只能自編草鞋暫代），彼此互助
扶持，已有稻米、甘蔗和蔬菜的收穫。剛到台灣即流了產的加代，也順利地

懷孕並生下男孩，農業移民在台發展的前景似乎指日可待，而第二代的誕生也為移民事業注入生命力：

> 土地荒蕪也好，即便都是沙地也罷，擁有強壯身體和高強本領的移
> 民們，努力不懈，必能好好培育起來的。第二代、第三代長住久安
> 下去，扎下的根不斷延伸，一切應是不會動搖的。（頁 192）

　　頭頂台灣天，腳踏台灣地，眼睛看著台灣四季景致的日本農民，內心仍殘留著內地故鄉的季節感（頁 169），不停地將台灣和日本比較，對於在埤圳污黑泥水裡嬉戲的孩子們，同情他們不能擁有日本清徹河水的不幸（頁176）。懷念日本好吃的柿子、台灣無法種出好菊花之類的話題，是農民們話桑麻時永不膩的話題（頁 190）。這種年年依舊的惆悵，透過由故鄉來照料媳婦生產的川本家老母，一種日本從上而下的審視觀點來陳述：

> 內地不論作什麼前，都會去參拜守護神。母親正因為這出生的孩子
> 沒拜見過出生地守護神，而擔憂著他的未來……精神寄託在守護神
> 的老母，飄洋過海落腳在順居住的豐福村，看出了移民生活中精神
> 無可安頓的悲哀寂寞……部落的周圍沒有信仰與安心可依的神社或
> 寺院。（頁 191）

　　在外地出生的嬰兒是否能獲得守護神的加護，令信仰根深柢固的農村老婦惶惶不可終日，這種憂懼並不止於對初生的嬰兒，也是對全體村民的同情，這也是日本人要將外地台灣與內地日本等同看待時難以超越的本位意識。

　　坂口䙥子曾表示濱田隼雄的《南方移民村》帶有濃厚的知識分子味，認為濱田不了解真正的農民。祖父為農民的坂口，在台時與移民相處融洽，也教導過移民的子女們。〔註20〕小說〈春秋〉中登場的知識分子——移民子女學校的老師小笹雪子，可說是坂口的化身，卻帶有從日本和從殖民地不同觀看視角的矛盾。

　　畢業於內地師範學校的雪子天性熱情，為了不讓自己虛度人生，自願應選到台灣的小學教書。熱情一經飄洋過海後也有減退而消沈的時候，雪子總是安慰自己「隨時都可以回去」，因此對於同樣離鄉背井的農業移民，卻只有永久居住一途的深沈痛苦頗感同情。

　　在內地時未曾聽聞台灣農業移民的雪子，剛到台灣時對自己的無知深感

〔註20〕垂水千惠，〈坂口䙥子インタビュー〉，《日中言語文化比較研究》3（1994 年
　　　12 月），頁 122。

慚愧。等到眞正接觸到這些農業移民子弟後，發現那些移住已久的子弟彷彿遭去勢了般毫無朝氣，有如烈日下乾枯的植物。剛到的移民子弟則仍帶有日本的氣息，他們帶有方言的不標準國語（日語），反而遭在台灣出生的日本孩子們嘲笑。四月分到達時穿著的鮮明洋服，到了六、七月已被亞熱帶的太陽曬得褪失了色彩。因爲不服水土，眼神失去光芒、臉色漸顯蒼白，有時在課室腹瀉不止，這些現象都使年輕的女教師雪子感傷不已。臨暑假返鄉之際，雪子主動表示願意爲川本一家人帶些口信回家鄉。較之於那些剛到台灣的移民，在不滿與不平下尚未能從強烈的失望中重生，雪子選擇川本順是因於他們已移住了三年了，生活較平穩，即便有些不滿也總仍帶有希望，雪子自忖能完成所託（頁178～181）。

然而回到日本的雪子，一面對順的老父老母時，因體察到對方的焦躁憂心，與對自己答案的期待，於是將自己所見所聞的移民情況，轉換成了「過著如同內地般的幸福生活、忙著扎根過日子一點也不寂寞」的說法，昧著人人皆想回內地的事實，盡挑些滿足老人家心情的話說（頁182～183）。這種避重就輕的態度，除了表現雪子的深富同情與善體人意外，也顯示了殖民地神話不能被戳破的現象。直到雪子帶著要照顧媳婦生產的川本家老母一同回到台灣時，才暴露了農業移民認同的難題，不僅是水土難同於內地的不適應，母國的神祇是否會遺棄這去國的子民更是令他們不安。

小說結束的場景是，因欠缺汽油，雪子和川本一家點著蠟燭，簷風几燭中，敘述者幽幽地說出：「不久，台灣的冬季就要來了」（頁192）。移民村又將進入黑暗，這群農民將如何在殖民地上安身立命，希望是否會在坂口的第三部農業移民作品〈曙光〉中出現呢？

二、「內地化」的理想

在坂口䙔子〈曙光〉中的農業移民社會，呈現出發展穩定的圖像：柿迫家和佐渡家，一戶以勞動見長，一戶以智識取勝，家人也都能幹勤快，五年來兩家維持著協和的競爭關係，成果領先同期的其他移民。即使生活漸趨平穩，思鄉仍是移民無法排卻的苦悶，由於對故鄉的留戀，對過往生活的不捨，來自內地不同地方的移民們，偶爾藉誇大自己的出身以寄託懷鄉之思，彼此也都心照不宣。但這無補於現實，對農民而言，分配得來的家與土地，才能眞眞實實撐起一個移民家庭（頁115～117）。

　　為柿迫和佐渡兩家如湖水般平靜的關係掀起波紋的，是佐渡家甫畢業自
日本女校的長女品子的來台依親。她的出現讓柿迫太太 Hagi（ハギ）覺得威
脅到女兒鐵與農村青年萩原修的關係，原本就能說又能做的 Hagi 對品子極盡
冷嘲熱諷、尖酸刻薄之能。

　　出身農家的品子，在家人移居台灣時，跟隨著橫濱的姑母，留在日本接
受女學校教育。對照移民村其他村民，中途加入移民家族的品子，她的行為
與想法往往具有日本本土的代表性。她的語言表達精練，閒暇時翻閱婦女雜
誌，看著移民村孩子們玩著躲警報、領配給的遊戲時也有感時憂國之思（〈曙
光〉頁 128～130），並經常與隣村知識青年萩原修討論時事。當她發現村民對
空襲警報視若無睹時，驚訝於農民對戰時體制配合度不足，急切的要村民和
內地人民一樣重視防範措施，並要提高警覺不可散布不利戰爭的謠言。品子
這種愛鄉又愛國的形象，村婦 Hagi 則一味地以都市（橫濱）女學校出身一事
批評品子驕傲自大，表面上是因為品子的種種積極表現會壞了女兒鐵的婚
事，而品子帶給 Hagi 的威脅，象徵著內地的優越性與現代性，Hagi 的無知也
呈現了移民村尚未完成與內地同一的任務。

　　移民村自外於內地的現象，透過擁有出征經驗的農村知識分子萩原修看
來，是對戰爭的認同不足。曾是個托爾斯泰迷的修，高二時放棄優異的學業
成績，輟學回家陪父母種田，又建議父母移居台灣。不久便被徵召上戰場，
又因受傷退役。返回移民村的修，主張農民即使在後方，也要積極順應國策，
農事再怎麼辛勞，也要共體時艱，農暇的娛樂要斟酌，不能忘記戰爭的黎明
尚未到來（頁 122～123）。

　　這兩位移民村少數的知識分子，他們的行動總是給村子帶來正面的意
義，一個受過戰爭洗禮的青年，與在內地完成教育的女性，他們的言論總是
圍繞著時局，突顯了與內地同步的意義。例如對於日本的人口素質問題，修
認為要培育對國家有用的孩子，然而品子對於為解救劣性而通婚混血，質疑
優性必須付出犧牲自我幸福的代價（頁 136），擴而視之可說是對混血的「民
族同化」與種族融合的質疑。為了避免混血造成純血民族價值下跌，當時日
本國內便有主張讓拓殖移民到台灣，建設大量的日本農村，靠農民行再占領
之實，以避免混血的民族同化的言論。〔註21〕

〔註21〕古屋芳雄，〈民族國策の諸問題〉，《優生學》頁 189；頁 190，1939 年），轉引
　　　　自小熊英二，前引書，頁 251。

因此，農業移民的土地認同問題，即認同殖民地為日本國土，是安身立命的所在，《南方移民村》中的糖業指導員國分對村民說：

> 來自內地的農民在這塊土地上生根，才是真正的領有台灣。（頁87）

濱田隼雄藉著知識分子的思想指導，揭示實踐真正佔領殖民地的主人即扎根於土地的農業移民。要讓自己從耽溺於鄉愁的移民，抱持「埋骨於此」的心念，成為扎根於台灣的住民，村中共同墓地的形成（頁368），嘉賓爺成為移民村神社主祭（頁452），便是企圖落實土地認同的觀念。〈曙光〉中選擇移民來台的萩原修，也大聲疾呼土地認同，看著村中房舍只有表面豐饒，後院卻是一片殘破廢棄，蕭瑟淒涼的景象，認為是因為尚未能把此處視為故鄉，更未有埋骨於此地的決心。許多移民仍把目標放在累積金錢後告老還鄉，修則認為移民們要有決心，從自己這一代開始中止對故鄉的思慕，噙著血淚、忍住感傷：

> 一定要在這片土地上立下自己的墳，就是要死在這片土地上。（頁139）

只是努力習慣移住的生活還不夠，要作世世代代長住久安的打算。這種提醒雖然是來自農村內部青年的自覺，卻讓人覺得是配合國策發展所需的發言。一個封閉自足的外來社會，要如何能與土地自然產生情感。再加上農民被賦予殖民再佔領的角色，要在殖民地上作永久的日本人，即便在國家認同上能配合，但土地的認同並無法以政策的呼告來完成。

在這個殖民地上的日本農業移民村，我們看不到與台灣人接觸的描述。在台灣人不在場的台灣土地上，家鄉新移民的加入，不僅可帶來「君自故鄉來」的期待，也為這封閉的農業移民社會注入短暫的新鮮空氣。例如遠住在日本橫濱的佐渡家寡居的大姊，放下經營越發不易的裁縫工作，打算到台灣來依親務農一事，對佐渡家或對農業移民村來說，還帶有一種外地受到內地肯定的欣喜。（〈曙光〉頁141）

品子最後藉著滅私奉公的精神，將移民村兒童教育視為己任，來消解混血同化的疑慮，受到安徒生童話的啟發，立志把自己變成長養孩子們的清泉（頁144），亦即要從後天的教育來改善人的品質。小說的最後，品子在曙光中迎接1943年的元旦，與對殖民地移民村滿懷希望的二十歲（頁144）。品子的理想能否實現，修的呼籲能否奏效，在位居外地的先天不足條件下，與殖民地上後天失調的差別待遇情形下，最後可能只作為國策宣傳的一部分。

三、向南方去

　　日本農業移民事業失敗的原因，除了風土病、暴風雨威脅、市場缺乏、移民間的族氏宗教不一等弱點外，以蔗作爲中心的經濟活動，造成農民的生計受製糖公司收購價格所支配，所得卻無法購足食米。食糧的自給困難，瓦解了農村建設的基礎。〔註22〕

　　當移民村外的台灣島民作爲被殖民者，在經濟上和社會上遭受不平等待遇，被迫經歷著一場信仰、語言、服裝、姓名等皇民化的運動時，移民村中的農民踏著台灣農民走過的滿是荊棘的開拓道路，精神方面則經歷著成爲永遠的外地日本人的掙扎。一個是民族認同的問題，一個是土地認同的問題，二者不會有交集，正如我們在移民小說中發現台灣人的不在場〔註23〕，而在場的日本人卻彷彿心不在焉（台灣），充滿著在日本，卻又不是在日本的矛盾。

　　農業移民有如一株移植自日本內地的植物，在缺乏了解、接納殖民地的態度下，一心想的是如何扎根、如何茁壯、如何結出和日本本土一樣的果實，於是農業移民們以在殖民地上逐漸完成的殖民者意識，嘗試著各種使台灣成爲內地的認同方式。濱田隼雄在《南方移民村》中歌頌了移民東海岸鹿田村農民努力扎根於台灣、以台灣爲第二故鄉而奮鬥的農民精神，批判了製糖業者對已成了蔗農的移民的剝削。移民村耆老嘉賓爺與其下一代彌太郎、嘉久治等人，在公醫神野珪介、糖廠指導員國分與當地巡察石本等知識分子的引導與協助下，二十五年來不間斷帶領村人建構的土地認同，最後仍抵不過天災破壞，所有努力功虧一簣。書末嘉兵爺對彌太郎提出遷村台東平原的建議，然而從戰地歸來的彌太郎則決定選取南洋，除了爲了下一代的幸福設想外：

> 因爲大東亞戰爭，新日本處在東亞開啓下令人目不暇給的大時代潮流中^{原文}……。想想有那麼一條路。往南方的路，只有這條路才能挽救父祖輩的失敗……這是與新國家的命運同步，對拓展的國力建設，雖

〔註22〕 矢內原忠雄著，周憲文譯，《日本帝國主義下之臺灣》（台北：海峽學出版社，2003 年 4 月），頁 152〜154。

〔註23〕 濱田隼雄《南方移民村》對台灣人有所描述，但備受殖民者照顧，過著優渥的生活，甚至藉著原住民之口表示對移住民的同情（頁 426〜428），可說充滿著作者的帝國殖民地想像。

　　然微薄卻是意義深遠的奉獻與翼贊。（頁 477）

　　台灣移民村的出路最終寄託在東亞共榮圈的聖戰想像〔註 24〕，純粹的日本人身分並無補於農業移民價值的追求，在無法自給自足的情形下，處在殖民資產階層與被殖民階層間左右夾擊的狀態下，認同外地為內地的一環必須藉由「皇民聖戰」的加持，視台灣為內地向南方前進的重要樞紐。將土地認同的失敗經驗，披上皇民聖袍站在最前線，投入聖戰體系，始能認同台灣為內地的一環。彌太郎說：

> 在南方的島上，與新民族一起，把將近三十年在這村子充滿苦難的
> 體驗，耐得住炎熱的農民團體，甘蔗農業的技術等，開始派得上用
> 場。（頁 477）

　　「南方移民村」繼續前往距離內地（日本）更南的外地（南方）後，台灣是否順理成章的升成內地，藉由移民第二代彌太郎的話：

> 嘉兵爺所想到的移住地也是在這島內，一點發展也沒有，等同於滅
> 亡的移住……一樣的土地，而且是在本島人農業人口居多的土地
> 上，重複著草創時期的工作，那些無可奈何的工作，一種了無新意
> 的過程，不，可以說就是敗退。（頁 474）

台灣除了作為殖民母國南進的跳板、對英美之戰的第一線，賦有陸上母艦的使命外（頁 468），把在台灣的苦難體驗視為南進殖民的優越條件的移民村農民，在往更南方的移動中回望母國時，將會如何看待有先人埋骨的殖民地台灣，台灣是否會成為南方新天地中鄉愁棲止的所在，是一個耐人尋味的問題。作為殖民母國外地的台灣，在南進政策下是否被視同為內地仍不明朗，而即使被推進成內地，終究只是一遭邊緣化的「內地」。

〔註24〕臺北帝國大學文政學部教授工藤好美〈臺灣文化賞と臺灣文學〉一文，針對小說後半部大東亞戰爭之際移民村要南遷的觀點提出批評：「這個地方顯出來的歷史觀應該至今都還沒有成為作者實際的信念。這只是外界所給予的官方命題而已，作者卻直接把它強加在過去的事實上。」原刊於《臺灣時報》279（1943 年 3 月），引自黃英哲主編，《日治時期臺灣文藝評論集雜誌篇》第 4 冊，邱香凝譯，頁 115。《南方移民村》發表當時，同時代評論家如寶泉坊隆一指出此作明顯帶有「政治性的侷限」，竹村猛認為「以作者的才能將結尾與時代性格之焦點合一」。後世研究者如尾崎秀樹指其「印上時局歪曲的烙痕」，河原功認為「對台東製糖之移民事業的批判不完全」、「對蔗農與糖廠之對立關係的忽視」、「後半部分急速決定遷村南方的唐突描寫」。參考張文薰，前引文 383～384。

第四節　小　結

以農村爲素材，描寫農民現實生活的作品，或可名之爲農民文學。這類帶有知識階級理想色彩的書寫，可以是作家爲處於資本主義社會中的弱勢的農民發聲，並有提高農民社會地位、開啓農民自覺性，並養成農民自主性的可能。〔註25〕

在日本政府強化戰時體制下文壇，舉凡農民文學、生產文學或開拓文學，都被收編在國策履行的框架下。〔註26〕如此一來，農民精神的發揚便朝向如何面對新局勢、新生活的方向發展，而成爲戰時體制下的「農民文學」。

濱田的《南方移民村》，坂口的〈黑土〉、〈春秋〉、〈曙光〉，西川滿的〈養牛村〉，皆發表於四○年代台灣進入決戰體制、成爲日本南進政策基地之際，處在強勁的國策風潮中，對移民台灣的日本人中的弱勢農民的描述，突破了殖民者優越性的敘事框架，寫出了出身內地的農業移民左支右絀的處境，揭露了農業移民對殖民地認同的困境。

以濱田隼雄的《南方移民村》來說，描寫移民來台的日本農民，在年復一年與大自然的搏鬥中，展現了農民不屈不撓的精神，但二十幾年下來，歷經兩個世代的奮鬥，卻仍無法維持溫飽與尊嚴，這也使得農業移民始終難以落實土地認同。然而若從農民的立場出發，眞正要被批判的，並不是東台灣的水土風候，而是作爲農民剝削者的製糖公司，以及主宰殖民事業的台灣總督府，但在作品中卻看不到作者針對此方面的準確發言。

然而在國策的投影下，農業移民的出路，就如坂口襗子〈曙光〉中所呈現的，回歸本業並將殖民地上的移民村內地化。或者直接沿著國策移住南方，誠如尾崎秀樹對《南方移民村》結尾南方經營的評論：

> 如果讓鹿田村的開拓者們，再移住到爪哇或蘇門答臘去發現新境地，那這三十年虛妄的歷史還會變得加倍虛妄……但不管把他們置於怎樣的狀態，農民都不會不熱愛大地，不會放棄在他們所在的一方土地上求生。這是因爲他們具有並不把歷史的虛妄只是作爲虛妄來理解的韌性以及強壯的生命力。〔註27〕

〔註25〕參考犬田卯，〈農民文學と戰後〉，《リベルテ》19（1948年11月），頁16。
〔註26〕參考高橋春雄，〈戰爭下における農民文學の位相〉，《日本近代文学》12（1970年5月），頁31。
〔註27〕尾崎秀樹著，陸平舟、間ふさ子共譯，前引書，頁191。

在台日人小說中的農業移民書寫，反映了農民作為殖民拓荒者的某些層面，然而總覺得對農民的自主性描述有所不足，對農民充滿「大地之光」、「泥土精神」與「大地之母」〔註28〕的精神也未確實發揮，除了文本帶有作家本身理想性色彩的因素外，也顯示了農民文學作為國策文學的侷限性。

〔註28〕 參考犬田卯，前引文，頁 19。

第六章　「皇民化」下的身分認同

　　當台灣淪爲日本帝國殖民地後，在這塊土地上出生、成長的，不論是地位低於日本人的台灣人，或地位低於本土日本人的殖民地日本人，在面對文化或政治認同時，都處在是否視本身爲低劣者而與殖民宗主國妥協的矛盾中。

　　在台灣總督府大力推動皇民化政策下，反映在日人小說中的台灣人，透過精神系譜的認同策略，表現出所謂「眞正的」皇民，但舊有的漢族意識仍作爲存在本質，往往使得皇民化的台灣人陷入不安與困惑的認同危機中，產生行爲扭曲與內心矛盾的現象。

　　在以血爲名的國家認同理念下，日本國體論強調維持血統純粹的重要性，因內台通婚產生的混血兒，由於父系或母系雙方政治文化勢力的不均等，令混血兒在選擇認同強勢文化或政治時，又面臨了血緣與親情左右支絀的困境。

　　出生、成長在殖民地台灣的日本人（灣生），即使擁有純粹血統的優越感，從望鄉到遭遇母國的歧視，經歷雙鄉情結到接受台灣爲故鄉的曲折過程，顯示出殖民地遭邊緣化的處境，暴露了殖民進步主義下帝國圖景的虛妄性。

　　本章透過小說文本，討論身處殖民地台灣的日人小說作家，立足於皇民運動的指導位階之際，如何處理有關皇民鍊成、混血兒與灣生三方面人物所面臨的身分認同問題。

第一節　皇民鍊成的裂隙

　　1937 年中日爆發戰爭後，日本於殖民地台灣積極推行皇民化運動，包括

信仰、語言、服裝等的日本化，例如廢除傳統信仰、改信日本國家神道、敬拜日本天皇、改穿和服、講日語、改日本姓等。1941 年成立了皇民奉公會，公布實施志願兵制度，通過精神方面的「一視同仁」、「日台同化」，以掩飾經濟上和社會上的不平等，鏟除抵抗力量，籠絡、培養順從的「皇民」。〔註 1〕作家群則被要求在職能奉公運動、文化運動等，擔負宣傳的重責。尾崎秀樹指出決戰體制下的台灣文學，所負擔的民族問題，是以「皇民化」此一被扭曲的形態表現的。〔註 2〕

坂口䙝子 1941 年發表的〈鄭一家〉與庄司總一陸續完成於 1940、1942 年的〈陳夫人〉，都是以台灣傳統大家庭爲背景的作品，以下以二書中人物在皇民化過程中所遭遇的認同問題爲討論重心。

一、〈鄭一家〉的祖孫三代

坂口䙝子 1941 年 9 月發表於《臺灣時報》的〈鄭一家〉，對率先追從皇民化的小說人物鄭朝有著尖銳的刻劃，對於「國語教育」、「民間信仰矯正」、「改姓名」等皇民化運動內容多所著墨。透過小說中老、中、青三代，對「國語」、「舊習慣」的態度，可以窺見其人物身分認同的處境與主體意識狀態的複雜面向。

小說描述由行進中豪華的鄭朝送葬隊伍開始，從未亡人江玉、長子樹虹、媳婦翠霞以及長孫樹一郎在隊伍中的表情神態，反映了敘事者對傳統喪

〔註 1〕 日本統治台灣，初期將台灣定位爲「殖民地」，1919 年時的「同化政策」主要爲以國語教育爲中心的同化教育。後藤新平（第四任總督兒玉源太郎之民政長官）標榜「生物學原則」的殖民政策。認爲新領土統治之初，應排斥極端的同化主義，朝漸進主義出發。他設置了臨時台灣舊慣調查會及其他種種研究、調查機關，網羅學者，擬以生物學爲基礎，樹立所謂「科學的殖民政策」，也無法落實「同化政策」。1915 年林獻堂等人創設的「台灣同化會」遭解散，顯示統治當局對「同化」一事的複雜心態，並具有相當的戒心。1919 年日本開始提出「內地延長主義」的施政口號，實際爲一「法制上同化」，侷限在內地的法規、法制方面，與「文化上同化」「精神上同化」是有距離的。「同化」在仍以殖民母國本身利益爲主要考量的當時，卻是一種禁忌。蔡培火於《給日本本國民書》（1928 年）批判同化是「愚民化的看板」、「榨取的別名」。1937 年起的皇民化運動，爲日本欲將台灣「去殖民地化的表徵」，此一「同化政策」是因爲戰爭關係，爲取得殖民地人民之人力物力支援，不得不推動的。參考蔡錦堂，〈日本治台時期所謂「同化政策」的實像與虛像初探〉，《淡江史學》13（2002 年），頁 181〜192。

〔註 2〕 尾崎秀樹著，陸平舟、間ふさ子共譯，《舊殖民地文學的研究》，頁 181。

禮的批判，認爲長達四十九天的殯殮葬儀，是繁瑣空虛的形式主義表現。只
是要改變承繼儒、道、佛等禮俗而來的喪葬習慣，不是從形式上改變即可。
小說第一節結尾寫道：

> 隊伍以緩慢的步伐向墓地前進著，彷彿因舊習的重壓顯出疲態……
> （頁 12）

依禮愼終是台灣人的人生大事之一，殖民政府長期以來大力提倡改變台灣舊
風俗習慣，而在皇民化的大義下，以改變喪葬儀式來達成皇民化的任務，的
確是一條漫長且充滿困難的道路，這可說是作者對皇民化運動作法的質疑。

　　小說從第二節開始，回溯了鄭家三代的演變。鄭朝繼承了父親鄭梧桐以
兩岸貿易致富的財力，率先積極響應總督府提倡的皇民化運動，皇民化對富
商階層具有實質的利益。他要裹腳的妻子江玉學作日本菜，在家力行日式生
活，並先後將獨子、長孫送往日本接受教育，藉以完成其努力成爲皇民所不
及的夢想。對於獨子娶日本女子爲妻，鄭朝顯得欣慰不已。而鄭朝半調子的
日本化言行，往往成了敘事者嘲弄的對象。例如在日常生活方面：

> 穿和服。連和式禮服都有，只是有時會將右襟反穿在上。家裡鋪
> 著榻榻米，跪坐著生活。由於並非打小養成的習慣，常常跪坐到
> 腳痛，而日本菜怎麼吃也沒有飽足感。雖然如此，他還是很努力。
> （頁 14）

　　配合國語普及政策，鄭朝努力在日常生活中使用日語，小說中描述其
「ダ行」和「ラ行」不分的發音，以及台語式日語。學習外語時，發音及語
感受母語影響本是無可厚非的，而作者所要嘲諷的是鄭朝的奴性態度，他對
來訪的日本高官諂言：

> 我敢說自己不管在家裡面還是在外面都不講台灣話。我認爲皇民化
> 就是要貫徹使用國語。這些本島人幾乎是在公家場合講國語，一進
> 家門就說台語，以大廳作界線，這種我是不贊同的。實際上有人不
> 是那樣的。（頁 16）

鄭朝因爲實踐說國語的生活，自以爲高人一等，加上身爲 E 鎭鎭長的使命感，
在斥責晚宴上以台語交談的妓女時，脫口而出的卻是「汝講國語好啦！」招
來賓客哄堂大笑。語言的錯亂現象，顯現鄭朝認同上的混淆，他雖然缺乏自
覺性，甚至顯得一意孤行，例如對於妻子江玉的不學國語、不接觸內地人，
是他努力皇民化中最感挫折的地方，但也存在著他在語言同化過程中的矛

盾。當鄭朝不得不以台語和妻子交談的時候，他的內心卻泛起了遊子返鄉般的安定感，

> 跟玉以台語交談時，是否有損於以內地化生活態度或語言自豪的
> 他，因而感到厭惡呢？並沒有，反倒是令他有休適放鬆的感覺。彷
> 彿是異鄉人終於返抵家鄉的安適，讓他久繃的肩頭放鬆，表情顯得
> 放心。（頁 15）

在日本軍國體制欲以「日本人的精神血液」、「國體的標識」、「情深無比的母親」〔註3〕的國語（日語），「鎔化」異民族為日本人、統一其體內「精神血液」的手段下，積極響應皇民化政策的鄭朝，母語（台灣話）卻是潛藏在其內心的溫暖襁褓。

　　貫徹實踐皇民鍊成的鄭朝，臨終前堅持依內地方式送終，採火葬並立即行告別式，以傳統葬禮所需停棺費用的三分之一辦理。而其他的三分之一作為國防捐獻，另外的三分之一救濟公益，在形式上表現他生不能為日本人，死要為日本鬼的決心。鄭朝至死仍未能自覺他在身分認同中所產生的扞格，在日本軍國意識強力的支配下，作為在台日人作家觀察出被殖民者扭曲自我而產生的不協調言行，這或許是自謙為「家庭人」〔註4〕的坂口䙥子所獨擅的。

　　當鄭朝胃癌已病入膏肓，面對任職總督府的獨子樹虹堅持北上就醫，江玉則堅持傳統信仰，以「有應公」、「媽祖」的有求必應加以阻撓，揭開了現代與傳統對峙的序幕。對鄭朝行日本式喪禮的遺願，江玉千方百計透過道士、鄉人的集體輿論力量迫使樹虹屈服，改採行台灣式傳統喪禮。皇民化運動似乎干擾不了江玉的認同執著，只是將掙扎轉給受日式教育、娶日本人為妻的獨子樹虹。樹虹本以為自己內心並無所謂「本島人」或「內地人」的區別，然而面對意義複雜而重大的喪禮，父親和母親不同的觀念取向，以及父親在本島人與內地人間的地位，著實令樹虹陷入矛盾：

> 對母親堅持舊習俗，越來越不認為那是無可奈何，反而漸漸感到悲
> 哀。比起已逝的父親，如果自己的心向活著的母親，對父親會不會

〔註3〕陳培豐著，王興安、鳳氣至純平編譯，《「同化」の同床異夢：日治時期臺灣語言政策・近代化與認同》（台北：麥田出版，2006 年 11 月），頁 48。

〔註4〕坂口䙥子認為自己在生活上仍以為人妻為人母為主，作家身分則帶有浴火重生的不死鳥般的命運。曾被某婦人雜誌喻為「宛如雜草」的坂口䙥子，自許將繼續發揮雜草的強韌。〈雜草のように〉，頁 133。

顯得不孝？但就此妥協的話，身為 E 鎮皇民化先驅父親的名聲要怎
麼辦？自己對內地人的感情又將如何是好？對大多數的本島民眾的
心理當然要有所交代，但也不能不顧及那些少數卻有勢力的內地人
的想法。（頁 42）

在治喪的傳統樂聲中，樹虹流下了哀傷的淚水，體悟出父親生前所執著的皇
民化言行，只是形式的模仿，精神層面尚未完成，故父親遺言所交代「全部
內地式」的意思，應是重在對事情的看法與態度，而不須拘泥於形式。治喪
期間鄉親遊說不絕，他們認為鄭家如果輕率地選擇日本式喪禮，反而會讓 E
鎮鎮民認為是為了炫耀。視鄭家為本島人的民眾，期待看到鄭朝莊重豪華的
台灣傳統喪禮，那是對動輒皇民化、簡單化行徑的挑戰，也可藉此向輕蔑台
灣傳統的人示威。加上母親對台灣式喪禮的堅執，「本島人」或「內地人」的
意識在樹虹心中分裂、拉扯，令他遙想起已逝的日本妻子小夜在鄭家的處境，
而現在只有獨自苦思一條合乎內地人與本島人期望的出路。結果只好承認一
切是由於自己太執著形式，以至於未能掌握「皇民化」的精神。

在法事樂音與孝女哭聲中，樹虹思及母親為此事傷心的疲弱模樣，決定
順從眾意，為父親辦理台灣式的喪禮，而保留日本式的墳墓。只是如此妥協
的意識，在面對自內地回來奔喪的長子樹一郎時，卻為自己無法擔負起脫去
舊慣的重擔，感到愧疚地自承為敗戰者，在與樹一郎的談話中，樹虹對父親
未能趕上改姓名一事，又表現出遺憾的態度。面對鄭朝皇民化過程中所留下
的矛盾衝突，樹虹既自縛於形式，又自我解套說：

己不是偏狹行事的時代了，這樣說來，爸爸對祖父的喪禮老想要採
內地式，或是不採台灣式之類的想法，也許顯得格外無意義。如果
以擁有三千年歷史的日本整體來看，從北端到南端，風俗習慣也不
全相同，所以台灣有台灣的風俗習慣也是可以的吧。而且在日本化
的過程中，有寬大的八紘一宇精神在。（頁 56）

樹一郎面對因祖父的喪禮不能依行日本式而沮喪的妹妹球子，仍自信滿
滿地認為自己和鄭家人是不同的。然而見了在喪禮形式爭議中妥協的父親，
樹一郎頓時失去了施力的方向，他不明白積極皇民化如祖父者，到了父親這
一代也仍維持本島人作風，仍不能為鄭家帶來新的出發。樹一郎即使比鄭家
其他人擁有更接近日本人的血統，但父親對舊慣的妥協，衝擊著樹一郎本不
曾懷疑的皇民身分認同。而這回他不但確定祖父是本島人，對自己一向信以

爲是皇民而不疑有他的父親，也認爲仍不過是個本島人。樹一郎不能指責父親本人，只能怨怒禁錮在父親血液中的舊習俗，以及無所不在的傳統。相對於父親能超越形式的拘執，披麻帶索、眞情流露地走在送葬行伍中，樹一郎在行伍中則顯得垂頭喪氣。

長年在日本求學的樹一郎，從東京回到台灣，面臨的不單只是空間的移動，更要面對如何填補日本與台灣間文化、生活習慣的差異。愛著祖母也愛著父親的親情，並無法阻擋樹一郎憎惡家中盤踞著的台灣人氣息，喪禮結束後便急著逃回東京。在小說結尾，父子兩人藉台籍醫師許茂仁的話穿針引線，以日本「寬大的八紘一宇精神」，解決父子因舊習俗引發的尷尬情形。樹一郎若有所悟地說：

> 日本人是什麼都能馬上吸收並且加以日本化的種族。不論是中國文化或歐洲文明，都把它視爲自己的一部分吞下肚，卻一臉泰若而毫無異樣。這不是厚顏無恥，而是一種大器。採納別處事物的所有養分，卻能保有本身絲毫不受影響的純粹性，好厲害的種族！好堅強的精神！對我們來說，眞是充滿希望！而我也正是其中的一分子啊！（頁 57）

正如他的父親樹虹以「八紘一宇」的精神，解決皇民化過程中新舊習俗所產生的矛盾和困擾，對鄭家的未來充滿使命感的樹一郎，也以呼應「八紘一宇」的召喚，模糊自身的認同問題，以回復其完整的皇民身分歸屬。

「八紘一宇」是日本在大東亞共榮圈的企圖及「與全人類共存共榮」的想像下的世界觀，也成了日本正當化侵占行爲的口號，所有「日本人」都要翼贊天皇此一願業。在「天下一家」的國體象徵下推行的皇民化運動，如果是不拘於表面形式的，是可以包容異族文化的，那便成了廣義的文化融合，然而這是不符殖民地支配的政治事實。樹虹面對皇民化的矛盾衝突時，只能以想像的殖民母國自我解套，而「皇民化」政策不也是一種殖民者對被殖民者的想像，二者間充滿著裂隙。

二、〈陳夫人〉的陳清文

庄司總一的長篇小說〈陳夫人〉，1940 年 11 月由東京通文閣出版第一部「夫婦」，1942 年完成第二部「親子」。在「內台通婚」的主軸下，以台南資產家陳阿山長男陳清文，完成東京帝大法科學業、通過高等文官考試，娶了

日本女子五十嵐安子為妻，回到殖民地台灣台南，在大家族生活中所產生的民族文化衝擊為鋪陳文本。

　　陳清文受皇民教育並留學日本十年，除了在求婚過程中受到女方家族以種族差異為由反對時，自覺為台灣人外，清文的思想行為已經十分日本化了，至少他自認為「我好像稱不上是純粹的台灣人了」（頁 22），因而在自己的結婚喜宴上，對台灣禮法常規的生疏，他不但不覺得羞恥，反而表現得很得意。（頁 24）在自己的同胞前流露出優越感，面對來自殖民母國的妻子時，覺得把安子帶到這衣食住完全不同的地方，既同情她又感到羞愧，他說「為了你也要建一間和室，到那之前請暫時忍耐」（頁 16），又提醒想和家人親密和睦的安子：

　　　　親密當然很重要，但是不能不和惡風俗戰鬥。我們是新時代的人。
　　　　新皮囊應該裝新酒 —— 這是聖經裡的話。（頁 16）

殖民地的皇民化台灣人，將為殖民者築起一個與傳統漢文化隔離的空間，而且屋頂高過廳堂的屋頂，踰越了傳統的秩序和協和。

　　由於清文是父親和家中女僕所生，雖然深受父親寵愛，並用盡手段讓他認祖歸宗，卻被繼母阿嬌視為眼中釘。因此從台灣到東京再回到台灣的清文，認同日本的動機，也包含了為擺脫私生子的自卑和恥辱。清文對家人態度輕蔑、專制，他汲汲營營於提高美化自己夫婦的生活，殊不知家人對他的尊敬只是對他身上穿的殖民者官服的忌憚和畏懼罷了（頁 103）。

　　陳清文和安子的婚姻雖然建立在愛與基督信仰的基礎上，但清文因受日本教化，自視甚高，又視娶日本人妻子為「錦上添花」（頁 5）之事，可以為自己皇民化成果加分，使得這樁內台婚姻逐步偏離了種族融合的理想。安子讓清文加速認同自己是日本人，而且是「比普通日本人具有更高教養和更深學問的堂堂日本人」（頁 99）。當清文還抱著與殖民者平起平坐的美夢時，一個成績比他差得多的日本人同學成了他的上司，讓他從夢想的「雄偉的總督府局長室摩洛哥皮椅」（頁 5）上摔下來，嘗到殖民者與被殖民者權力不均的清文，委屈的轉而從事他曾輕蔑的工作 —— 本島人中學教師。

　　脫下官服絕意仕途的清文，不再執著於西服或和服，反而會主動穿上台灣服，彷彿清文接受了自己血統身分的事實，但這個從逆境中才剛要回復的主體意識，卻遭到安子日本人教會門口的傳達秋山的言語羞辱：

　　　　「汝（筆者註：原文發音「リ」），不可不可！」他說著笨拙台語，

　　口中唸唸有詞：「眞沒辦法，連清（筆者註：原文發音「チェン」，
　　清國奴的略稱）也想進來！」（頁 111）

「汝」、「清」都是當時殖民者對台灣人歧視的稱呼，安子要清文不要跟粗魯
傲慢的流氓生氣，清文反駁：「你當然不介意，就因爲內地人」（頁 112），
在殖民統治體制下，清文與世俗格格不入的性格，以及自許爲進步的資產階
級意識，令他無法找到安身立命之所，覺得自己處在「曖昧的中間地帶，微
微呼吸的生活著」（頁 187）。贊成遷移市區墓地的事又遭台灣人質疑他對自
己同胞的信念，批評他：「你的內台婚姻使你喪失了靈魂，抹消了信念」（頁
267）。妻子的日本人身分，成了他遭受侮蔑與內心混亂由來，甚至直指這一
切悲劇是因於自己的內台婚姻（頁 269），安子說出了清文的問題：

　　我不知道你是否清楚意識到，你的心底總是有一個疙瘩吧——因爲
　　娶了內地女人爲妻的緣故，所以你無法盡情的發展……你最大的錯
　　誤就是這個，因爲與內地人結婚——任何不如意的事都歸咎於這
　　點，拘泥於這點。（頁 271）

清文身爲殖民地知識分子，在與日本妻子的相處中，曾經令他毫不遲疑的視
自己爲日本人，但當面臨認同掙扎時，因爲無法擺脫身爲被殖民者的自卑，
無法平視妻子，使自己陷入「成也安子、敗也安子」的矛盾糾結中。田子浩
指出安子雖然身分是清文的妻子，作者卻將她的地位提升到懷抱建設性的愛
的女神化身。〔註5〕庄司總一筆下的安子形象，象徵著大和民族血統純正的國
家形象，由於清文的榮辱與苦樂受到殖民統治者宰制，在統治強權前無能爲
力的清文，只得將無力感轉化成對安子時而尊重時而輕蔑的矛盾失措。

　　當清文因贊成遷移墓地以發展都市，與地方人士發生暴力衝突時，身著
和服的安子擋在丈夫前被刺中要害，但在和服綾羅腰帶的保護下卻無大礙，
林肇豐指出和服在此象徵著日本，保護了安子自己與清文，是作者刻意安排。
〔註6〕安子捨身的精神，以及和服表現了洋服和台灣服所欠缺的救命功能，令
清文只得在「犧牲」與「愛」的大名下，繼續接受殖民統治的麻醉。他告訴
苦悶的台灣青年郭萬春：

　　不是拘束於殖民地條件的時候了，我們不能不努力主動充實自我……

〔註5〕田子浩，〈陳夫人に就いて〉，《臺灣文學》創刊號（1941 年 5 月），中譯引自
　　　　黃英哲主編，《日治時期臺灣文藝評論集雜誌篇》第 3 冊，張文薰譯，頁 133。
〔註6〕林肇豐，〈「批判」抑或「妥協」？——論庄司總一《陳夫人》的書寫策略〉，
　　　　《台灣人文》第 10 號（2005 年 12 月），頁 22～23

> 不論是物質面或精神面，要更加站在 give and take 的原則。我們至今對日本到底 give 了什麼，一千萬石的米、十五億萬斤的砂糖——那不過是台灣的自然和土地所給與的罷了。不加上什麼更好的、更豐富的東西是不行的。台灣和台灣人已經走到了這一步。（第二部頁 78～79）

清文提醒被榨取剝削的台灣青年，不要再自限於殖民地的位階，意即要「比照」日本人，要有更多的「奉獻」。作者藉由屢遭殖民現實打擊的清文之口，說出對殖民帝國「卑躬屈膝」的言論，邱雅芳指出這是作者對台灣人的企望，無怨無悔奉獻日本，透過降低台灣人的人格，清文才能和安子以「愛」方式相處下去，內台融和才得以延續。〔註 7〕亦即在接受眞正平等互重的對待之前，先不問「國家」給了我們什麼，要以基督「愛」的大名，化解種種認同的迷思與困惑。結果顯示，在殖民體制下，清文對於身分認同的追尋、掙扎過程，只是殖民母國作家操弄演員的一齣皇民劇劇情罷了。

第二節　混血兒的認同困境

關於混血的問題，坂口䙥子在其描述日本農業移民台灣的小說〈曙光〉中，從戰地歸來的農夫萩原修和內地女校出身的佐渡品子有一段相關的對話，對於日本的人口素質問題，修認爲要培育對國家有用的孩子：

> 我對優性學不是很清楚……不得不顧及解救劣性的事。……我認爲爲了解救劣性，與優性結合能接近半優性的可能性，必須深入研究相關的結婚指南。對自己的婚姻我抱著非常愼重的態度。（頁 134）

品子對修的看法有些質疑：

> 爲解救劣性而與優性結合，那不就是優性的墮落嗎？……對祖先是種冒瀆吧？對出生的孩子流有劣性血液之事也難以忍受。
>
> 我到底還是個無法跳脱自私想法的人啊！（頁 134）

二人將「優生學」與「混血」的觀念混爲一談，日本在 1940 年 3 月成立「國民優生法」，普及優生學、遺傳的知識，目的在根絕惡質遺傳性疾病，以提高國民素質。〔註 8〕故二人的談話內容與當時的婚姻指南有關。然而品子對於爲

〔註 7〕參考邱雅芳，《聖戰與聖女：以皇民化文學作品的女性形象爲中心（1937～1945）》，頁 64。

〔註 8〕「優性」指遺傳因子中的「顯性」，與價值優劣無涉。支配者的優生學觀點反

解救劣性而通婚混血，質疑優性必須付出犧牲自我幸福的代價。（頁 136）

品子的疑慮，擴而視之可說是對混血的「民族同化」與種族融合的質疑。當時日本民族衛生學會理事長永井潛即反對與「劣等」民族雜婚，因為抹滅被支配民族的同時，優秀民族的價值也會下跌。〔註 9〕「混血」將攪亂種族的純潔性與文化的均衡性，據星名宏修的考察，1943 年日本厚生省完成的機密資料曾列舉「雜婚的弊害」和「混血兒的缺陷」，對異民族充滿歧視的觀點，認為混血兒在生、心理各方面多不健全，民族國家觀念薄弱等。〔註 10〕可見「混血兒」在日本殖民帝國下的生存困境。星名宏修指出皇民化期台灣文學反映了多樣的「血液」問題，尤其「混血兒的『血液』是皇民化與優生學相爭的絕好『舞台』」，小說中的「混血兒」形象，「成了作家用以證明「日本人」優性、大東亞戰爭正當性的證人。」〔註 11〕。

在台日人相關小說中出現的日台混血兒，臺灣人父親與日本人母親的，有〈鄭一家〉的樹一郎、球子，〈陳夫人〉的清子，〈蓖麻は伸びる〉（蓖麻成長）的育夫；日本人父親與台灣人母親的，有〈時計草〉的山川純，〈月來香〉的梶井次郎。其中山川純在本論文第三章「在想像與現實間的原住民形象」中，從「通婚」的問題加以論述。樹一郎與球子，分別在本章第一節「皇民鍊成的裂隙」，以及第四章「殖民統治與台灣女性形象」的「皇民鍊成的抵抗與掙扎」分析討論，本節則不再贅述。

一、〈陳夫人〉的清子

清子是陳清文、安子的女兒，雖然生活在台灣大家族中，因為父母克意安排，清子受的是日本式教育，在陳家小孩都說台語的環境下，她被教導要

對與劣等被支配民族混血。參考星名宏修，〈「血液」の政治学──台湾「皇民化期文学」を読む〉，頁 16～17。

〔註 9〕 永井潛，〈民族の混血に就て〉，《民族衛生》2.4（1933 年 1 月），轉引自小熊英二《單一民族神話の起源》，頁 250。

〔註 10〕 1943 年日本厚生省完成的機密資料《大和民族を中核とする世界政策の檢討》，其中列舉的「雜婚的弊害」和「混血兒的缺陷」，是以在日本本土娶日本女子為妻的朝鮮人為調查對象。參考星名宏修，前引文，頁 33～36。

〔註 11〕 星名宏修，〈植民地の「混血児」──「内台結婚」の政治学〉，收入藤井省三、黃英哲、垂水千惠等著，《台湾の大東亜戦争──文学・メディア・文化》，頁 268、290。星名宏修針對寶桃〈感情〉、庄司總一〈陳夫人〉和〈月來香〉、湯淺克衛〈棗〉、坂口䙥子〈時計草〉，探討小說中的混血兒描寫，對本文寫作啟發甚多。

說日語，因此被台灣小孩戲稱爲「土鴨仔」（混種鴨子）的清子，從小處在兩種文化的拉扯掙扎中。清子不論是因於同僑壓力或出於「民族的血球所具有的微妙決定性」（頁 216），如有傾向台灣的表現，母親安子便會因此不安而感傷。嫁入台灣小資產家庭的安子，雖然出身於日本鄉下的農家，但日本人的光環與殖民者的立場，令她始終抱持著比台灣人高出一等的心態。

　　身爲殖民者霸權心態的極致表現，即深信民族血統的優越性。原本看似以愛調和了與陳家種種矛盾的安子，在清文以內台婚姻失敗的話題挑釁時，說出了：

> 你是本島人，我是內地人，這跟我們眞正的生命不是沒什麼關係嗎？
> 神用一種血造一切的人民，即使不從聖經上得知，我們也應該非常
> 了解。（頁 271）

放棄國族認同的執著是安子對清文的忠告，信仰成了安子逃避問題與暫渡難關的方式，這點曾被女兒清子評爲「脆弱而感傷的逃避」（第二部頁 223）。然而當安子知道了清文和不友善的婆婆並沒有血緣關係時，心情反而感到輕鬆（頁 61），安子的內心始終隱藏著對血統純正的偏執：

> 清子將來結婚的對象到底是內地人，還是本島人呢？一想到這一
> 點，安子總是陷入一種複雜微妙的不安。（第二部頁 125）

安子也看得出在陳家環境下成長的清子是本島人，將來嫁本島人是**趨勢**，但在安子殖民強勢心態影響下，她自己認定清子本身對這種命運抱著反感（第二部頁 83），安子藏匿了清子喜歡的堂兄陳明寫來的信，就是出於本身無法抗拒的血統命令：

> 如果可以的話，她希望清子和內地人結婚──但她知道這如同和明
> 結婚的事一樣不可能。她不得不這樣想。因爲她與本島人結婚，她
> 身上所流的日本的血越發稀薄了，想到不久將消失，她突然感到特
> 別的寂寞。（第二部頁 308）

將種族、血液置於情感之上來考量，這在當年不顧娘家反對遠嫁到台灣來的安子來看，是否僅僅是爲人子與爲人母此一時彼一時不同立場的看法呢，還是經過了殖民地環境的薰染，安子意識到本身日本血統的不凡，而不忍這偉大的血液遭稀釋後消失。

　　清子身上合流著台灣人與日本人的血統是不爭的事實，但清文夫婦貴日賤台的思想和作爲，讓清子從小處在兩半、不上不下的困擾中，例如對自己

名字的不解：

> 老師和同學都叫她「陳同學」。爲什麼呢？爲什麼自己不能姓母親家
> 的姓五十嵐呢？爲什麼也不姓佐藤或齋藤呢？因爲姓陳，那爲什麼
> 不能叫清玉、清蓮或清瑛呢？（第二部頁 64）

又如慶生會的穿著，清子便在台灣服和日本和服間搖擺不定，安子要她穿新
做的台灣服取悅清文，結果清子以同學看了難爲情爲藉口，選了和服，但未
必是代表清子眞正接納自己的「日本人」身分，其實清子覺得：

> 穿台灣服如合乎她本來的個性就簡單，但在她自己覺得一半適合一
> 半不適合的不完整觀念下，有一點鬱悶的偏見或混亂，穿和服的感
> 覺也是這樣的。（第二部頁 244）

一半一半的情形是清子最感困擾的，她曾抱怨自己的不幸是血統的「不幸」，
「只是我希望爸爸是內地人，要不媽媽是本島人」（第二部頁 222），偏偏安
子以近似催眠的說詞要清子相信：

> 你在成爲陳氏清子之前是日本人。雖然妳可以說是內地人也可以說
> 是本島人，但最確實的名字是日本人。如果妳有這樣的自覺，應該
> 會更開朗的。（第二部頁 223）

安子的論述未能說服清子，因爲陳家的人視她爲「混血兒」，女學校的
同學視她爲本島人，例如高級官吏的女兒柏木怜子，成績好卻總無法超越清
子，她和清子說話時總是語帶諷刺，別的同學都叫她清子或小清子，只有怜
子叫她陳同學，並經常有意無意嘲弄陳家仍過著積重難返的生活。（第二部
頁 242）清子面對這些存在於日常生活中身分認同的牴觸，只有藉著批評父
親對家廟龍柱雕刻的喜好，又故意違抗父親到市井小民出入的夜市吃小吃，
（第二部頁 229）宣洩心中因不斷重覆的質疑與糾結所產生的壓力。

曾經跟隨安子回去日本兩次的清子，深受灣生同學西道子和島田登枝欣
羨。但「返鄉」的經驗卻讓清子體會到日本的故鄉是屬於母親的，清子內心
的故鄉是祖父阿山的葬禮、廳堂掛著的新娘燈、廟祭或胡琴的樂音，覺得是
又好像不是的矛盾，感覺自己連灣生都不如，既是日本人又是台灣人，等於
不是日本人，也不是台灣人。（第二部頁 252）

在殖民帝國優生學派的觀念下，混血問題暴露的優越性喪失思惟，敗露
了皇民化政策中「一視同仁」美名的內在矛盾。〔註12〕謝柳枝分析〈陳夫人〉

〔註12〕星名宏修指出，皇民化政策推行時強調的「一視同仁」，是必須在以日本人的

國家觀念如何由以「血」為名過渡到以「愛」為名的過程，認為清子在大和民族以異國通婚完成戰爭合理性下，必然產生對故鄉與身分認同的疑惑，以及對血統的質疑。故庄司總一是藉此對大東亞戰爭進行隱微的抵抗。〔註13〕然而這部完成於絕戰時期並獲得大東亞文學獎的作品，如何能安然的隱含著對日本帝國所謂的東亞聖戰的批判而不被批判？異族通婚不一定發生在迎合戰爭合理化的前提下，〈陳夫人〉中「內台婚姻」問題的關鍵，在於殖民統治者立場與純血觀念的不妥協。

庄司總一筆下的「內台婚姻」彷彿「繞了一大圈路，結果又回到原來的地方」（第二部頁83），企圖解決「血的問題」的結果，卻是藉著清子愛慕的堂兄陳明之口，以鄭成功的事蹟劃下突兀的句點：

> 「鄭成功是混血兒，日本人和中國人……」明把探出欄杆的身體縮回來，露出感慨良深的目光說。
>
> 「日本和台灣，不，日本和中國協同體的命運早在三百年前已有了……清子，妳是鄭成功呢！」（第二部頁287）
>
> ……僅僅二十三年就短暫就消亡了的鄭氏三代的歷史，現在依然如未消失的夢一樣漂來這裡來。在這土地上出生的清子，自己的父親、祖先從那裡源遠流長的把血液流入她的身體裡。—— 自己是台灣人，可以毫無忌憚的這樣說。（第二部頁289）

作者以鄭成功的身世—— 日本人母親和中國人父親間的混血兒，以及三百年前據台的歷史，提醒清子是鄭成功的「化身」。然而歷史上多少位中日混血兒才產生一個鄭成功。何況清子嚮往的仍是心中的「日本」，她所接受的台灣人是被日本化的，她的認同困境恐怕不是靠著認同被日本化了的歷史人物所能解決的。

二、〈蓖麻は伸びる〉（蓖麻成長）的育夫

隨著大東亞戰爭戰況激烈，作家配合國策寫作的情形更加明顯，混血兒的身分認同問題，在大東亞共榮的幻影下，被約化成皇民與非皇民的認同模

在的矛盾。參考星名宏修，〈大東亞文学賞受賞作『陳夫人』を読む〉，頁71。
優越性為前提才能成立，優生學派所抗拒的皇民化，暴露了殖民統治自體內
〔註13〕謝柳枝，〈大東亞戰爭下的批判——論庄司總一之《陳夫人》國家原鄉的失落與虛構〉，《臺北教育大學語文集刊》第10集（2005年11月），頁154～163。

式。

　　小林井津志 1944 年 11 月發表的〈蓖麻は伸びる〉〔註14〕，描寫國民學校教師「我」，如何鼓舞學生爲聖戰貢獻一己之力。「我」認爲在聖戰下成爲皇軍便是日本人，那是不需要思考的，所以只有國民學校畢業的青年，反而能實踐得比受高等教育者徹底。內台混血兒育夫是「我」的表弟，在「我」的批判下，便是一個思考多於行動的大學生。

　　育夫的父親是台灣人醫師，母親是日本人，加上育夫與妹妹靖子，組成了和樂的家庭。育夫中學時母親過世，大學時妹妹又病故，父親因此藉著工作麻醉自己，個性柔弱的育夫，與父親漸行漸遠，長期陷入不知自己是本島人還是內地人的疑惑：

　　　父親絕對是本島人，母親是內地人。但在他們之間出生的我是⋯⋯
　　（頁 70）

將父親視爲本島人而加以批評的育夫，無疑是對自己的本島人血緣不滿。雖然文本對育夫身爲混血兒的挫折未見鋪陳，但敘述者描述本島人或本島人居住的街道時語帶歧視，育夫的困擾就成了理所當然的存在。

　　以指導者的姿態面對育夫的「我」，要育夫不拘泥稱謂，認爲叫「本島人」並不可恥，可恥的是非皇民，要育夫檢視自己非「日本化」的殘滓，並以當年母親對待父親的態度面對父親，（頁 70～72）意即擁有二分之一日本血統的育夫，可以反過來影響本島人父親，並成爲本島人的表率。

　　星名宏修的分析指出，「我」帶著育夫回到南部任教的小學，讓「在台北出生、在台北成長」、「卻不知台灣眞正樣子」的育夫（頁 78），看看台灣學童如何在惡劣環境下成功栽培出蓖麻，並「已成爲優秀的日本人，一點矛盾感也沒有」（頁 72），令育夫「抓住了一股看不見的巨大力量」（頁 80），體會「內地人和本島人們爲同樣的事欣喜，爲同樣的事悲傷」的境界，「屆時內地人和本島人惱人的區分也消失了」（頁 81）。〔註15〕

　　「我」認爲區分本島人或是內地人已是舊時代的想法，隨著志願兵、徵兵的徵召，許多青年已超越血統障礙成爲堂堂的日本人了，因爲在大東亞戰爭下只問是不是眞正的皇民（頁 76）。作者以極高的姿態，想像本島青年、混

〔註14〕　本文依據《臺灣文藝》1.5（1944 年 11 月），原文爲日文，中文爲筆者自譯。
〔註15〕　本段參考星名宏修，〈「血液」の政治学──台湾「皇民化期文学」を読む〉，頁 51～52。

血兒如育夫者，會多麼感謝徵兵制的頒布，戰爭在作家的歌頌下成為混血兒逃離認同煩惱的良方。

三、〈月來香〉的梶井次郎

庄司總一在《旬刊臺新》中連載的〈月來香〉，一改《陳夫人》中對台灣女性的負面描寫，敘述台灣無知的婦女龍氏滋美，如何在日本人指導下皇民化的過程。處理的仍是混血與內台融和的主題，內容與《陳夫人》有些對照性，而隨著大東亞戰爭的戰況激烈，小說為戰爭宣傳的味道更加濃厚。

出現在〈月來香〉中的混血兒梶井次郎，是龍氏美滋在梶井永吉診所家幫傭時，與男主人生下的私生子。龍氏在鄉下娘家生下次郎不到一週，即被氣急敗壞的梶井夫人朔子，以次郎的成長與教育為由，給了龍家一筆錢後強行帶走，並要龍氏至死都不可洩密。因為生下混血私生子的龍氏，她的台灣人身分／血液將不利於自己骨肉為官或從軍的前途（第四回頁 30）。

上了中學的次郎，最要好的同學是台灣人大地主之子葉金平，次郎的繼母直子對此十分反感，不看葉金平的表現，不問次郎的感受，只因為次郎是台灣人女性所生，龍氏的存在，既是形成血統不純的原因，又是密秘揭穿的威脅，直子因此視所有「本島人」如異類。作者如此安排，表現出身為繼母的直子十分疼愛混血的次郎，只是有被奪走的恐懼。但實際的心態如何，可以透過次郎的姐姐光子的話，看出日本女性對台灣女性的觀感，「如果那個女的不是本島人的話也還好」（第七回頁 30），再加上龍氏曾經是大字不識、地位卑賤的傭人，光子認為這一切都足以傷害次郎的自尊。次郎自小表現優於兄姐，成績足以唸醫科，將來打算繼承父業。但在光子的觀念裡，似乎只有有教養的日本人才有成為母親的條件。

次郎從診所離職的護士口中，輾轉得知自己不是直子親生時，對父母的隱瞞感到憤怒，但都比不上得知生母是台灣人時來得震驚、混亂。他想像自己的生母是個「上了年紀、梳著大頭鬃、穿著台灣服」，甚至可能「裹小腳、吃檳榔」（第六回頁 32）的樣子。既然對台灣人生母懷有如此恐懼的想像，次郎又何必要選擇主動去會面，其實只是正值對人生的虛偽感到憤怒的年齡，帶著揭露現實的衝動行事而已。

由於此時的龍氏已由無知的女性，經歷了醫生太太、幼稚園園長與醫院護理長等日本女性的調教，說著一口標準的國語（日本話），行為舉止也全

然日本化，言談間讓次郎忘了她是台灣人的事實，而完全被一個生下自己的女性所吸引，那一刻次郎心中有股溫暖的血流令他幾乎要喊龍氏「媽」。（第六回頁33）敘述者似乎要說明血濃於水的親子情感是超越時間與空間的，但問題在於「本島人母親」也必須具備成功皇民化的條件，然而次郎的認同困擾並不在於文化層面，而在於血統的不純。因此母子初會面的結果顯得矯情自飾，次郎臨走時龍氏取下插在水瓶裡的月來香送給他，「月來香」便成了龍氏的象徵。

當次郎驚於自己不是純粹的血統、不是完整的日本人時，不僅沒向最要好的本島人同學葉金平吐露苦惱，因為「不行，他也是本島人」（第六回頁34），之後還刻意和葉金平保持距離。可見次郎與本島同學本以為是的真心交往，因為生母的血統，情誼卻走了樣，原來當初的友情仍存有次郎不自覺的對被殖民者的同情與身為日本人的優越感。

如果不是殖民者對台灣人的歧視心態，以及日本民族純血意識作祟，次郎的困擾應是如何面對同時有兩個母親的問題。然而這點還有勞葉金平的開導，葉金平要次郎視兩個母親為：一個有養育之恩，一個有生育之恩。而且相對於龍氏隱忍了近二十年的苦，次郎也不過才知道幾天而已（第七回頁32）。作者的安排透露了台日混血兒經過日本人的養育、教化，就如同殖民地人民經過皇民教育，即使血緣不符優生學者的優越性主張，在當事人不知混血的情形下，仍然可以表現得像個「純血」的日本人。何況安排本島人同學葉金平，這位一心想從軍報國卻苦於無法如願的皇民，為不知所措的次郎指點迷津，淡化了優生學派與皇民化混血主張的衝突，展現皇民教育的成果。

這場家庭風暴的始作俑者梶井永吉，似乎從不需為整個事情擔負什麼責任，他被塑造成一個膽小軟弱的好好先生，無視於兒子為自己的血統苦惱，對龍氏也不見真誠的愧疚，還不斷指引她自我提升的皇民之路，彷彿成為「皇民」是龍氏一生義無反顧的選擇。作者安排龍氏因肺炎引發腦炎性命垂危，才讓梶井永吉表現超越科學、飛躍倫理的情意，為龍氏輸血，而且在場的人只有次郎和龍氏血型（O型）一致。這一幅親子輸血的畫面，流露著接納與奉獻的情感，次郎的血靜靜的流回一個曾孕育自己的肉體，令次郎自覺對龍氏的感情還不及龍氏對自己的十分之一，他相信還有機會，希望龍氏能順利活下去。（第七回頁34）次郎苦惱無法解開的本島人情結，透過血液交換開啟了接納的動作，接下來作者便將一切交給了時間。

　　愛國情操濃烈的次郎，到日本報考海軍，最後選擇成爲飛行員，這部刊載於 1944 年的作品，藉著戰爭的歌頌，化解人物心中的矛盾與衝突，爲了戰爭必須撇下純血的民族觀念，而殖民地皇民化運動的目的便是翼贊帝國的「聖戰」。

　　經過四年後，派回台灣的次郎在家庭聚會時已能輕鬆提及龍氏的話題（第八回頁 33），主動去拜訪龍氏時也一改過去「滋美女士」的稱法，極自然的喊她「媽媽」。還藉著飛行練習的機會，飛到龍氏家上空，讓龍氏欣賞自己駕機的英姿。（完結篇頁 31）

　　次郎最後戰死在馬來半島，在出任務前特地去看龍氏。順利成爲皇軍一員的次郎已不再在乎他人的目光，自在的和龍氏一起上街，吃台灣菜，到台灣人的相館拍照，還一起上台灣神社祈求從軍平安。（完結篇頁 31）好不容接納了台灣人生母的次郎，給了母親混有日本血統的血液，成了母親的救命恩人，又在爲國犧牲、獻祭給戰爭後，光耀了台灣人的母親。龍氏該慶幸自己的血液並未妨礙次郎在社會上的發展，並且擁有與有榮焉的結果。

　　強勢的殖民霸權，在親情的包裝下，變得十分溫馨，加上對戰爭的歌頌，顯得神聖莊嚴。庄司總一小說中的混血兒，隨著殖民政策的推進，以及愈演愈烈的戰況，從〈陳夫人〉清子對故鄉與身分認同的疑惑、對血統的質疑，到〈月來香〉梶井次郎超越血統障礙成爲堂堂的日本人，代表著殖民歷史中從「舊」到「新」的觀念變化，如同小林井津志〈蓖麻は伸びる〉中小學教師所說：「在大東亞戰爭下只問是不是眞正的皇民」（頁 76）。這個爲完成帝國統治企圖的皇民化殖民策略，無情的將殖民地人民捲入戰爭之餘，還不忘提醒被殖民者感謝因戰爭提供的成爲日本人的捷徑。

第三節　灣生的認同歷程

　　「灣生」是日據時期日人用來指稱在台灣出生的第二代、第三代日本人，詞彙含有憐憫和輕蔑的意味〔註16〕。從日本本土的角度來看，殖民地台灣的總是低劣，一些與台灣有關的詞彙，如灣官、灣吏、灣製、灣紳、灣記者、灣商、灣風呂、灣妻等，都帶有次等甚至歧視的意思〔註17〕。灣生不論

〔註16〕庄司總一，《陳夫人》，頁 250。

〔註17〕竹中信子，《植民地台湾の日本女性生活史》（明治篇）（東京：田畑書店，1995年 12 月），頁 80。島田謹二探討明治時期日本散文、小説中出現的台灣，推論

在台灣或在日本往往被視爲「外地」的人〔註18〕，他們在熱帶台灣出生、成長，以及受教育，卻總是像個旁觀者般，如同美濃信太郎〈過客〉〔註19〕中的灣生佐佐木所說的：

> 於台灣我既是同鄉人，同時也是異鄉人。（頁151）

一、灣生的形象

灣生的語言〔註20〕等各方面能力經常受到母國日本人質疑，被認爲灣生由於未經驗內地四季變化與傳統文化的薰陶，在無意識中逐漸喪失了日本的精神。〔註21〕這種對灣生負面評價的形象，可見於濱田隼雄〈病牀日記〉〔註22〕中的描寫，女主角因肺積水住院，同事K到醫院探望。下雨天也戴著墨鏡的K，避免與人正眼接觸，體格還不錯，但少了點男子氣概。畢業於高商的K，有知識分子的氣息，但有一種做什麼都令人感覺含糊的天性。快三十歲了，雙親爲他的婚事費神著，但都不了了之。告訴女主角自己對讀書

日本對殖民地台灣的刻板印象有一大半是來自明治文學家的描寫，內田魯庵〈臺灣土產〉提到當時流傳著：「去臺灣的人如果不是流浪漢，就是些來歷不明的傢伙。」當時一般的日本人對於會去台灣的本國人，多少持有這種偏見。〈明治時代內地文學中的臺灣〉，原刊於《臺大文學》4.1（1939年4月），收入黃英哲主編，《日治時期臺灣文藝評論集雜誌篇》第2冊，吳豪人譯，頁357、360、369。

〔註18〕 日本帝國時期把日本原有的領土稱爲「內地」，日本本國人稱「內地人」，因此日據時期在台日人被稱爲「內地人」。但對台灣漢人和原住民而言，所謂「內地人」其實是「外地」來的入侵者。對居住日本本土的「內地人」而言，在台「內地人」是移住「外地」的人。灣生的處境顯得更容易被視爲是外地人。參考游珮芸，《日治時期台灣的兒童文化》（台北：玉山社，2007年1月），頁19～22。

〔註19〕 本文依據《臺灣公論》1942年12月、1943年1月，原文爲日文，中文爲筆者自譯。

〔註20〕 根據尾崎秀樹分析，移民來台的日本人以九州各縣佔大半，第一代刻意保存使用九州方言，到了第二代就成了殖民地標準語，即語音、語調顯單調曖昧，同時受台灣人所說的奇怪日語影響，並摻進一些不甚高雅的詞彙。參考尾崎秀樹，前引書，頁258～259。

〔註21〕 曾田長宗，〈臺灣に於ける內地人の體質變化〉，《臺灣時報》1942年3月，頁110～111。W〈皇民化と第二世の問題〉，《臺灣時報》1940年11月，頁99。隨著台灣成爲南進基地，在台日人逐漸受到社會關注，1940年以降，在《文藝臺灣》、《臺灣時報》、《臺灣日日新報》等報章刊物中有許多論及在台日人第二代的文章，對於灣生的評價與灣生的文學觀研究，可參考鳳氣至純平，《中山侑研究──分析他的「灣生」身分及其文化活動》，頁27～33。

〔註22〕 本文依據《文藝臺灣》1.2（1940年3月），原文爲日文，中文爲筆者自譯

有興趣，正打算研究台灣經濟史、音樂……隨口就問她會不會看五線譜，在在令同是灣生的女主角感到厭煩。（頁 137～138）女主角批評他：

> 像到處可見的灣生知識分子。只是見識高卻沒有信念的男人，真討厭。（頁 138）

灣生的負面形象與日本本土的本位意識有關。在台日人不論是上層階級或勞動階級，被日本國內學者與政治人物描述爲介於殖民母國日本人與被殖民台灣人之間的二等國民。日本自佔領南方殖民地以來，民間即流傳著「臺灣呆け」的詞彙（「呆け」日文發音 boke，音近閩南語的「木瓜」，故又被喻爲「台灣木瓜」），意味習於溫帶生活的日本人，來到熱帶台灣一段時間後，會變得愚蠢遲鈍，無法從事需高度思維或情感的活動，容易罹患熱帶神經衰弱。〔註23〕因此疲倦時要好好休息，才能適應熱帶風土。〔註24〕美濃信太郎〈過客〉中，描述在台日本官吏生活中不可或缺的釣魚休閒活動，便是熱帶風土馴化的方法之一。（頁 167）

殖民者對於熱帶環境的恐懼多於接受，大河原光廣〈加代の婚禮〉（加代的婚禮）〔註25〕的加代，依媒妁之言將遠嫁在台灣的日本人，親戚朋友中老一輩的說：「台灣是有瘧疾、毒蛇的糟糕地方」、「山裡住著可怕的人們」，年輕的則指著地圖說「台灣是日本南進的基地」（頁 46）。孩童也不例外，川合三良〈轉校〉〔註26〕中提到 1910 年代的日本，聽到台灣馬上聯想到「生蕃」（頁 95），在台灣出生的竹田洋一，從台北遷回父親日本故鄉上小學，被同學取了「生蕃」的綽號，同學偷窺他飯盒的菜色，大叫：「生蕃還跟我們吃一樣的東西！」（頁 94）不知是誰放了臭屁時，同學森山故意對著竹田大叫：「我想是生蕃來了，好臭好臭，啊 —— 生蕃好臭好臭」（頁 97）。兩人大打出手，被級任老師撞見，訓示學生說：

> 生蕃也是堂堂的日本人，竹田雖然是在台灣出生的，和大家一樣都是內地人。才從台北轉學來不到三天的竹田，大家要和他作朋友、關照他才對，說人家壞話、嘲笑人家，森山，你們不對。還有才剛來就吵架，先打人的竹田也不對。（頁 97）

〔註23〕巫毓荃、鄧惠文，〈熱、神經衰弱與在台日人——殖民晚期台灣的精神醫學論述〉，《台灣社會研究季刊》54（2004 年 6 月），頁 69～70。
〔註24〕中脩三，〈臺灣の自然と精神病〉，《臺灣時報》1936 年 10 月，頁 5。
〔註25〕本文依據《文藝臺灣》6.6（1943 年 11 月），原文爲日文，中文爲筆者自譯。
〔註26〕本文依據《文藝臺灣》2.2（1941 年 5 月），原文爲日文，中文爲筆者自譯。

飽受小學二年級同儕嘲笑欺侮的竹田，並不是為這綽號生氣，而是委屈自己受到不公平對待，心中對老師模糊的處理方式非常不滿。（頁 97）這些歧視現象可說是殖民者恐懼熱帶環境所延伸出的意識。

灣生的外貌也被認為傾向殖民地化，冬天時洋一的臉色不像內地鄉下孩子特有的蘋果紅，而是混濁土黃的「臺灣色」（頁 95）。內地的日本人還認為在台日人的熱帶神經衰弱現象，是民族素質受氣候影響而退化的表現〔註 27〕，總督府自 1910 年開始，持續監測在台日人子弟發育概況，證實灣生的體格優於台灣本島人，但又略低於殖民母國日本人，是一種適應熱帶風土的發育類型，符合日本人認為「適應了熱帶風土等同於體質退化」的觀念。〔註 28〕

二、鄉關何處

川村湊解讀日本戰後派作家也是灣生的埴谷雄高作品時，提出灣生處在與母國全然不同的殖民社會，在心理上有優於台灣人、劣於母國日本人的情結，面對被殖民的台灣人時有種族優越感，面對母國內地人時又感到自卑，精神呈現浮動、不安的狀態，常自覺內在的雙重性以及精神上的雙重結構。因此身分認同處於動搖狀態，常有自我分裂、不愉快的感覺。〔註 29〕

筆者認為造成這種分裂與不安的原因，在於灣生不能直接認同自己出生、成長的殖民地台灣為故鄉，庄司總一《陳夫人》中的在台日人第二代西道子、第三代島田登枝，都很羨慕日台混血兒陳清子去過日本，看著清子的美麗和服，心中竟泛起鄉愁，感嘆著內地是「遙不可及的山，住那裡是幸福」（頁 249～250）。身為在台灣出生的日本人是「憂鬱」的（頁 252）、總是有解不開的情緒糾纏著（頁 247）。即使在台灣已有先人的墓地（頁 249），具備成為故鄉的事實，卻仍要否認這事實，無法擺脫自己在遙遠的地方有一個真正故鄉的意識，在不協調與卑屈的情感下有著奇妙的鄉愁：

> 不是一種無法忍耐的強烈憧憬，而是像從倦怠生出的悲哀般。住那
> 裡是幸福——她們認為那就是東京，但事實上既不是東京也不是大
> 阪，是更籠統的，想回歸的恐怕是殖民地化前自己本來的樣子，而

〔註 27〕 巫毓荃、鄧惠文，前引文頁 98。
〔註 28〕 范燕秋，《疫病、醫學與殖民現代性：日治台灣醫學史》（台北：稻鄉出版社，2005 年 3 月），頁 39～53。
〔註 29〕 川村湊，〈「植民地」の憂鬱——埴谷雄高と楊逵〉，《社会文学》13（1999 年6 月），頁 4。

形成的一種無意識的叛逆吧。（頁 250）

因此灣生的故鄉概念仍歸屬於父母所來自的內地故鄉，松尾直太研究濱田隼雄的〈病牀日記〉時，分析了灣生的故鄉情結，當同病房的老闆問起女主角故鄉在哪裡時，女子隨口回答「福島」（位於日本東北地區），老闆好奇她為什麼說話沒有東北的口音，她說是小時候去過，不是住在那裡的。老闆嘲笑她說「那哪能叫故鄉」。女主角也不自覺笑了出來，內心卻感到落寞，她在日記中寫著：

> 我一心以為是的故鄉卻消失了，有的是父親母親的故鄉，但我沒住在那裡過，只不過是透過雙親擁有關係而已。那是我腦海裡的故鄉。
>
> 可怕的是，不只我故鄉的形影越來越稀薄，更可怕的是身為灣生的我和灣生男子結婚，所生的小孩的故鄉。
>
> 我從未像今天這樣強烈意識到自己的灣生身分，和被診斷出肺病惡化時的感覺一樣。
>
> 不過，疾病可以靠關愛身體治癒，沒有故鄉的寂寞，也可以靠愛台北、愛台灣的心情治好吧。（頁 146）

灣生認同父母故鄉卻落空的心理，彷彿是一種疾病。作者濱田隼雄不是灣生，但他的作品中有強烈再教化日本人動機，灣生普遍不把台灣視為故鄉，並努力與日本本土保持著系出同源的關聯，這種自我認同的扭曲，出自於對台灣的不關心與優越感作祟。因此濱田要灣生在接受認同殖民地為故鄉之前，先學會愛台灣。〔註 30〕

灣生的故鄉觀在父母內地的故鄉和自己出生的台灣之間擺盪，生於斯、長於斯，父母內地的故鄉卻是鄉愁棲止的所在。小林井津志〈弟の四郎〉（弟弟四郎）〔註 31〕中的父親在明治時代隻身來台，婚後食指浩繁，便將四子送給在日本的商人。非常嚮往殖民母國的「我」，代替父母到內地探望即將入伍的弟弟四郎。非常羨慕四郎生長環境的「我」，從談話中感受到四郎有自己所沒有的大方，商人之子的經歷，讓四郎比「我」見識廣、善交際，有比自己年長兩、三歲的錯覺。加上日本涼爽的夏日，不像台灣那麼刺眼的陽光，在在令「我」既羨慕成為養子弟弟的幸福，又有想在這安靜的小鎮住下來而無法如願的感傷。連聽到四郎說小鎮的冬天酷寒時，「我」的想像是如

〔註 30〕 參考松尾直太，前引書，頁 81～82。

〔註 31〕 本文依據《文藝臺灣》6.6（1943 年 11 月），原文為日文，中文為筆者自譯。

畫的美麗雪鎮。（頁 93～94）

　　同樣的灣生手足，分別在日本、殖民地成長，雖然家庭背景因素影響極大，但作者仍然強調日本環境優於殖民地，在日本成長的弟弟，比在殖民地成長的哥哥成熟。弟弟四郎的心願是出征前回出生地台灣看看，到了台灣像個客人般的四郎說：「真是個好地方 —— 尤其是自己出生的土地……」（頁96）。這篇 1943 年 11 刊出的作品，以呼應時局作結，兄弟兩人不分內地、外地，都到了滿州去服役、工作。不知在異鄉的兩兄弟，鄉愁將棲止於何處，但這似乎不是作者想深入探討的問題。

　　游珮芸指出第一代的殖民者，在與內地的關聯中定義自己生活的台灣，第二代的灣生開始在所生所長的故鄉（台灣），尋找自己的身分認同。〔註32〕灣生對父母故鄉的渴望，往往在返鄉探親後，因與自我的想像落差太大而產生幻滅。川合三良〈轉校〉中描述灣生竹田洋一在台灣時想像日本是：「比台北要明亮、美麗得多，像夢般的繁華世界。」（頁 99）但第一次看到雪的他，心中卻感傷自己被帶到再也無法回頭的他鄉。小學二年級的洋一要獨自面對周圍內地人的歧視，父親的故鄉變得又冷又暗，內地的「故鄉」成了異鄉。像夢般的繁華想像已幻滅，身在內地的洋一，夢中出現的是台北的街景、田裡的白鷺鷥、趕著水牛的本島人小孩，以及台北的母校、在台北過世了的母親。夢境的最後，父母、好朋友和許多人們都搭上一列火車，車上的人們一直要他上車來，可是火車發動了，他拼了命還是追不上。火車漸行漸遠，洋一捶胸頓足嚎啕大哭起來。（頁 101～102）這篇自傳式的作品〔註33〕，透過孩童的視線，直截呈現灣生在日本的處境，透過潛意識表達出灣生真正的鄉愁所在。

　　在台灣出生的龜田惠美子，1941 年 7 月發表的〈ふるさと寒く〉（故鄉好冷）〔註34〕描述灣生勢子陪父親返回日本探親。第一次踏上父母故鄉的勢子，驚懼於祖母的寒傖，一天三餐食物都一樣，四周充斥著剪不斷的陳舊感，村人們看重親情但心胸狹隘，一切都令勢子心生不如歸去之感。在村子裡散步時忍不住對陌生人大談台灣的悠閒、美麗、舒適，對方提醒她即使是人煙稀少的山村，住久了也是好地方。勢子聽著松濤，捫心自問：「故鄉，到底哪裡

〔註32〕游珮芸，前引書，頁 295。
〔註33〕川合三良於該篇結尾自註「某自敘的部分」，《文藝臺灣》2.2（1941 年 5 月），頁 102。
〔註34〕本文依據《文藝臺灣》2.4（1941 年 7 月），原文為日文，中文為筆者自譯。

是我的故鄉?」在混亂焦慮中,腦海浮現的是父母與南國充沛的陽光。(頁38
~44)對勢子來說,台灣有熟悉的親人,又有較父親老家豐裕的生活,看著
台北家裡寄來的報紙說:

> 還是台灣的報紙有趣又好看,眞好啊!(頁44)

離開台灣才發現自己心屬台灣,心中的父母之鄉有被生長地取代的可能。經
過這番轉折,勢子更能體會捨下出生地與父母親情召喚決定重回台灣的父親
的無奈,而更加崇敬父親了。

　　邱雅芳認爲勢子以女兒的身分肯定父親回台灣的決定,投射出女性作家
認同帝國父權的南進政策,相對於寒冷的故鄉,殖民地台灣是溫暖的、現代
的象徵。〔註35〕筆者認爲小說中出現的灣生,父母的故鄉幾乎是遠離城市的
鄉村,這也反映了會選擇到殖民地的日本人的身分與出身地傾向,殖民地台
灣的新建設比日本本土的鄉下進步是可能的,統治者在殖民地的優越感,也
是在母國所經驗不到的,這些可能是父母出身日本鄉下的灣生情感回流殖民
地的因素之一。

　　離開台灣、返回內地往往引發了灣生自我認同的危機與轉機。暫時離開
台灣得以重新省視台灣與自身,然後揚棄本體空洞的鄉愁,從心靈的、血緣
的故鄉,轉向肉體的故鄉(〈過客〉頁152),台灣可以成爲灣生生活遭遇瓶頸
時回歸的源頭〔註36〕,從軍時在中國戰場上夢中出現的風景事物〔註37〕。那
種游離、不安定的雙鄉情結,直到在殖民地結婚生子,才有沈靜下來的可能。
川合三良〈出生〉〔註38〕中的竹田洋一在台北結婚,志願兵制度公布的翌日
喜獲麟兒;〈褓襁〉〔註39〕中在台北工作的佐倉敏夫兒子出生,爲紀念聖戰取
名爲「大作」。兩篇作品的氣氛皆跳脫了灣生兩處茫然的哀愁,逐漸代之以呼

〔註35〕參考邱雅芳,《聖戰與聖女——以皇民化文學作品中的女性形象爲中心(1937
　　　　~1945)》,頁131。
〔註36〕川合三良,〈或る時期〉(某個時期)(《文藝臺灣》2.4,1941年7月),描寫
　　　　高中畢業後回日本上大學的灣生洋一,因思想問題遭停學,變得神經衰弱而
　　　　到故地台灣旅遊,透過熟悉的景物,尋求精神的洗滌。野田康男,〈心象〉(《臺
　　　　灣文學》3.2,1943年4月)寫十七歲男主角敦,父親因不堪四處調職的地方
　　　　官吏生活,爲了想早早存夠錢回內地,收賄遭逮捕。宣判當日,焦躁的敦不
　　　　自覺回到出生地S庄的海邊,在海濤聲中回想幼時父親思念內地的情形等,
　　　　心情逐漸平靜,獲得面對現實的勇氣。
〔註37〕川合三良,〈婚約〉(《文藝臺灣》3.4,1942年1月),頁79。
〔註38〕《文藝臺灣》2.6(1941年9月)。
〔註39〕《文藝臺灣》4.6(1942年9月)。

應時局的安排。

三、扎根或失根

　　灣生即使在台灣成家立業，如不能擺脫優越感與過客心態，身分認同的基礎仍是脆弱的，時常會陷入掙扎，美濃信太郎〈過客〉寫的正是灣生的「過客」心態。對台灣缺乏認同的灣生佐佐木，在熱心自信且熱愛台灣的鄉村小學教師原田，與飄泊在東京台北間生活無根的灣生大沼俊子的對照之下，漸漸找出在台灣生活的目標與扎根的可能。

　　原田生長在日本鄉村，歷經經濟恐慌、家庭破產，中學畢業後隻身來台，從師範實習科到台南鄉下的國民學校教師，十年來在殖民地扎根的生活力量，來自於作為台灣骨幹的自信與皇民指導階層的理想：

> 我喜歡台灣喜歡得不得了，我已經決定即使化成台灣的泥土地也在所不惜。一生為這島上的人的教化，不，為了文化竭盡全力。（頁149）

　　相對於原田對鄉村學校教育工作的投入，佐佐木對這片年少成長的土地卻表現得像個「異鄉人」（頁 78）。在台南住到少年時期，舉家遷往台北的同時，佐佐木也離開台灣到東京求學。大學畢業後便在台北的教育官廳工作，過著被原田譏為溫室般毫無生氣的生活。始終欠缺熱情與目標的佐佐木，即使回到自己生長的台南，心中不但沒有特別的情感，甚至感覺台南的進步只是表面的，裡子仍陳舊不堪，他認為自己「是在那塊土地上成長，體質卻與土地不合的異端分子」（頁 86）。然而透過原田以對台南含有鄉土愛的角度來導覽時，每每令佐佐木感到興會淋漓。意味著灣生對台灣故鄉的漠不關心，仍需內地熱情積極的指導階層來啟發引導。

　　灣生大沼俊子是佐佐木妹妹春枝的同學，從台北女學校畢業後，舉家遷回東京，父母相繼過世，兄姐散居大東亞各地，令俊子顯得寂寞無依。她十分投入東京生活，經過大都會生活的磨練後，漸漸淡化了在殖民地出生的色彩。再度回到台灣來的俊子，準備在基隆姐姐家休養身心。他人在台灣，言談中仍表現出對東京生活的無法割捨，但後來又不顧家人反對留在台北工作。俊子游移不定的思想與行動，被原田視為生活無根的人。

　　大沼俊子不帶一絲灣生痕跡的正確語言使用，以及游離環境的感受性，喚起了令佐佐木懷念的東京氣息，兩個同病相憐的灣生，說著彼此認同的鄉

愁，自嘲對東京的依戀是「流浪兒」、「享樂兒」的表徵。（頁 152）三人中唯一扎根台灣的原田，針對兩人的鄉愁問題提出了看法：

> 總之，不論是內地好，或是台灣好，在於那片土地上有沒有很多家
> 人或親戚，那也會左右結果的，尤其我們日本人。（頁 153）

原田以家族血緣紐帶決定論，簡化灣生身分認同的問題，不但把問題丟回血緣的層面，而且保持著殖民者的優越感。

在原田的鼓勵下，佐佐木辭去了辦公廳的工作，打算到中學教書。原田不是灣生，卻能擁抱理想愛著台灣的感情，是在台灣出生卻苦於無法愛台灣的佐佐木所羨慕的。原田對皇民教育投注的熱情與實踐力，都是佐佐木想學習的，而原田本身也熱心指導這位灣生。自始至終仍是個旁觀者的佐佐木，如果沒有來自內地的原田指引，也不會想在殖民扎根生活，顯示了灣生的發展仍需殖民母國日本人的指導，繼而成為本島人皇民化的指導者，當是殖民當局對灣生期待的角色。

灣生介於殖民母國日本人與殖民地台灣人之間，在自卑感與優越感交錯的雙重精神下，既沒有第一代移民的祖墳信仰，也沒有農業移民的土地認同，而且灣生知識分子的身分認同，語言論述往往多於實際行動，結果只是在殖民指導階層中尋求立足點。灣生作家新垣宏一 1941 年為文主張第二代文學不應再沈溺於望鄉的題材，要寫出能對台灣產生感情的、有台灣泥土花草芬芳的文學。〔註40〕新垣宏一以在台灣出生、成長、受教育的經歷，在小說中表現了對台灣皇民化的關心，也將平日研究台南文化的成果融入作品中〔註41〕。本身為教育工作者的新垣宏一，慣於以教師作為小說主角，並在文中不厭其詳的表達對皇民鍊成、國語教育與舊慣習俗的見解，顯示出身為皇民教育者的使命感，始終跳脫不出指導階層的視角。我們如果從灣生的角度審視新垣宏一的小說，他在身分認同上進退失據的情形並不明顯，在他娓娓而談的敘事風格中，他不忘為預設的日本人讀者介紹台灣的地域文化，在或敘或論的縫隙中稍顯對殖民者或被殖民者的批評，但總是在深入探究前便鳴金收兵。

新垣曾自豪灣生「本島人化」的部分，是與本島人共生共感的表現，也

〔註40〕 〈第二世の文學〉，《臺灣日日新報》（1941 年 6 月 17、19 日）。
〔註41〕 例如〈城門〉（《文藝臺灣》3.4，1942 年 1 月）、〈盛り場にて〉（在市集）（《文藝臺灣》4.1，1942 年 4 月）、〈砂塵〉（《文藝臺灣》7.2，1944 年 1 月）所呈現的台南風景，〈訂盟〉（《文藝臺灣》5.3，1942 年 12 月）中論及的傳統婚俗。

是內地來的移居者所沒有的，認為自己已是道地的台灣之子。〔註42〕但在實際寫作中，也未見其展現對台灣人內心的理解與刻劃，與台灣人之間也缺少實際的互動。日據時期的「灣生」雖然沒有血統問題的困擾，但在面對來自本土日本人時心生嫉羨，面對台灣人時又有揮之不去的優越感，處於中間的不均衡心態，使得自我形塑時仍難逃矛盾躊躇。

第四節　小　結

以上所論小說中人物的身分認同過程，顯示了在台日人小說作者企圖為書中人尋找一條成為「真正日本人」的道路。不論是傳統資產家、留學殖民母國的台籍知識分子、混血兒或灣生，在殖民宗主國強權的攻擊下，自主權被剝奪，只得承認自身文化低劣，而主動或不自覺的拋棄或褪去與生俱來的殖民地色彩，甚至放下民族自尊，以求取一枚皇民認可的戳印。

小說中人物面臨的認同問題，大致分成三個發展方向，其一是傾向精神系譜的皇民認同，如鄭朝父子、陳清文；其二是決定於血統純正與否的皇民認同，如山川玄太郎父子、安子母女、龍氏母子；還有堅持認同傳統的少數，如鄭妻江玉，以及作為小說場景存在的台灣人民形象。然而在戰時體制下，不論是精神系譜法，或是血統融合法，在台日人作家皆未能跳脫殖民政策下的支配者視野，因此〈鄭一家〉經過祖孫三代的皇民化努力後，仍只能將希望寄託在召喚日本人翼贊皇道天業的信念——「寬大的八紘一宇精神」。〈陳夫人〉陳清文歷經波折屈辱的皇民化認同，也只提出「愛」與「奉獻」來自圓其說，都是抽象而難以落實的口號。被殖民者的認同困境未能得到具體而令人信服的解決，而殖民者忽略民族文化差異的語言暴力，也使得被殖民者終究無法突破認同的瓶頸。

台日混血兒的身分認同，在皇民化的大纛高牙下，傳統傾向父系社會的認同必然受到挑戰。小說中擁有台籍父親的少男少女，暴露在殖民者歧視的視線下，違逆內在情感歸依，貶斥自身所屬的文化習俗。殖民者日本化等同於近代化的迷思，抹滅了混血兒的自主權，使得書中的混血兒經常處在優越感與自卑感交錯的矛盾失衡狀態，反映在日常生活的則是反抗台籍血親與衝撞傳統禮法。然而擁有日籍父親的台日混血兒也未能順利的被視為「真正的

〔註42〕〈第二世の文學〉（17 日）。

日本人」，因為血統的不純粹便是偏離日本以血為名的國家認同理念，「優性」血液既有抹滅被支配民族的優勢，也存在著優性價值下跌的危險。在殖民者種族優越的觀念下，混血兒的身分認同困境顯示了混血同化政策的虛妄性。

以小說中灣生的處境，回頭檢視精神系譜與血統純正的認同策略時，更能看出不僅被殖民者受壓迫而走在進退失據的道路上，出生成長在殖民地的日本人，在本土的地位也被推向邊緣，於是灣生如何看待被殖民者，本土的日本人便如何看待灣生。因此當灣生如何也不可能找回殖民地化以前的自己時，如同博埃默對歐洲殖民社會作家提出的研究結果，白人移民作家者和克里奧爾作家只得嘗試從自己特定的地域和文化視角出發，企圖對自己的主體性加以合法化，他們的文學藝術對宗主國文化只不過是一種邊緣性的補充和裝飾。〔註43〕

隨著日本戰敗，「皇民」、「灣生」這些名詞雖然走進了歷史，但身分認同的問題仍存在改稱為「中國人」、「殖民地遣返者」的心中，當是研究戰後文學的重要課題。

〔註43〕參考博埃默著，盛寧譯，《殖民與後殖民文學》，頁 123、頁 157。

第七章　國策宣傳與聖戰書寫

第一節　戰時體制與戰爭文學的發展

　　1937 年日本發動全面侵華戰爭，隨之進入戰時體制，同年 9 月實施國民精神總動員，1938 年通過〈國家總動員法〉，一切國民生活均受政府嚴格統制。文化統制也藉由檢閱制度逐步強化，嚴禁發表批判或反省戰爭的作品，文學者的表現自由遭限制，當局要求作家書寫協力戰爭、追隨國策的作品。火野葦平於 1938 發表報導徐州會戰的《麥と兵隊》（麥與士兵），描寫為聖戰捨生忘死的日軍艱苦哀歡的姿態，引起讀者很大的回響，火野被視為國民英雄，戰爭文學的質與方向因此確立。許多作家陸續被派到中國大陸戰場，報導皇軍奮勇戰鬥與建設佔領地的情形，即所謂的「筆部隊」。無批判、無反省的戰爭文學逐漸成為日本文壇主流，與戰爭相關的素材當道，形成農民文學、大陸文學、生產文學、海洋文學等各種頭銜的國策文學。〔註1〕

〔註1〕本段參考市古貞次編，〈戦争と文学〉，《日本文学全史》6（東京：學燈社，1994 年 7 月二版），頁 258～267；紅野敏郎、三好行雄等編，〈戦争下の文学〉，《昭和の文学》（東京：有斐閣，1992 年 9 月初版十三刷），頁 157～159。1937 年中日戰爭爆發後，日本當局干預打壓文化界反戰思想的情形，可以島木健作《再建》、石川達三《生きてゐる兵隊》（活著的士兵）遭禁為代表。《再建》以農村為舞台，反省 1932、33 年的農民運動，從現實性實踐性的立場批判日本的革命運動。由中央公論社派遣至華中的石川達三，就南京淪陷後的華中見聞寫成《生きてゐる兵隊》，將戰爭的實況傳達給讀者，要求因勝利而驕傲的後方人員要深刻反省。兩書遭禁的下場，令作家們明白戰爭下的文學走向，與戰爭描述的界限。

　　1940 年日本將戰局從中國擴大到東南亞，進入所謂的「大東亞戰爭」時期，是年 10 月日本國內成立「大政翼贊會」，海外各殖民地紛紛成立相關組織，台灣總督府於同年確立大政翼贊會組織項目。同時日本政府爲建立思想文化戰線，設立一網羅全文壇的統合組識「日本文藝中央會」，國家統制文化的力量日益增強。〔註2〕

　　12 月日本文藝家協會派遣作家菊池寬、久米正雄、火野葦平、吉川英治、中野實等人到台灣來，在總督府的後援下，於台北市公會堂舉行「文藝銃後運動講演會」（文藝後方運動演講會），並赴高雄、台南、新竹等城市進行演講，給台灣的作家和有關單位很大的影響，似乎促成了台灣1941 年 2 月成立新「臺灣文藝家協會」，由台北帝大教授矢野峰人擔任會長，顧問、參事以總督府高官、台北帝大學院長與教授爲中心，工藤好美、中村哲、島田謹二等皆在名單中，情報部事務官也名列其中，情報部開始介入文學界。此外各部理事也多由在台日人作家擔任，小說家有西川滿、濱田隼雄、新垣宏一、新田淳、川合三良等，台籍作家有周金波、龍瑛宗、黃得時、楊雲萍、張文環（是年 7 月改組後增列），爲一網羅全台灣文學者的組織。〔註3〕

　　1941 年 12 月太平洋戰爭爆發後，日本國內發佈了言論、出版、集會與結社等臨時取締法，並召開「文學者愛國大會」、「評論家愛國大會」等，要求文化界人士普及宣傳、協力戰事，加強統治文化界與輿論界。〔註4〕台灣總督府爲配合戰爭形勢的開展，積極施行皇民化運動，文學活動正式被整編到政治宣傳的領域，作家思想受到嚴密的監視，遭軍部動員從事宣傳戰爭與官方政策的工作，成爲協力國策的一環，文學表現的幅度受到更大的限制，新文學的發展面臨極艱難的局面。

　　1942 年日本成立「文學報國會」，目的在「結集日本文學者的全力，確立彰顯皇國傳統與理想的日本文學，以翼贊宣揚皇道文化」。〔註5〕同年 11 月於

〔註2〕　參考櫻本富雄，《日本文学報国会──大東亜戦爭下の文学者たち》（東京：青木書店，1995 年 12 月一版二刷），頁 5～20。

〔註3〕　所謂新「臺灣文藝家協會」是對照西川滿等人於1940 年 1 月成立的臺灣文藝家協會。由於新協會的成立，舊協會的機關雜誌《文藝臺灣》改由「文藝臺灣社」發行，西川滿的個人色彩更爲明顯。1942 年 7 月，在日本文學報國會成立後不久，新「臺灣文藝家協會」進行改組，本以《文藝臺灣》陣營構成的協會，改組後《臺灣文學》同仁以及各地方主要作家皆成爲會員，成爲網羅全文壇的組織，開始加強對文學的統制。參考井手勇，前引書，頁 88～95、頁 230～231。

〔註4〕　參考市古貞次，前引書，頁 263～264。

〔註5〕　〈日本文學報國會定款〉，轉引自櫻本富雄，前引書，頁 81。

東京舉行第一次「大東亞文學者大會」，統合了日本帝國統治下的亞洲各殖民地的知識分子，加強對大東亞聖戰的認同。台灣派遣西川滿、濱田隼雄、龍瑛宗、張文環出席。這次會議對在台日人的影響明顯，濱田隼雄〈大東亞文學者大會の成果〉中提到：

> 在此，完美定下嶄新的大東亞文學的目標，並且，文學者更應以刺
> 激大東亞精神與生產，驅使人們迎向明日奮戰的文學，植下日本必
> 勝信念鼓舞打仗的文學，亦即具體呈現在戰鬥文學和娛樂文學中，
> 爲作爲獻身完成戰爭的文化戰尖兵而感到自豪與自覺。〔註6〕

至此，台灣的文學不論名之爲地方文學或外地文學，只有「鼓舞打仗的文學」、「戰鬥文學」才是當局所樂觀其成的，而在台日人以寫作歌頌鼓舞戰爭的作品，逐步邁向和日本內地文學同步的目標。

　　1943年2月「日本文學報國會」派遣作家戶川貞雄、丹羽文雄、庄司總一來台，與皇民奉公會台北支會舉行「文學報國演講會」。同年4月總督府成立「臺灣文學奉公會」，致力推動皇民文學，新「臺灣文藝家協會」同時宣布解散，台、日作家皆歸「臺灣文學奉公會」所屬，完成了決戰下「文學報國」的動員體制。6月「日本文學報國會臺灣支部」成立，推派長崎浩、齊藤勇、楊雲萍、周金波參加8月在東京舉行的第二次「大東亞文學者大會」。11月由「臺灣文學奉公會」主辦，總督府情報課、皇民奉公會中央本部和日本文學報國會等單位協辦，在台北市公會堂舉行「臺灣決戰文學會議」，集結了全台六十多位文人，以「確立本島文學決戰態勢」與「文學者的協力戰爭」爲主要議題。會中由於西川滿公開獻出《文藝臺灣》，作爲將文藝雜誌納入「戰鬥配置」的示範，翌年文藝雜誌被合併，取而代之的是1944年5月創刊的皇民奉公會的機關誌《臺灣文藝》。〔註7〕

　　1944年6月在總督府情報課的要求下，共有台、日作家13名，被派至各生產工廠或工作場所進行報導文學〔註8〕，爲了達成總督府思想戰的政策目

〔註6〕　《臺灣文學》3.1（1943年1月），頁64～65。
〔註7〕　柳書琴，《戰爭與文壇──日據末期台灣的文學活動》，頁144～148。
〔註8〕　派遣作家的作品先行發表於報刊雜誌，後結集成《決戰臺灣小說集》乾、坤二卷，由臺灣出版文化株式會社於1944年12月、1945年1月出版。垂水千惠指出這類的作家派遣並非台灣總督府情報課所獨創，是以日本國內的文筆部隊與作家徵用爲範本，但因爲日台在派遣地區和場所上有所不同，認爲完成的作品與其說等同於往中國大陸從軍或被徵召至南方而產生的戰爭文學、徵用文學，不如說是國策文學中盛極一時的生產文學、農民文學的類似品更

標，作家形式化的描寫戰爭壓迫下殖民地人民奉公協力的情形，企圖挽救日漸頹勢的戰局，而文學的主體性也遭剝奪喪失。

在台日人作家在文壇總動員下書寫國策文學，發表在總督府統合的宣傳媒體，制式化的寫作模式，表現了作家對大東亞戰爭的肯定與支持。這一類殖民地的「戰爭文學」〔註9〕，顯示決戰體制下文學的標準成了題材至上，一面倒向國策文學。

本章討論進入決戰時期的在台日人小說涉及協助戰爭、歌頌聖戰的作品，由內容而論，可歸納出軍事動員、後方生活兩大主題，包括志願兵、接受徵召的在台日人、戰爭與女性及增產報國等面向；以形式而言，則有篇幅短小的「辻小說」，其創作模式自成一特色，將單獨立一節討論。

第二節　軍事動員意義的表述

一、成為日本人的志願兵

日本自 1937 年對華發動戰爭以來，台灣殖民當局即已開始徵用軍夫參與對華戰爭。隨著戰情的升高與擴大，開始對殖民地進行軍事動員，1938 年於朝鮮實施以陸軍為主的志願兵制度，1942 年於台灣實施與朝鮮同性質的「陸軍特別志願兵制度」。〔註10〕所謂的「志願兵」，是透過媒體與教化系統製造志願熱，形成徵兵輿論，再順理成章的過渡到徵兵制度。〔註11〕小說以志願兵為描寫對象，宣傳意義大於小說人物刻劃。

為適切。參考垂水千惠，〈呂赫若文學中《風頭水尾》的位置〉，頁 24～26。筆者認為這些作品皆是受徵召產生，目的在於追隨國策並協力戰爭，因此列入本章節討論。

〔註9〕柳書琴認為在台日人在國族認同上不須經過特別的「鍊成」，對於皇民化運動加以附和、倡導、協力或指導，因而受皇民化運動影響，描寫有關戰爭與皇民化的題材，宜視之為日本的「戰爭文學」，與台人作家的「皇民文學」有所不同。柳書琴，〈誰的文學？誰的歷史？──日據末期台灣文壇主體與歷史詮釋之爭〉，頁 70～71。

〔註10〕參考周婉窈，〈日本在臺軍事動員與臺灣人的海外參戰經驗〉，收入《海行兮的年代》，頁 131。

〔註11〕柳書琴，《荊棘之道：臺灣旅日青年的文學活動與文化抗爭》，頁 396。台灣陸軍特別志願兵制度施行的過程，以及媒體「志願兵熱」的情形，參見石川香代子，《周金波〈志願兵〉析論》，清華大學中國文學系碩士論文（2004 年），頁 25～33。

在台日人小說中涉及志願兵制度描寫的作品，始於川合三良〈出生〉（1941 年 9 月），與周金波〈志願兵〉同樣發表於《文藝臺灣》第二卷第六期。距離總督府 6 月發表明年（1942）將實施台灣陸軍特別志願兵制度才三個月，協助推進志願兵制度的態度十分明顯。本就抱持著優越感的在台日本人，對於台灣人申請服役，為天皇而戰、不畏犧牲的「皇民」表現，加上本身的從軍經驗，不論從軍中階級的或民族的、社會的位階而言，都令敘述者以指導者的立場，教化本島青年憧憬志願兵、嚮往參與戰爭，以塑造統治者理想的台灣人形象。

　　〈出生〉〔註 12〕的主角竹田洋一甫退伍歸來，和戰地比起來，台北街道上人們和緩的步調，令他感到不協調。罹患瘧疾的他，發作時寤寐間夢見的是火力四射的機關槍。回到職場也不甚習慣，惡劣的土地仲介頻頻要他賣掉父親的土地，令他不勝其擾。出席鎮上的退伍軍人歡迎會時，又對自己從軍經驗的發言感到心虛，深刻的描寫戰場回歸軍人的鬱結情緒。

　　結婚兩年，在沒有小孩的情形下出征，退伍回來不久，妻子就懷了孕，洋一夫婦認為是戰爭帶來的好運，也許作者本要藉著新生命的「出生」（標題），展現戰時生活的意義。但似乎為了配合台灣特別志願兵制度的公布，作者安排新雇的雜工十七歲的曾清福，藉著少年應徵的機會，少年的哥哥曾阿德登場，阿德曾在軍隊中擔任最低階的軍夫，與主角竹田洋一在戰場上一同出生入死，還同時患了瘧疾，但和清福面談時，洋一卻想不出在什麼地方見過阿德。阿德即使一眼就認出洋一，卻不敢主動詢問。第二天經過清福提問，洋一才想起戰場上的阿德：詼諧又勤於工作、赤著腳搬運砲彈的形象。第二次見面時洋一稱讚阿德：「你很勇敢」，阿德回應：「竹田先生比較強」，洋一欣然接納。（頁 70～71）曾清福應徵時，國語（日文）發音正確，字體端正，眼神顯示出樸實正直，任用後果真是工作認真，下了班仍在夜校進修。兄長的從軍經驗吸引著年少的清福，他想從洋一那裡知道日本軍隊強盛的具體原因。作者從對強盛日軍的憧憬切入台灣人從軍的問題，保持著皇國國民的高姿態。

　　志願兵制度公布翌日，洋一的妻子產下一名結實的男嬰，一掃連日來梅雨的晦暗潮濕感。從醫院回來又匆匆趕赴新公園參加慶祝實施志願兵制度典禮的洋一，面對清福以難得亢奮的聲音提問：「我也可以當兵嗎？十七歲也可

〔註 12〕本文依據《文藝臺灣》2.6（1941 年 9 月），原文為日文，中文為筆者自譯。

以申請嗎？」似乎迫於出席典禮的時間，或因沈浸於得子的喜悅（強盛日本軍的後代／未來的日本兵），態度顯得有些平淡：

> 我記得是十八歲到二十歲的青年。如果是這樣，那你明年一定可以大大方方提出申請。現在我沒時間，回來再慢慢幫你打聽清楚。（頁71）

結尾是清福目不轉睛的看著洋一裹著綁腿。描寫殖民地人民的從軍熱情，停留在對高高在上統治者小腿位置的憧憬嚮往。

新田淳在志願兵制度發表前的 1941 年 5 月刊載於《臺灣時報》的〈池畔の家〉（池畔的家）〔註 13〕，是一篇以統治層理想形塑殖民地人民的小說。代代務農的邱家，因隣近都市發展，地價上漲爲家族帶來財富。年近七十的地主阿鐘，在日本初佔領台灣時志願當皇軍嚮導，因此領有名譽感謝狀。孫子邱乞食收到徵召令，家族其他人對受徵召的意義還不甚明白時，兒子火榮向庄長說：「庄長，我好高興，我家出了軍夫。這是我家的榮譽。」老人阿鐘也很高興。

小說以軍夫出征的情景作結，送行的隊伍中有學生、青年團、部落民眾，人人手持日章旗，高唱出征軍人歌歡送。在寫著出征者姓名的旗幟上，看到邱乞食已於前一日改姓小林，庄長高呼「小林君萬歲」，然後在一陣陣萬歲呼喊聲與愛國歌曲聲中，完成送行儀式。小說至此戛然而止，文末註明「未完」，之後也未見續作，但作者讓地主階級子弟榮譽受徵召從軍，爲小說中三代追求皇民鍊成的家族，安排了完美的結尾——成爲帝國軍夫，其教化意義已十分明白。

「榮譽的軍夫」是日本統治當局鼓勵台灣人踴躍從軍的「時局歌」歌名，利用鄧雨賢的〈雨夜花〉曲調，由日本人粟原白野改塡上日文歌詞，成了響應「聖戰」的進行曲〈榮譽的軍夫〉。〔註 14〕1944 年 1 月新垣宏一發表〈砂塵〉，描寫高等女學校學生陳寶玉的家庭情況。陳父阿木製作日漸落沒的傳統台灣傘，行情不佳但也無力改行，夫妻每天苦悶的工作著。哥哥陳天賜，公學校

〔註 13〕 本文依據《臺灣時報》1941 年 5 月，原文爲日文，中文爲筆者自譯。

〔註 14〕 竹內清，《事變と臺灣人》（東京：現代書房，1939 年 12 月），頁 77～78。尾崎秀樹回憶當時總督府此舉反而使用雨打花落來比喻女性美與歲月無情的《雨夜花》原詞流行了起來，「盜用人們所喜愛的舊歌曲的旋律，然後烙上軍國主義日本的烙印，在日本殖民統治的整個過程中，這可能只不過是極普通的小事」。尾崎秀樹著，陸平舟、間ふさ子共譯，前引書，頁 223～224。

畢業後成為軍夫。兒子的出征令陳父憂喜參半，擔心家業從此中斷，但他聽說許多安平出身的軍夫在上海表現很好，訝異於平日懶洋洋的兒子也能上戰場。寶玉把從學校聽來關於戰地的軍夫何等榮耀的事告訴阿木，終於發揮了「教化」作用，有子赴戰地的阿木高高興興工作，有時怪腔怪調地哼著〈榮譽的軍夫〉，經常看著天賜的相片，並向隣居林先生炫耀。寶玉、金鳳的學費也因此得以免除。（頁 149～151）只是軍夫的「榮譽」無法挽救家庭手工業不順、夫妻感情不睦，而以女兒抵押借貸家庭瀕臨破碎的困境，女學校教師「我」仍不斷以出征家庭的榮譽鼓舞寶玉一家。

　　志願兵是統治者理想中的台灣青年形象，能當上志願兵的，不論是農民工人甚至知識階層，似乎就能一躍升成皇民，即使那是一條通往戰場邁向死亡的道路，被殖民者的地位彷彿得以藉此提升。但提出志願申請而失敗的人數仍不少〔註 15〕，當不成志願兵的本島青年何去何從，對於台灣人而言可能是因禍得福的事，卻是統治者想要處理的問題。土井はる〈落磐〉〔註 16〕在指導者的環視下，透過兩位本島青年的對話來處理志願兵申請失敗的問題。小說一開始，文本中視線無處不在的指導者山縣詳三，便以礦業所所長兼部落指導員，展現推行皇民運動的成果：部落人民大都懂得國語字彙，老老少少在路上遇見山縣會行從業員的舉手禮。每個年輕人都能適性發展，有當上陸軍特別志願兵的，還有俘虜管理員等。員工中最可靠的是廣田忠樹和林德潤兩人，二人同畢業於中學，本跟著苦力領班的父親見習，山縣擢拔兩人擔任翻譯。林長於公關，廣田熱衷於採礦，二人個性不同，立場經常相對立。

　　改了姓名的廣田忠樹申請志願兵落選後，便開始以腸胃不適為藉口逃避口譯工作。另一方面無可奈何的幫忙廣田而工作量增加的林德潤，一天比一天來得焦躁。有天山縣從大溪出差回來的路上，在員工中心附近的崖邊聽到他們二人大吼大叫：

　　　　（廣田）「你踏出的第一步從就不對了。你有真誠貫通生命的部分
　　　　嗎？你……在成為偉大的日本人同時，難道沒有一種真誠嗎？我本

〔註 15〕　1942 年 3 月有 425,921 人提出第一次陸軍志願者訓練申請，6 月公布合格者為
　　　　　1,019 人。1943 年 2 月有 601,147 人提出第二次陸軍志願兵募集申請，5 月公
　　　　　布合格者為 1,030 人。土井はる〈落磐〉發表時間志願兵志度實施了一年多，
　　　　　當時開始有受訓完的志願兵派往海外作戰。參考周婉窈，〈日本在臺軍事動員
　　　　　與臺灣人的海外參戰經驗〉，前引書，頁 138～139、頁 162。
〔註 16〕　本文依據《文藝臺灣》6.6（1943 年 11 月），原文為日文，中文為筆者自譯。

身^{原文}......有貫通生命的、我的生命的、堂堂無止境的感激。我絕不是
隨便提出申請的。我就算只有貫通大日本帝國堅強生命的一滴血
^{原文}......的幾分之一也好。怎麼樣也想要，就是那樣而已。」廣田突然
抽搐著哭泣起來，有種無法道盡的感動而激動的抽咽。林聽到嗚咽
聲怒不可遏的伸出拳頭說：

「表面作作樣子啦！」

「不是作樣子，比起你來，不算作作樣子。」

「什麼嘛？拖車馬」

「你才是拖車馬。一有什麼就胡亂追上去，你不是一有錯不討回面
子絕不放手的嗎？你只是個顧忌提出志願申請會不合格的無聊男
子。我體格貧弱不合格的苦，直接察覺到的是你。而現在無法超越
我的人就是你。你的野心太大。你即使想得出日本精神是什麼，卻
是個無法以日本精神為信念，捉住日本精神之類的男子。你的要害
我一戳就破了。你就是沒有作為人芯的內在信念的人。」

......

（林）「別說大話。你也是空心的。你挑我毛病是想怎樣？為了治癒
你的心傷我忍著幹。但，一味申請志願，並不是成為日本人的方法。
問題在你的精神，因體格遭淘汰是你自找的。但為何要因此改變步
伐，不盡全力好好活著。那是^{原文}......對於有人一直批評說不合格的人
就不要讓他當口譯而吃驚……你的體內全是空的，不是嗎，是糞。
失去翻譯所長訓話力量的傢伙還有內在的話，令人無法置信。」（頁
99～100）

廣田模糊了申請志願兵失敗的問題焦點——體格不合志願兵條件，林德潤點
醒他本身條件申請失敗的必然性。但連姓名都改了，恨不得體內能有幾分之
一滴日本人血液的廣田忠樹，深信志願兵是他實現和純血日本人同等的唯一
途徑，以為自己以日本精神為內在信念，誠懇坦白的提出志願申請，就能成
為真正的日本人。而落選的打擊讓廣田連基本的工作的能力都喪失了，林德
潤清楚知道廣田的盲點，但自己也想在職場上與日本人一較長短。小說末了
廣田致力於研究採礦技術，林德潤選擇加入台北某青年道場以鍛鍊自己成為

皇民。這些過程都清楚映照在指導階層山縣所長的眼裡，作者藉著兩個本島青年相互刺激、共歷災難，成長成統治者的理想人物。

　　1943 年 9 月 23 日臺灣軍司令部高雄警備府和臺灣總督府共同發表聲明，宣布台灣從 1945 年開始實施徵兵制度，將戰爭期的台灣軍事動員帶到最高潮，從公布到實施這一年多的徵兵準備期，全島籠罩在一片「徵兵熱」的氛圍裡。〔註17〕小林井津志 1944 年 11 月發表〈蓖麻は伸びる〉（蓖麻成長），描寫國民學校教師「我」，如何鼓舞學生為聖戰貢獻一己之力。在南台灣道路旁的碎石堆中，老師帶領各年級學生以圓鍬或雙手（四年級小女生拿不動圓鍬），挖出一個個深洞，埋入堆肥，播下蓖麻種子，再從來回一個小時腳程的廟汲水來灌溉，烈日下的苦活，就靠「我」的信念：

　　　　總之幹了就是，化不可能為可能就是日本人。（頁 65）
對於這群在烈日下勞動的小學生，「我」不斷的以戰爭的話題來激勵他們：

　　　　「為了國家再加把勁——你們工作到把自己曬成這麼黑，就是成為
　　　　日本力量的直接表現。」

　　　　孩子滿是汗水灰塵的臉，洋溢著生氣。孩子就是孩子，一提到戰爭
　　　　明顯感受到他們的變化。說不定在他們自己體內，每天可聽見大砲
　　　　的聲音、飛機的嗡嗡聲呢。

　　　　「遙遠的太平洋天空、閃耀的南十字星……」

　　　　和孩子們一起唱著軍歌，我感到愉快。（頁 66）

　　　　「種出很多蓖麻子的話，讓飛機衝向天空，從一頭把美英飛機擊落
　　　　吧。」（頁 67）。

蓖麻子油是當時戰鬥機所需的潤滑油，殖民政府鼓勵人民在所有的空地種植以提供軍需。力量微弱的小學生，與砂礫奮鬥種植蓖麻的形象，是「戰爭協力」（頁 67）、「超越理論的猛烈鬥志」表現（頁 79），毫無矛盾成為堂堂的日本人（頁 72），長大後「順理成章」成為日本皇軍：

　　　　這些孩子長成堂堂青年時，徵兵制也公布了吧。肩負著臺灣，以皇
　　　　軍之姿英勇自立的日子也不遠了。孩子們完全徹底成為日本人。（頁
　　　　67）

　　　「我」推論「戰爭」是使台灣皇民運動躍飛二、三十年的功臣，在大東

〔註17〕參考周婉窈，〈日本在臺軍事動員與臺灣人的海外參戰經驗〉，頁 141。

亞戰爭下不要問是「本島人」或是「內地人」，因為只有一種「日本人」（頁
76）。在聖戰下成為皇軍便是日本人，「我」認為那是不需要思考的，所以只
有國民學校畢業的青年，反而能實踐得比受高等教育者徹底，那是一種「幸
福」（頁 74）。從志願兵制度到全面徵兵制，統治階級依此驗收台灣人皇民化
的程度，更鼓吹台灣人藉此「捷徑」成為日本人，要青年不需思考加入聖戰，
成為日本帝國皇軍。小說中認真思考的知識階層反而被「我」視為可恥（頁
74），在在讓人感受到殖民當局戰況吃緊下急需兵源的壓力，略去了台灣人成
為日本兵時內心可能的掙扎與矛盾。

〈蓖麻は伸びる〉中歌頌志願兵制度是令台灣青年雀躍的制度，使得許
多青年能成為皇軍而為國奉獻。並認為台灣青年不會滿足於志願制的，只有
實施徵兵制，才能顯示島民努力五十年的偉大成果。「我」一想到台灣快要
公布徵兵制，感覺就像自己的事一般高興。（頁 73～74）結尾寫到徵兵制公
布了，「我」想像台灣青年不知會有多感動（頁 81）。對在台日人而言，自己
所在的殖民地能和日本本土實施同樣的徵兵制，會有「像自己的事一般高興」
的感覺，恐怕是作為外地日本人，因徵兵制感受本身地位等同於內地日本人
而暗自喜悅吧。

志願兵的父母也是小說作者教化的對象，小林井津志〈竹筏渡し〉（擺渡
竹筏）〔註 18〕中出現一位在下淡水溪谷（高屏溪）擺渡竹筏五十年的李姓男
子，年少時曾獲選載送日本佔領軍渡河，青年時也載過視察南部的總督，兒
子李金生歷經休學復學，十九歲自國民學校畢業終於申請上志願兵，這些都
是李人生的重要樂事。當李金生為繼續升學與否煩惱時，身為級任老師的「我」
訓誡他：

> 那般年紀就不要進什麼學校了，更直接為國家貢獻……一次不行，
> 就多申請幾次……現今日本需要怎麼樣的人，你應該很清楚。（頁
> 401～402）

十四歲時即震懾於日本佔領軍討伐「土匪」氣勢的李父，不僅已為金生申請
了日本姓名小西博光，對於志向搖擺不定的兒子說：

> 念書，不用了，當兵──我也想當呢。（頁 406）

指導階層的老師和媚日的父親，決定了李金生的志願──知識無用唯有志願

〔註 18〕 收錄於濱田隼雄編，《萩》（臺灣出版文化株式會社，1944 年 11 月），本文依
據《台湾短篇小說集》，中島利郎編，《日本統治期台湾文学集成》4（東京：
綠蔭書房，2002 年 8 月）。原文為日文，中文為筆者自譯。

兵，作者當然不給金生絲毫考慮的安排，因為在父親的支持下，志願兵之路
還包含了實現父親夢想的孝思。當如願進入志願兵訓練所的「小西博光」和
「小西的父親」愉快的走在一起時，「我」不僅非常羨慕，還從中發現了日本
國之美。（頁410）「我」認為李的兒子加入李一生憧憬的日本軍隊，肯定為李
帶來極大的力量，使得五十七歲了仍工作不懈。「我」相信明年公布徵兵制時，
台灣像小西父親那樣的人會越來越多。（頁420）

　　竹內治〈夢の兵舍〉（理想的營房）〔註19〕寫了三個志願兵陳崑明、高砂
族青年（未命名）、楊添財，如何在志願兵訓練所接受嚴苛的鍛鍊，放下過去
一切，重生為帝國軍人的過程，表現了志願者的榮耀，不僅使有志青年、英
勇善戰的原住民成長，不良青年也能受感化蛻變，更能促使志願者母親改變
想法。沒有人物內心的掙扎、懷疑，全文多為作者報告式的敘述，充滿著統
治者的戰爭宣傳語言。一枝刻有天皇菊花御紋的配槍，令台中草屯青年陳崑
明感覺彷彿是日皇親手交予他一般的神聖，藉著殺人的武器，陳崑明迫不及
待的在信中告訴母親：

　　　母親，我們和帝國軍人一樣，領受著那槍枝。（頁366）
原本反對獨子從軍的陳母想法也改變了，寵愛的獨子能過「有意義」的生活
（指當志願兵），才是真正的幸福，母親因而感覺自己也偉大了起來（頁371）。
作者並未仔細處理台灣母親從反對到贊成的過程，因為作者相信台灣母親會
因為兒子成為日本皇軍而受到感化，進而發現自己的偉大。

　　〈夢の兵舍〉（理想的營房）是一個要志願兵放下所有過往、所有夢想
的所在。志願兵的任務在背負起六百萬台灣人的期望，不要怕不會思考，只
怕自己不能發揮「海行兮水漬，山行兮草掩，但行死在大君身旁，永不顧反」
〔註20〕的大精神（頁384），這部充滿政治教化宣傳的小說，暴露了殖民政
府要台灣人志願兵放棄思考，一心為天皇而死的政策目的。

　　濱田隼雄自1945年7月起至8月日本投降日為止，在《臺灣新報》連
載的〈兵隊〉，是濱田在臺灣軍司令部報導部服役時的作品。根據松尾直太
研究，〈兵隊〉寫兩個擁有高度參戰意願的台灣青年，患了重疾的張金水仍
想當兵，劉國平一心想當兵而成為張的替身，其間並對照描寫了日本兵堅強
的鬥志與美國兵軟弱的精神。濱田雖然具有作家身分，一向密切配合國策寫

〔註19〕同前注。
〔註20〕小說引用戰爭期廣為傳唱的軍歌〈海行かば〉，歌詞內容讓人想起一個個為戰
　　　　爭犧牲的士兵，參考周婉窈，《海行兮的年代》，頁14～16。

作，此次直接以戰爭的中心議題「軍人」爲題材，可視爲是身在軍旅的濱田以寫作技術爲國家服務的結果，作品本身缺乏生氣，成了軍方針對殖民地人民進行情操教育的宣傳文字。〔註21〕

二、在台日人的從軍體驗

　　日本自明治維新以來採取國民皆兵的徵兵制度。接受徵召從軍是義務，戰死沙場是光榮的觀念，深植於日本帝國人民心中。曾於 1938 年、1944 兩次接受徵召的在台日人作家濱田隼雄，在 1941 年 6 月發表的〈盜難之圖〉〔註22〕中，化身爲教師和作家「我」，以自身從軍的經驗向即將入伍的弟弟說明：

> 經驗或教養都沒什麼了不起，因爲你還不了解眞正的自己，那是必然的。因此你必須抱著找到自己的態度去當兵。你是個男人，突然進入一個截然不同的環境，把自己丟進嚴格的紀律中，視爲成爲眞正的人的修鍊。說什麼軍隊有絕竅，道聽塗說的膚淺想法，是無法成爲好軍人，無法養成好人品的。（頁 58）

可說是濱田身爲知識階層，對如何適應軍中體制成爲男子漢的經驗談。

　　發表於 1944 年 1 月河野慶彥〈とんぼ玉〉（藍色玻璃珠）〔註23〕也提到從軍應有的心態：

> 現今對日本人最重要的事是，不要考慮自己。受訓的人們中，有的在社會上，有的在官場上，或是公司中擁有相當地位的人，一但成爲士兵便全都是白紙。（頁 102）

對於日人從軍有較現實面的描寫。

　　1943 年 11 月新垣宏一〈山の父親〉（山的父親）〔註24〕中在山地工作了二十年的山田巡查，他在總督府工作的獨子文吾，特地從台北回山上探親。身爲第二國民兵（丙種體格）也能入伍，文吾感到既興奮又滿足，自認爲是部落裡第一個道道地地的軍人，正計畫從山上著軍裝出發。而在同一時間，山田巡查正忙著村中首次出征的義勇隊送別會、出征軍人的神社婚禮。小說

〔註21〕　參考松尾直太，前引書，頁 286～292。
〔註22〕　本文依據《文藝臺灣》2.3（1941 年 6 月），原文爲日文，中文爲筆者自譯。
〔註23〕　本文依據《文藝臺灣》7.2（1944 年 1 月），原文爲日文，中文爲筆者自譯。
〔註24〕　本文依據《臺灣鐵道》1943 年 11 月號，收錄於中島利郎編，《日本統治期台灣文學集成》22《台灣鉄道作品集二》，原文爲日文，中文爲筆者自譯。

以部落原住民高砂義勇隊的出征，與山地巡查獨子的徵召相對照，二者在不同民族的意義上，皆可視爲山上首度出征的人，在人力資源的獲得上表現了「一視同仁」的意旨。

「爲誰而戰」的問題，在描寫台灣人志願兵時，強調爲日本帝國犧牲奉獻，迴避了戰場上的敵人正是「以前的祖國」的矛盾。對於應召的日本人，小說中談的是聖戰的意義，濱田隼雄 1942 年 5 月發表的〈乏しけれど〉（雖然匱乏）〔註 25〕寫喪偶十年，獨子又戰死的台灣總督府官員木崎，受了亡兒日記中愛國精神的感召，將義務儲蓄金全數領出捐獻給國家，作爲爲下一代兒童而戰的所需。他引用兒子的日記說：

> 這不是爲日本的現在的戰爭，是爲下一代奠基的戰爭，是我們大人
> 爲還年幼、天眞無邪的孩子們開拓未來的戰爭，現在不戰的話，下
> 一代生存的孩子們將被迫過著淒慘暗淡的生活。所以必須趁早開闢
> 出一條路。因爲這是爲了今後不斷出生的孩子們去除黑暗命運的工
> 作，所以這個戰爭是神聖崇高的。（頁 240）

放下最親的家人、喜愛的研究工作赴戰場的兒子，將太平洋戰爭視爲是爲了日本下一代而戰的聖戰，有著比父親更「進步」的思維，令父親既慚愧又驕傲，因而跳脫了個人的悲傷。作者美化了帝國侵略、掠奪的行爲，將戰爭視爲是父兄爲子弟——日本全國的孩子們（頁 240）不得不的付出。

曾於台灣決戰文學會議中強烈主張：「皇民文學的內容必須是國體性、決戰性」的神川清〔註 26〕，1944 年 5 月發表的〈墓前報告〉，藉著即將出征的「我」在恩田隼人夫婦墓前，報告領養遺族一郎和二郎以來，二十一年的成長過程。一郎中學畢業後赴日本求學，二郎完成中學學業後，志願到有台灣人學生的國民學校任教。他一面教導學生「凡對天皇陛下有益之事立即實行」，自己也以身作則身體力行，但卻失望於學校的道德教育尚未深植奉獻

〔註 25〕 本文依據《臺灣鐵道》1942 年 5 月號，原文爲日文，中文爲筆者自譯。
〔註 26〕 參考《文藝臺灣》終刊號（1944 年 1 月），頁 34。神川清曾點名楊逵無知又不用功（頁 58），批評有人在台灣文壇進行不適當的文學活動（頁 43），應是針對台籍作家發言。他在同期雜誌上發表了〈皇民文學の樹立〉，大聲疾呼：「在此決戰態勢之下，我等思想決戰陣營的戰士，必須撲滅非皇民文學，並揚棄非決戰文學不可……唯有透徹明白皇國體制，內容滿溢建設之喜悅的作品，才可以稱得上是最健全的作品。最後，我想斷言的是，壯烈之決戰的戰鬥意志，其源泉正是我們的開國精神。」（頁 44），中譯引自黃英哲主編，《日治時期臺灣文藝評論集雜誌篇》第 4 冊，邱香凝譯，頁 426。

皇國的信念。直到大東亞戰爭爆發，二郎焦慮的情緒似乎找到了出口，申請成為航空兵，最後與敵機同歸於盡，完成了其始終如一的信念，「我」認為是唯一對得起恩田隼人的驕傲。文末一郎和「我」，父子二代將追隨二郎的腳步接受徵召。（頁 36～45）全文充滿皇民盡忠大義的呼喊，實踐了神清川自己的皇民文學、決戰文學主張。

在台日人小說中對於無法上戰場者的心情也有所著墨，發表於 1943 年 3 月德澄晶〈潮鳴り〉（濤聲）〔註 27〕中的雜貨店老闆周一，因眼疾失去視力，非常羨慕即將出征的弟弟淳次，便要弟弟也為自己努力。（頁 85）1943 年 2 月發表的大河原光廣〈轉勤〉（調職）〔註 28〕，描寫大阪師範畢業的乃布，因為關節方面的疾病，臥病五年，選擇到有益於腳疾的炎熱台灣，任教於台南偏遠的小學。再次接到兵單的他激動而興奮著，三年前曾接受徵召的乃布，當時出征前，學校、庄、郡都舉行了盛大的送別會、祈願式，父親也從日本打電報來祝賀。乃布卻因腳疾無法快走，入營當天就遭撤回，那次失敗後面對鄉親的痛苦心情至今仍心有餘悸，使得他這次再怎麼樣也想要入伍。但結果仍被打回票，傷心難過的乃布幾乎沒有勇氣回家。為了放不下的妻子，乃布仍回到偏僻的鄉村，溫暖的人情、自然環境的悠然，才讓他好過了些。（頁 55～59）

河野慶彥〈とんぼ玉〉（藍色玻璃珠）中，第一次應召遭撤回的佐伯，再次接到兵單時，採取不告而別的方式，其間的心裡轉折，作者透過佐伯創作的小說〈母の手紙〉（母親的信）托出，因痔疾而到熱帶南方來的「我」：

> 接到召集令時覺得自己是多麼幸福，但也僅止於此，我從營門提著奉公袋垂頭喪氣的回去時，非常想死。一想起送別會的夜晚、公司同事或朋友時，真不知要以何種面目回去。但還是回去了，老板及同事們的安慰，令我更覺得空虛。（頁 100）

此類等待入伍上戰場的情緒，顯示出當時日本人報國不落人後的精神與必死的決心，也是順應國策呼告的表現。

對於日人從軍的描寫，在台日人小說所要處理的是如何放下既有的身段，適應國家軍隊體制的精神層面問題，以及無法順利入伍時的無奈心情。

〔註 27〕 收錄於西川滿編，《生死の海》（臺灣出版文化株式會社，1944 年 11 月），本文依據《台灣短篇小說集》，中島利郎編，《日本統治期台灣文學集成》4，原文為日文，中文為筆者自譯。

〔註 28〕 本文依據《文藝臺灣》5.4（1943 年 2 月），原文為日文，中文為筆者自譯。

相較於描寫台灣人從軍停留在表面的志願與否，除了顯現出問題面向的不同外，也因爲民族與社會階級的差別觀念，在台日人對台灣人的心理描寫是困難而欠缺的。

第三節　後方生活目標的揭示

日本政府於 1938 年公布〈國家總動員法〉，同年施行於殖民地朝鮮、台灣與樺太。此法於戰爭時期賦予政府以統制運用的強大權力，對各種人力、物力之徵用，遍及一切可能設想之資源，如對於勞務、工資、企業的資金運用及經營，物價、佃租與地價，均可依其權衡以命令調整、限制或整備等，其中尤以價格管制與配給制度，對殖民地人民影響最直接。1939 年〈國民徵用令〉公布實施後，一般國民也被動員參加軍需產業的生產，基於優先確保軍需物資的前提，民需物品的生產、輸入與消費受到種種嚴格限制，人民肩上負載著戰時生活的重壓，〔註29〕戰時生活的樣貌也反映在小說。

1943 年底起，美軍開始對台灣進行轟炸，躲空襲成了日常生活的一部分，新垣宏一 1945 年 1 月發表的〈いとなみ〉（營生）〔註30〕，描寫了知識階層教師「我」與妻子在空襲下焦躁不安的生活狀況。不愛勞動卻愛書成癖的「我」，時常令妻子感到焦慮。妻子擔心一屋子的藏書在空襲爆炸時恐會壓傷人，又苦於糧食配給不足，在狹小的空地上蓋雞舍養雞，又一點一滴的耕出個小菜園。附近的主婦們約好絕不購買黑市貨，市場缺蔬菜時，憂心的妻子想盡辦法在兩坪大的菜地裡，種出各式各樣的菜。與母親同住的弟弟勇吉考上了特幹兵，臨出發前幫母親挖好了防空壕。隨著空襲頻繁，「我」也賣力的挖起了防空壕，空襲發生時，兒時曾在日本東京震災時吃過苦的妻子，把裝糧食的大鐵罐、熱水瓶和米箱都塞進狹窄的壕溝裡，夫妻爲此又起了爭執。文末「我」一邊自我鼓勵「不管多少年，絕對不能讓敵人摧殘我們的精神與肉體」、「將大空襲作爲人生的再生」（頁 14），一邊繼續挖掘自家的防空壕，呈現戰時體制下知識階層的空虛。

川合三良 1942 年 12 月發表的〈康吉と增子〉（康吉與增子）〔註31〕，描

〔註29〕此段參考黃靜嘉，《春帆樓下晚濤急──日本對臺灣殖民統治及其影響》（台北：臺灣商務印書館，2002 年 5 月初版二刷），頁 421～429。
〔註30〕本文依據《臺灣文藝》2.1（1945 年 1 月），原文爲日文，中文爲筆者自譯。
〔註31〕本文依據《文藝臺灣》5.3（1942 年 12 月），原文爲日文，中文爲筆者自譯。

寫來台三十年的工匠坪崎重太郎戰時下的家庭生活，其中每月十日召開家庭常會，子女們針對該月父親或手足們的言行、任務執行等，提出感想與意見，並加以批判檢討。姐妹和弟弟之間，彼此批評對戰時體制生活實行的不足，例如未按時作廣播體操、毛線分配不公、浪費肥皂、飯吃太多、魚肉分配不均、菜田照顧不周等，（頁62～64）呈現家庭中因配給制度所引起的摩擦。

處於大後方的城市，夜晚雖仍一片安定繁華，但在材料短缺的情況下，許多飲食店也無法營業。坂口䙥子1944年7月發表的〈たそがれ〉（黃昏）〔註32〕，描寫台中一對夫妻文郎、朝枝，為了因配給食物不可口而食慾不振、四天不吃飯的三歲兒子上餐館覓食。即使是為了解決孩子的健康問題，但仍怕被批評奢侈，違反戰時勤儉精神，大人還先在家用完餐才出門。進了兩家店都沒法如願為孩子找到食物，最後進了以前本是喝酒玩樂的酒館，如今也成了潔淨的食堂，賣些客飯快餐的，才得坐下來用餐。店內氣氛今昔對照起來，「有如落魄的貴族」（頁29）。孩子正吃得津津有味時，隣座傳來男子有點蒼老的歌聲，唱著出征男子的心志，嚷嚷著這是最後一次為國奉獻。朝枝看著手抱兒子的丈夫，忽然感到十分可貴而更加珍惜，因為不知道何時丈夫也會離開母子上戰場去。全文顯現出一種夕陽近黃昏的落寞氣息。

從在台日人小說中所反映的戰時體制下的生活，感受到隨著日本海外戰況的江河日下，戰爭的威脅越來越逼近台灣。日人在求生之餘，持續在小說中表現對大東亞聖戰意義的堅定信念。

一、戰爭下的女性角色

在台日人女性小說家坂口䙥子，在1942年7月發表的〈微涼〉〔註33〕中，描寫苦於親子緊張關係的青少年精吉，卻從大東亞戰爭開戰的訊息獲得力量與勇氣，成人們歌頌著戰爭：

> 這次的戰爭……不好的東西接二連三毀棄，感覺所有新生的都是美的、好的、完善的。（頁15）

精吉原本為自己身上流著父親荒淫的血統而庸人自擾，大東亞戰爭發生後，不僅令他產生國家意識與殉忠必死的信念，也讓他感覺自己身上流有千年前自南方移民來的祖先的血液，生出「南方是吾鄉」的強烈鄉愁，憧憬南方開

〔註32〕 本文依據《旬刊臺新》1.1（1944年7月），原文為日文，中文為筆者自譯。
〔註33〕 本文依據《臺灣文學》2.3（1942年7月），原文為日文，中文為筆者自譯。

發事業。因而勤奮工作，代替夜醉不歸的父親出席同業會議、勸導女子桃枝脫離賤業。（頁18～21）同是坂口䙥子的作品，1943年12月發表的〈秋夜〉〔註34〕，腿部殘障的少女美子，總是自憐自艾，經常向母親、妹妹發脾氣，凡事以自我為中心，生活絲毫不受戰爭影響。某日妹妹千子下課時在路遇到水兵菅島，請他來家裡吃飯。菅島以平常心對待恃寵而驕的美子，以戰場上戰士負傷的事激勵美子：

　　　　一個受傷的人，絕對要做到不造成別人的負擔。（頁337）

美子恥於自己一直沒有協力作戰的心，在陌生士兵的感召下精神獲得洗滌。母親感激的說：

　　　　上戰場的都是些好人啊！從現在起，隨時可以請他們來。（頁339）

作家寫出戰爭對少男少女的正面啓示，是坂口䙥子直接對戰爭歌頌的作品。

　　透過戰爭在日常生活所投射的陰影，可以看出女性在戰爭中的形象。坂口䙥子1943年4月發表的〈燈〉〔註35〕，描寫出征者妻子的心情。在台灣中部城鎮白手起家的餐館老板勝野政治，收到徵召令後，妻子「我」強作鎮定說：

　　　　日本女人，絕對不在出征的丈夫面前流淚。（頁4）

只能在夜裡凝視著沈睡的丈夫容顏時，流下不捨的淚水。丈夫的即將出征，才令「我」遺憾沒有孩子可寄託。即使心情難受到躲在棉被裡嗚咽著，「我」直到丈夫出發那天，仍壓抑著心中真正的感情，拒絕到車站送行。目送丈夫出門後，「我」突然失去力量般的，急著想再見丈夫一面。當發現丈夫遺漏在桌上的毛巾時，「我」彷彿找到了解套的方法，急忙拿起毛巾趕到車站交給丈夫。那夜，「我」漫無目的的走向神社，在神殿前禁不住嚎啕大哭起來，藉著拜跪本殿中的明燈，遙想遠行的丈夫，丈夫英勇的容姿彷彿就在燈的那一頭，而透過丈夫，「我」參拜萬世一系帝君奇異而尊貴的御姿。（頁7～25）「我」的結論是：

　　　　因為丈夫的機緣，初次在我心中點亮的燈，將永不止息。即使和我

　　　　血緣不相連的子孫，我也能相信那燈是永不止息的。（頁25）

　　尾崎秀樹認為坂口䙥子沒有刻意弄一句國策性語言，避開虛設而聚焦在戰爭帶給女性的悲哀。〔註36〕井手勇則提醒不可忽略題目「燈」的重要含意，

〔註34〕本文依據《臺灣鐵道》12月號（1943年12月），原文為日文，中文為筆者自譯。
〔註35〕本文依據《臺灣文學》3.2（1943年4月），原文為日文，中文為筆者自譯。
〔註36〕尾崎秀樹，前引書，頁197。

結局不但沒有批判戰爭的用意，眞實的「我」雖是萬般無奈，但面對聖戰，「我」只能更放下小我，成全大我的完成。只要國家不滅，丈夫以至後世子孫皆得永存。「我」爲了克服悲哀，相信丈夫參與的是一場聖戰，送走丈夫就是女性對聖戰的一種貢獻，作品在如實呈現戰爭帶來的種種苦惱之際，重點置於克服苦惱的過程。〔註37〕因此我們閱讀坂口襗子的作品能獲得感動，在於她對人物的心理描寫傳神，但文本中顯現的對國策的態度仍沒有偏離日本人的觀點。

出征在即的未婚男子，心中有命在且夕的壓力，對於婚約顯得猶豫不決。川合三良1942年1月發表的〈婚約〉〔註38〕，描寫澤田在出征前兩個月，相親認識了酒井貞子，在女子堅持下訂下婚約。本還有所躊躇的澤田，上了戰場（中國）後驚覺遠在台北的未婚妻，竟成了他痛苦時的精神支柱。而澤田的戰友「我」則感動於女人等待的那分心意。隨著兩人談話越來越深入，「我」發現澤田的未婚妻竟是自己同學的妹妹，兩人還曾經往來一段時間，但當時「我」並不欣賞她任性不切實際的個性，兩人也未有進一步發展。但上了戰場的「我」，每當夢回台北時，夢中總是出現酒井的身影，已成爲鄉愁的一部分，激勵著「我」奮勇作戰。（頁75～80）作者透過兩個士兵談一位女性，呈現女性在戰爭中發揮的精神力量。文末「我」與酒井貞子見面時，本要爲澤田帶口信給她，反而由她口中得知澤田名字於三天前已出現在戰死的公告名冊中，說這事時：

> 她連眉頭都不皺一下，一點也見不到憂愁的陰影。蒼白的臉充滿著崇高嚴肅的神色，嘴邊洋溢著溫暖明亮的光影，深邃晶瑩的眼底，令人看到滿滿的溫暖光明。（頁80）

「我」感受到貞子對澤田的深情愛意，她成了「我」心中已不可冒犯、崇高尊貴的存在。大河原光廣〈加代の婚禮〉（加代的婚禮），加代依媒妁之言將遠嫁在台灣的日本人，她的決心與勇氣便來自於爪哇、蘇門達臘戰鬥的日本皇軍戰果，並想像自己是符合國策的「南進女性」，一個人前往台灣。（頁45）這些都是描寫女性因戰爭而成長，在男性父權的大敘述中完成聖戰中的聖女形象。

河野慶彥1943年7月發表的〈湯わかし〉（燒水）藉著家政女學校年級

〔註37〕參考井手勇，前引書，頁143～145。
〔註38〕本文依據《文藝臺灣》3.4（1942年1月），原文爲日文，中文爲筆者自譯。

主任教師的話說道：

> 現在是大東亞建設的偉大皇軍戰鬥的時刻，男子盡全力在前線或增
> 產報國中戰鬥著。今後即使女子也不容許閒居在家，我等非盡全力
> 衝刺完成戰爭不可。各位也是士兵，身為女子要竭盡全力有所作為。
> （頁 49）

女性雖然未實際參與戰爭，但在父之家國的理想中，要以成為勇敢的軍國之
妻、聖戰中的聖女自許，以通往大東亞共榮之路。

　　隨著戰局的日益激烈，年輕男子陸續應召入伍，戀愛中的男女也不得不
因此分離。濱田隼雄收錄在同名小說集的〈萩〉（胡枝子）〔註39〕中，即以女
主角 Maki（マキ）面對此一切身的問題為題材，形塑出戰爭後方女性應有的
奉公形象。與 Maki 曾經交往的葉村洋一，在應徵入伍前到台北來見 Maki，兩
人在車站分離時，面對翌日將入營的洋一，Maki 為是否要說出「我永遠等你」，
或是該如何分手而猶豫不決〔註40〕，於是去找信賴的矢上老師商量，矢上要
她考慮洋一的立場，說道：

> 雖然有些殘忍，但想想最差的狀況。而且這種時候歇斯底里的誤事
> 是最危險的。這類問題也顯現出這場戰爭的激烈，絕不可失敗。（頁
> 263）

Maki 重新認知了超越愛情的部分，隨著體弱的洋一入伍後蛻變為強壯的軍
人，Maki 也與他較勁般的自立自強，並決定外出工作。結果找到了四種工作，
正不知如何抉擇的她，接到老師來信，寫著：

> 這不是一個依自己的方便就業的時候，對方也需要女性人手的加
> 入。戰爭就是需要勞動人手……自己下決定讓他看，這也是對洋一
> 的真誠吧？（頁 281～282）

Maki 因此決定選擇最辛苦的總督府外事課工作。男性作家透過女性主角的心

〔註39〕收錄於濱田隼雄編，《萩》，本文依據《台湾短篇小説集》，中島利郎編，《日
　　　　本統治期台湾文学集成》4。原文為日文，中文為筆者自譯。根據松尾直太考
　　　　察，在《萩》出版的前一年，《文藝臺灣》6.6（1943 年 10 月）的書籍廣告中，
　　　　介紹臺灣出版文化株式會社將出版《臺灣文藝よみもの集》（臺灣文藝讀物集）
　　　　預定收錄的作品，與後來出版的《萩》大致相同。推測〈萩〉可能完成於 1943
　　　　年底，參考松尾直太，前引書，頁 257～258。
〔註40〕松尾直太指出此種「猶豫不決的結構」同樣出現在濱田的小説〈爐番〉，企圖
　　　　將故事中的主角當成與讀者一樣的人物，使讀者產生共鳴，藉此讓小說發揮
　　　　啟蒙的效果，參考松尾直太，前引書，頁 274。

理變化與行動，指出後方女性應走入社會協力戰爭，啓發教化女性的意味十足。

女性作家則透過男性主角的內心轉折，表達戰爭下另一種可能的選擇。坂口䙴子 1943 年 11 月發表的〈遺書〉〔註 41〕，描寫出征三年多回來的大村勘太郎，一舉得男的同時卻失去了妻子。爲了兒子文夫，岳母、母親極力撮合他娶小姨子貞子。貞子疼愛外甥，且姐姐臨終時一句「貞子，拜託了」，使貞子自覺有責任成爲文夫的母親。即使勘太郎對亡妻仍念念不忘，但召集令再度發下，爲了老母、幼子，只得順從動亂中無法自主的時代洪流。在神社前舉行簡易婚禮時，貞子始終低著頭抱著文夫的姿態，令勘太郎感慨良深，覺得自己三天後可以安心出征了。（頁 221～227）

送別會中喝醉酒的勘太郎，被貞子扶持時，感受到她的溫柔，驚慌的發出一聲「啊」便用開貞子，留下一臉悲傷的貞子，散會後勘太郎還躲到朋友家睡覺。這一切看似對貞子的傷害，其實是不知何時會戰死沙場的勘太郎對貞子的回報，就是不忍讓她當上未亡人，希望能保持她原來的樣子。出征前一晚在朋友家寫給貞子的遺書說：

> 這些日子我在心底喚你爲妻子，但卻很痛苦。唯一能解救痛苦的事
> 是，在我死後你能有個美好的婚姻。請不必期待我歸來，一心希望
> 你再婚，願你重新出發。（頁 233）

作者塑造了一個疼惜女性的男性形象，讓結局傾向於女性心理的關照，相對於在皇民文學中理想化「父之家國」一味要女性克服一己之私的要求，坂口䙴子在此則對男性發出人道關懷的呼籲。只是要作一個體貼的日本男性，恐怕先得接受自己是個「可憐悲哀的男人」（頁 231）。

所謂「營門通往戰場，戰場通往靖國神社」（濱田隼雄〈萩〉頁 243），戰爭對女性生活的影響是殘酷的，留下的痛苦是漫長的。山川不二人 1942 年 7 月發表的〈弔旗中空に高く〉（半旗空中高高掛）〔註 42〕，在鄉軍人「我」的母親擔憂女兒要遠嫁滿州，「我」的妻子說：「現在非常時期，嫁誰結果還不都一樣」（頁 32）。吉村敏同年 11 月發表的〈軍事郵便〉〔註 43〕（軍事郵件）

〔註 41〕原刊載於《臺灣公論》11（1943 年 11 月），本文依據中島利郎、河原功編，《日本統治期台湾文学日本人作家作品集》第 5 卷所收，原文爲日文，中文爲筆者自譯。

〔註 42〕本文依據《臺灣文學》2.3（1942 年 7 月），原文爲日文，中文爲筆者自譯。

〔註 43〕本文依據《臺灣公論》（1942 年 11 月），原文爲日文，中文爲筆者自譯。

出征軍人恒太郎在小姨子訂婚日時忠告新人：

> 在大喜日說這些雖然不太吉利，但對於未來料想得到的悲傷，一定
> 要有充分的心理準備，這是現代日本人年輕人訂婚或結婚時必備的
> 常識。不那樣的話，信夫就無法充分完成軍人的功績。所以那是愛
> 信夫最好的方式。（頁96）

道出了出征家庭的共同無奈。在日人小說一片頌揚戰爭聲中，對戰爭帶給各
個家庭的悲劇卻沈默以對，〈弔旗中空に高く〉則描寫了戰爭遺族靜默的形
象：

> 結婚不到三個月，就成了二十歲的未亡人，卻被當作沒什麼來處理，
> 總覺得很有問題。（頁32）

認爲二十歲的未亡人，以一介女子要活下去，雖然身在後方，但生者的苦痛
並不亞於死者（頁33）。身爲在鄉軍人組長的「我」，出席陣亡軍人的葬儀時，
滿座遺族多是女性，一位抱著不滿三歲稚子的少婦身影，令「我」心頭一驚
（頁39）。到喪家慰問未亡人時，未亡人膝上抱著幼兒，像石像般靜默的形
象，令「我」瞬間產生是兒子文雄和妻子的幻影。「我」說著些場面話，承
諾往後會好好照顧遺族，未亡人面無表情的說著：

> 不，外子即使因爲戰死，也不該依賴後方各位的。外子只不過做了
> 該做的事而已。（頁41）

小說在沿路行人對這無言遺骨送行隊伍的注目禮中結束，只有象徵武勳的半
旗翻飛飄揚在空中。全文不見歌頌戰爭、美化陣亡的語言，可以在過熱的戰
爭美學外，留下冷靜而眞實的一頁。

　　相對於男性的從軍報國，女性也可志願到前線從事看護助手〔註44〕，也
是作家表現婦女翼贊聖戰精神的題材。河野慶彥的〈湯わかし〉中的周氏碧
梅，相較於在就業與結婚中猶豫不決的其他同學，畢業後留校當助手兼事務
員，帶學生去參加看護助手考試時，也一起應考考上。去年還堅決反對的周
父，今年則贊許女兒作了了不起的事：

> 死了也很好，爲了國家，許多士兵獻上自己的生命。如果沒有那層
> 覺悟是不行的。拿出偉大的行動來吧。（頁57）

碧梅在小學擔任助教的同學玉枝，因忙於主持學校的教學觀摩，無法至車站
歡送碧梅上前線，小說結尾玉枝卻從小學校園望見搭載看護助手的列車，穿

〔註44〕參考周婉窈，〈美與死〉，收入《海行兮的年代》，頁193。

著白色襯衫的碧梅，從車窗探出半個身子，向玉枝的方向揮著手帕。玉枝壓抑著瞬間盈眶的熱淚，彷彿因此得到力量，冷靜堅定的繼續示範教學的工作。（頁62）

在台日人小說中有關戰爭下女性的描寫多集中在日本女性，一方面可能因於觀察面尚未深入志願兵的婚姻層面，再者描寫作者熟悉的日本人，也同時完成了皇民化運動是以日本人為榜樣的目標。河野慶彥即使觸及了台灣女性的描寫，無所不在對皇民教育成功的歌頌，使得碧梅的形象和日本女性的差別，似乎只在於中式姓名和低階職位，此點也暴露了在台日人作家描寫台灣人只能侷限於皇民化的台灣人。皇民模範周碧梅，選擇上戰場實際參與聖戰，不僅令同儕羨慕（頁57），也可以用來激勵皇民化實踐不夠徹底的台灣女性。

二、「增產報國」命題的書寫

1944年5月日本政府、翼贊政治會與大政翼贊會強化聯合發表「國民總蹶起運動」（國民齊奮起運動），確立四項目標，即「戰意昂揚」、「生產增強」、「食料確保」、「國土防衛」。1944年6月，日本文學報國會在情報局、陸軍省、海軍省與大政翼贊會的支持下，召開「決戰體制即應日本文學報國會會員總蹶起大會」（因應決戰體制日本文學報國會會員齊奮起大會），會中提出七大議題，其中第二項提案「增強生產躍進」、第六項提案「文學者的職場挺身」及第七項提案「決戰非常措施下的文學活動」，〔註45〕可視為促使台灣總督府情報課，透過「臺灣文學界の總蹶起」的作家表白，要作家配合至各增產場所完成報導文學的由來。〔註46〕

1944年6月在總督府情報課的要求下，共有台、日作家十三名〔註47〕，被派至各生產工廠或工作場所，進行寫作的取材工作：

〔註45〕提案項目參考櫻本富雄，前引書，頁425。中文為筆者自譯。

〔註46〕此段參考中島利郎，〈台湾総督府情報課編《決戰台湾小說集 乾之卷／坤之卷》の刊行〉，收入《日本統治期台湾文学研究序說》第七章，頁243～244。

〔註47〕13名作家與派遣地分別如下，呂赫若——台中州下謝慶農場；濱田隼雄——日本鋁工廠；新垣宏一——台灣船渠工廠；西川滿——鐵道部各機關；張文環——太平山；龍瑛宗——高雄海兵團；吉村敏——公用地；高山凡石（陳火泉）——金瓜石銅山；長崎浩——太平山及公用地；楊雲萍——台灣纖維工廠；楊逵——石底炭坑；周金波——台南州下斗六國民道場；河野慶彥——油田地帶。參考《臺灣文藝》1.4（1944年8月），頁2。

> 這個計畫並不是要作家光停留在表面的見聞，而是接觸實地在現場
> 工作人員的氣息，體會他們的辛苦，而在現場停留一週，生活作息
> 與他們完全一致，進而將見聞體驗當作素材寫成小說。〔註48〕

這類增產文學是作家呼應總督府統治物資及擴充生產力計畫的命題寫作，並不是作家擅長的內容，也不是作家平日關懷的層面，目的是為了達到總督府情報課要求的：

> 如實的描寫台灣的戰鬥情形，以資啟發島民，並培養明朗溫潤的
> 情操，振起邁向明日的活力，同時作為鼓舞激勵產業戰士的食糧。
> 〔註49〕

派遣至鋁工廠的濱田隼雄，1944 年 7 月發表〈爐番〉〔註50〕，寫在鋁工廠看顧鋁電解爐的本島工人金圳，每天在高熱且危險的環境下勞動，曾因耐不住辛苦而萌生去意。曠職的那天，電解爐有一半以上故障停產，原因是在原料長期短缺下，以劣質原料替代，加上執行過重的生產命令導致。金圳所有內心掙扎在此一危機事件下消失殆盡，反而因此感受到自己責任重大，並從內心深處發出「不可思議的，我是日本人」的呼喊，趕到現場參與修復工程時，十分堅信：

> 靠我這手臂的力量讓爐子起死回生，然後造出飛機。
>
> 遙遠廣闊的戰場與渺小的自己息息相關，是個嚴肅的存在事實。我
> 想這裡也是戰場，我也是戰士的驕傲由心中升起。（頁 417）

工廠的危機反成為喚醒台灣工人皇民意識與產業戰士意識的契機，其中金圳所屬小組負責人島村，為達成生產命令，不眠不休以身作則的態度，也發揮了示範指導的作用。濱田對台灣工人此種精神磨練過程的描述，當可使委囑的情報課感到滿意。松尾直太指出濱田這部小說結局具有反諷效果，大膽的暴露因戰爭而產生的不合理要求與至高無上命令的無理，卻引起工廠生產的失敗，在以本島工人的皇民意識與產業戰士意識自覺的精神面成果掩飾下，所能產生的鼓舞生產的作用令人懷疑。〔註51〕

〔註48〕 同前注。

〔註49〕 矢野峰人，〈序〉，《決戰臺灣小說集》乾之卷（東京：ゆまに書房，2000 年 9 月），頁 3。

〔註50〕 初刊於《臺灣時報》第 294 號（1944 年 7 月），本文依據中島利郎、河原功編，《日本統治期台灣文學日本人作家作品集》第 4 卷所收，原文為日文，中文為筆者自譯。

〔註51〕 參考松尾直太，前引書，頁 247～248。

　　西川滿在 1941 年 6 月發表〈動力の人〉（動力的人）〔註52〕時便提出增產報國的主題。此部依據家族煤炭事業見聞完成的作品，配合當時確立高度國防國家體制、建立東亞新秩序口號，特別強調書中人物採礦增產報國的決心，台灣北部礦場負責秋山議員說：

> 你當過兵應該知道，即使明知對我方不利，爲了戰略需要，不得不犧牲士兵以奪取高地。同樣的，即使是虧本，說得誇大些，如果爲了挖掘一百圓的煤炭，要花費一百五十圓，當國家需要煤炭時也不得不著手。越是沒人要做，我越是堅決要做，而且確信非我莫屬。（頁119）

可以說西川滿的政治嗅覺敏銳，很早便能寫出合乎當局胃口的作品。

　　在總督府情報課的動員中被派遣至鐵路、礦場、台灣船渠與斗六國民道場等多處的西川滿，1944 年 8 月發表〈幾山河〉〔註53〕，描寫在日本走投無路的久我源八，帶著一把丁字鎬，到殖民地台灣尋找新天地。從最下層的鐵路工人作起，與台灣人共事，卻苦於無人可請教技術問題，原因是大家都視爲不外傳的秘訣。源八努力奉公，八年後成爲組長，爲了提升工作士氣，打破技術傳授留一手的習慣，熱心教大家技術，強調鐵路維護與戰力的重要關係，將乘客、戰地物資安全送抵南方，養路工即養路戰士，是台灣列車安全的無名英雄。可說是以口號來呼應情報課所要求的「培養（本島人）明朗溫潤的情操，振起邁向明日的活力，同時作爲鼓舞激勵產業戰士的食糧」的目標，書中雖然出現了幾個台灣人的名字，但彷彿只是故事背景，缺乏支撐主題的人物描述。

　　派遣至台灣船渠工廠的新垣宏一 1944 年 11 月發表的〈船渠〉〔註54〕，在工場即戰場的口號下，描寫工人訓練所三年學成的工人黃明雲與林炎。二

〔註52〕　本文依據《臺灣時報》（1941 年 6 月），原文爲日文，中文爲筆者自譯。

〔註53〕　初刊於《旬刊臺新》1.2（1944 年 8 月），本文依據《決戰臺灣小說集》坤之卷，原文爲日文，中文爲筆者自譯。中島利郎指出，西川滿在發表〈幾山河〉之前，已發表多篇與鐵路相關的作品，如〈臺灣の汽車〉（臺灣的火車）（《臺灣時報》1942 年 6 月）、〈二人の独逸人技師〉（二位德國技師）（《臺灣鐵道》1942 年 7 月）、〈龍脈記〉（《文藝臺灣》4.6，1942 年 9 月），1943 年 7 月起在《文藝臺灣》、《臺灣文藝》連載長篇小說〈臺灣縱貫鐵道〉。比較起西川滿其他作品，以及其他派遣作家的作品來，〈幾山河〉的處理顯得較簡單而傾向大眾化。參考中島利郎，〈台湾総督府情報課編《決戰台湾小說集　乾之卷／坤之卷》の刊行〉，頁 234～235。

〔註54〕　本文依據《臺灣文藝》1.5（1944 年 11 月），原文爲日文，中文爲筆者自譯。

人同在船塢修船，林炎不滿薪水太少，爲隣近愛國造船廠兩倍的薪資吸引跳了槽。經過黃明雲「曉以大義」，提醒林炎「你應該知道現在是什麼時候吧？爲增產命令，船塢現在正全力以赴」，「大家都爲國家，不，爲天皇陛下工作著」。（頁 21）說服了林炎返回船塢勤奮工作。作者花了許多篇幅介紹台灣的戰略位置、船在戰爭中的功能，以及修護船隻的細節，突顯船塢工廠的重要性，帶有濃厚的報導痕跡與時局教訓特色，也許是作者藉以表現外地文學的特色，卻不能不說是敗筆。小說中以優厚的經濟條件，作爲挑戰皇民化成敗的誘惑，再由皇民化的台灣人扮演示範者，可見作者將讀者設定爲台灣人，但人物的描寫停留於表面化，爲宣傳而創作的結果，使得作品失去文學性而淪爲政策配合。

　　根據中島利郎的考察，在作家派遣前的三個月，台北帝國大學文政學院副教授瀧田貞治以研究者的角度，即對「增產與文學」提出批評：

> 所謂增產文學可以靠紙上談兵之類的企畫完成，這終究免不了膚淺單純之譏。

> 這樣想來，問題點其實就在於作家本身所持有的見識與態度，作家是否眞正對時局有所認識，是否眞能貫徹國家使命，不執著於小我而忠於職責所寫出的作品，就算並非以時局爲正面的題材，其中必也自然滲出作家所持有的本質，斷然不會有與國家方向悖行的作品出現的餘地。〔註 55〕

在總督府將作家一元化的動員策略下，作爲文學研究者的瀧田貞治，對增產與文學關係的論述，實爲先見之明。藉由報導增產來鼓勵人民爲日本的勝利盡全力，作品本身的文學價值便容易被忽視：

> 第一，如果社會上只出現這種小說，人們就會照著作而達到增產的結果嗎？事實上沒這麼簡單。當然這最終還是會回到增產文學是否眞具有文學的價值這一點。出乎意料之外的，補給人類生命力的往往是垂手可得的身旁之物，而以爲毫不足取的東西則是活動的重要力量，這樣的社會現象比比皆是，文學也不能不深入察知這一點。文學不能只是口號，空有情節只會像麥桿一樣難以咀嚼，其道理就在此。徒然「增產增產」的高呼口號，其實卻沒有眞材實料，儘管

〔註 55〕〈增產と文學〉，《臺灣公論》9.3（1944 年 3 月），中譯引自黃英哲主編，《日治時期臺灣文藝評論集雜誌篇》第 4 冊，邱香凝譯，頁 463。

文學創作的動機很好，可是產業戰士或是大後方都不會將之放在眼

裡。〔註56〕

然而總督府情報課與派遣作家似乎對瀧田的意見並未加以考慮。作家們將報導融入小說寫作中，是否考量了所謂的「產業戰士」究竟指的是誰？所謂的「增產文學」的讀者是誰？結果卻只是知識階級的「島民」、「產業戰士」才能閱讀的作品，對鼓舞激勵真正的產業戰士的目標達成應很有限。〔註57〕在總督府主導下的戰時文藝政策，尤其是協助戰爭的命題寫作，推行效果不彰的原因，如果不能歸究於主事者對文學的認知不足，那就是官方透過寫作題材的限制，在戰爭期間完成對文學的動員與作家的控制，才是真正的目的。

第四節　新宣傳形式——辻小說

1943 年春，日本文學報國會企畫委員會，決定參與翼贊會提案的「建艦獻金運動」。以小說部會為主，會員自選小說集刊行，版稅全額捐作造艦資金。全體會員需響應所謂的「辻小說」運動，即完成稿紙一張（四百字）的超短篇小說，在百貨公司、商店櫥窗展示，藉以向民眾推廣造艦捐款運動，激發民眾參與造艦的意願。此外也發表於各報章雜誌，所得稿費仍需捐作戰艦資金。〔註58〕

「辻」本指十字路口，「辻小說」的構思來自 13 世紀目蓮上人的「辻說法」（街頭弘法）〔註59〕，中文或譯成「街頭文學」〔註60〕。辻小說運動可說是後方作家的首度職場奉公，針對戰爭主題進行目的性創作，為作家協助戰爭的具體表現。1943 年 8 月日本文學報國會出版了《辻小說集》，收錄了日本

〔註56〕〈增產と文學〉，同前注，頁 464。

〔註57〕參考中島利郎，前引文，頁 212～218、頁 222。

〔註58〕參考櫻本富雄，前引書，頁 301。

〔註59〕同前注，頁 303。根據渡邊晴夫的研究，日本近現代文學史上，篇幅短小的小說經歷了短小說（掌篇小說）、壁小說、小小說三階段。筆者認為日本近現代小說形式的歷史發展，對辻小說的形式也有所影響。參考渡邊晴夫，〈日本近現代的掌篇小說〉，《陝西師範大學學報》25.4（1996 年 12 月），頁 100～104。

〔註60〕陸平舟、間ふさ子共譯尾崎秀樹的《舊殖民地文學的研究》，稱「辻小說」、「辻詩」為「街頭小說」、「街頭詩」，頁 19。吳豪人譯濱田隼雄〈文藝時評〉一文中的「辻文學」為「街頭文學」，黃英哲主編，《日治時期臺灣文藝評論集雜誌篇》第 4 冊，頁 218。

國內二百〇七名作家的超短篇小說。〔註61〕《臺灣公論》8 月號由日本文學報提供，刊登了其中的 5 篇辻小說。

　　《文藝臺灣》於 1943 年 6 月第六卷二號推出〈辻小說特輯〉，收錄河野慶彥、今田喜翁、新垣宏一、西川滿、大河原光廣、中島俊男、濱田隼雄，以及周金波、龍瑛宗九位作家的辻小說，可視爲「日本文學報國會臺灣支部」與「臺灣文學奉公會」對日本國內辻小說運動的呼應。同年 8 月第六卷四號以特輯方式，收錄了今田喜翁、周金波、小林井津志、相澤誠的四篇「辻小說」。在第六卷第三號濱田隼雄執筆的〈文藝時評〉中提到「辻文學の事」：

> 爲了慶祝海軍記念日，文學奉公會立即企劃了「街頭文學運動」。不過事後想來，可能是缺乏經驗，又倉促成軍，所以有種種缺陷，作品本身也不夠成熟。但居然能動員這麼多文學工作者，倒是一件值得稱道之事，相對的沖淡了運動本身的缺失。這類活動應該持續舉辦。如果臺灣文學人能多致力於這種有意義的活動，就不會出現荒唐愚蠢的言行舉止了。〔註62〕

所謂的「作品不夠成熟」可能因於文學落入宣傳工具時，失去主體性而偏離了原本的藝術軌跡，在提振讀者戰爭意識的功能取向中，使得文學精神顯得渙散。

　　第一次出現在《文藝臺灣》雜誌上的辻小說，是響應海軍紀念日活動的作品，有關單位似乎沒有明顯的主題，作家多以皇軍或兒童爲描寫對象，二者成爲關聯性題材，反射出作家合理化戰爭的意圖，即大東亞戰爭是爲下一代的未來而戰，在美化戰爭的筆調下，孩童由大人承接而來的戰爭認知與好戰思想，成了作家歌頌的主題。之後陸續刊登在該雜誌的辻小說，大體也不出此一方向。

　　辻小說有篇幅的限制〔註63〕，作者在有限的字數下要表現出以小見大、平中見奇的效果，本就易產生人物性格扁平、事件簡化的缺失，由於創作動

〔註61〕參考櫻本富雄，前引書，頁303～307。筆者就所見刊行在台灣報刊雜誌的「辻小說」（1943 年至 1944 年），將作者、篇名製表，參見本論文附錄二。

〔註62〕《文藝臺灣》6.3（1943 年 7 月）頁86，濱田所批評的「荒唐愚蠢」應是文中所指「反日、反戰的言行舉止」，他主張「在台灣的每一位文學創作者，都必須對此聖戰燃起純粹的感動不可。」中譯引自黃英哲主編，《日治時期臺灣文藝評論集雜誌篇》第 4 冊，吳豪人譯，頁 219。

〔註63〕《文藝臺灣》6.5（1943 年 9 月）的〈社報〉中提到該刊的辻小說篇幅是每行14 字，46 行，約 600 字。

機在於配合國策，作品往往是欠缺文學性的即時宣傳文字。作家本身對戰況掌握不足，也無從軍經驗，只有透過軍民一家的情境，塑造帝國皇軍的親民形象。新垣宏一〈若い水兵〉（年輕水兵）寫在外求學的佐佐木敏雄暑假返回家鄉高雄時，遇到帝國軍艦水兵山田到家裡拜訪，正處於空巢期的母親視十八歲的山田有如自己的兒子，心中本有些不是滋味的敏雄，在和山田談話時，卻心生手足親切感（頁 11）。年輕天真的日本水兵、慈祥和藹的日本母親，感動了叛逆期的青年，戰爭不再只有殘酷的一面，在作家筆下成了神聖而可感的美談。今田喜翁〈再生〉敘述在黑市進行鐵皮交易的吉崎，在乘僞行詐中日漸喪失了自我，走在路上遠處傳來了〈日の丸行進曲〉（太陽旗進行曲），接著迎面而來的白衣勇士（傷兵）們，他們清晰的輪廓加上扙著的柺杖發出的金屬聲，在吉崎的心中幻化成堅定的跫音，皇軍的歌聲與足音洗滌了他渾濁的精神。（頁 50）作者藉著美化戰爭帶來的視聽覺感受，賦與了主角重生的可能。如果能接受徵召入伍，整個人的價值將提昇至偉大的層次，就如今田喜翁〈浚渫船〉（掘泥船）中的操作員啓吉，在接到兵單後，感覺在高雄的一小塊土地上建設，是多麼偉大的時刻，因而產生了人機一體的人生觀──人死船在，船毀人亡（頁 9）。主角如此激昂的精神，似乎宣告著：在戰爭現實中，人性已泯滅，人成了兵器的一部分。

河野慶彥〈眼〉，主角洋吉在防空訓練過程中弄傷了眼睛，苦於可能全盲而四處求醫的洋吉，在一間眼科診所候診時結識了一名海軍下士官，下士官由於長期生活在潛水艇內，右眼視網膜剝離幾至失明。洋吉有些惋惜又同情地說：

　　那樣的話，恐怕很難再執行軍務了吧？

下士官笑著說：

　　哪裡，只要有一眼就能打仗。（頁 5）

下士官的豪語與笑容長存在洋吉日漸康復的眼中。士兵不屈不撓的形象感動了主角，作者藉此激發讀者的愛國情操。

透過皇民教育歌頌大東亞戰爭也是常見的手法，身爲指導者的知識階層，透過教師的角色，灌輸台灣學童皇民意識，激發大東亞戰爭必勝的信念，以朝向志願兵之道。大河原光廣〈地圖〉描述台灣南端小學教師山村，漏夜描繪了一張顏色鮮豔的地圖。當山村將地圖掛在黑板上，問學童們知不知道是什麼地圖時，全班四十六名學生都舉起了手，老師點了地方頭目的孫子潘

文昌說出「大東亞共榮圈的地圖」，作者欲彰顯「蕃童」教育成果的企圖不在話下。山村激動的拿起教具圓規，以台灣南端為中心，畫出一個包含東南亞婆羅洲、爪哇和蘇門達臘的圓，作者描述這群對現代文明所知不多的孩童，卻充滿自信地說出台灣是大東亞共榮圈的中心，得意之情溢於言表。文末安排五架飛機飛過上空，教室傳出足以動天地的「萬歲」呼聲。（頁 15）

在〈繪のある葉書〉（圖畫明信片）中，大河原光廣化身為小說中的老師，去接受講習五個月的大河原老師，寄了一張明信片給學生吳燦文，明信片上畫著一個穿戴大日本帝國海軍服裝的水兵，而且胸前名牌寫著「吳燦文」三個字，代表了老師對五年後立志成為志願兵的吳燦文的期許，呼應了 1943 年 5 月總督府公佈實施的「海軍特別志願兵制度」。小學生能收到老師的信是多麼高興可感的事，校長老師對學生的鼓勵影響深遠，而這群受異族統治教育的學童，在來不及辨明是非的年齡，接受了帝國的奴化教育、好戰思想，小說結尾吳燦文看著大河原老師的明信片，為老師回信說：「我一定要當上海軍」。（頁 48）

這番動之以情的志願兵勸誘，培養了台灣人對戰爭的同理心，掩蓋了殖民地人民協力戰爭所可能產生的心理衝擊。大河原光廣兩篇作品彰顯皇民教育的意圖明確，毫不遲疑地展現辻小說的教化功能，也暴露了國策文學的非文學性。

在小林井津志〈濱の子供〉（海的孩子）中喜歡海的蘇水日，平日在課室中表現平平，但在老師的引導下，師生一問一答間，皇民教育的「成果昭彰」：

> 「長大了要做什麼？」
>
> 「阿兵哥。」
>
> 「啊！阿兵哥啊。」
>
> 「對，海軍的阿兵哥。」
>
> 「可以搭軍艦呢！」
>
> 「對，我們出了錢，造很多軍艦，然後坐著那個軍艦把美國的軍艦擊沉下去。」（頁 51）。

從文中師生的日常對話，反映了戰爭對殖民地人民經濟與人力的榨取，以一種幾近扎根方式抹殺民族的自主性。

　　戰爭中的兒童形象又是如何？濱田隼雄〈娘の圖〉（女兒的心思）藉著父親與七歲女兒的對話，帶出隣家姐姐準備出嫁的消息，特別的是新嫁娘趕製的嫁裳竟是農婦用的褲裝，這也是戰爭期間政府規定的女性裝束。父親回問女兒長大嫁人時也打算穿褲裝嗎？

　　　　我這麼一說，雖是個孩子也著實令人敬佩。

　　　「當然囉！爸爸，正打著仗嘛！」（頁 21）

孩童的天眞無邪，在戰時體制下的童言童語，也成爲作家展現皇國意識的對象。

　　由皇民奉公會中央總部發行的《新建設》，1944 年 1 月收錄由臺灣文學奉公會提供的「辻文學」，刊載了河野慶彥、新垣宏一、大河原光廣、龍瑛宗、濱田隼雄、吉村敏、高山凡石、坂口襖子、竹內治、松居桃樓的小說，以「決戰生活」爲主題，例如孩童在女兒節以行軍的鍛鍊代替往年的出遊（河野慶彥〈青空〉，頁 28），母親眼中穿著農婦用褲裝出嫁女兒的英勇形象（坂口襖子〈花嫁衣裳〉，頁 28），強力支持國民儲蓄增額的本島老農夫（竹內治〈廻覽板〉，頁 28），在爲戰死的丈夫舉行傳統喪祭中體悟到奉公意義而加入看護助手行列的台灣女性（松居桃樓〈願書〉，頁 29），在在表現出高度配合聖戰的種種生活樣貌。

　　作爲台灣文學奉公會刊物的《臺灣文藝》，1944 年 12 月第一卷第六號收錄濱田隼雄、新垣宏一、通山秀治、小林井津志、佐藤孝夫、喜納政明、吉村敏、鶴丸詩光、河野慶彥，以及呂赫若、龍瑛宗、楊逵、葉石濤、高山凡石（陳火泉）十四位作家的辻小說。該集〈編輯後記〉提到：

　　　　以醜敵來襲爲題材的辻小說，在空襲後數日即進行邀稿。由於時間

　　　　不足，篇幅又有所限制，算是編輯部的一次嘗試。〔註64〕

　　此次辻小說寫作以「醜敵」爲主題，作品多集中描述面對美軍 1944 年 10 月以來轟炸台灣的情形，有炮彈爆破時的驚心動魄，有躲警報時的驚險歷程。爲達成激勵島人同仇敵愾之氣的目的，小說中瀰漫著「鬼畜米英」的謾罵聲〔註65〕，空襲時學生們對著美軍飛機大叫「畜生」（濱田隼雄〈畜生〉，

〔註64〕《臺灣文藝》1.6（1944 年 12 月）頁 73。

〔註65〕1942 年 7 月日本以雜誌《文學界》爲主的知識分子舉行了「近代的超克」研討會，龜井勝一郎提出：「現在我們正在參與的這場戰爭，對外是爲了殲滅英美勢力，對內則要根治近代文明所帶來的精神疾病。」河上徹太郎說：「我們知識人因爲始終在知識活動裡，眞正原動力的日本人的血，和一直以來硬把

頁 24）、「一邊罵畜生一邊對天空丟擲石塊」（喜納政明〈投石〉，頁 32），女人們也不示弱「可惡，畜生」（河野慶彥〈十月二日〉，頁 37）。空襲中除了生命安危外，保衛宮中賜借的「御眞影」（天皇、皇后的照片）也是師生的重責大任（濱田隼雄〈畜生〉，頁 24、新垣宏一〈醜敵〉，頁 26）。而在收音機前聽取戰果，不論成敗，主角總是禁不住淚流不止（濱田隼雄〈畜生〉，頁 24、小林井津志〈監視臺〉，頁 29）。在一片同仇敵愾的激動聲中，同時發表在該期雜誌的呂赫若〈百姓〉和楊逵〈チビ群長〉（小組長），則著重刻劃戰爭下台灣人互相扶持的情感，委婉的避開了對戰爭的臧否。

鶴丸詩光〈空爆と白金〉（轟炸與白金）屬於故事性較強的作品，描寫戰爭中的一對姐弟，多愁善感的姐姐秀英，遲遲不願將母親遺物中的白金戒指捐作國防用〔註66〕，純眞奉公的弟弟昭賢反而教訓姐姐：

> 現在不是拘泥小我感情的時候了，姐姐難道沒有忠誠心嗎？（頁 35）

緊接著十天後的大轟炸，秀英的家因此化爲灰燼，所幸人員避難防空洞安然無恙。秀英爲平白損失的白金戒指而自責爲「非國民」（不愛國者）時，昭賢才笑笑道出背著姐姐捐出白金的事，弟弟要姐姐看著天空的飛機說：「母親的戒指現在已經不一樣了。」秀英爲自己有個像兄長般的弟弟感到欣慰，之前的憂愁與不安也一掃而空，而時時追隨著飛機的身影。小說中描寫姐弟情以及化小我爲大我的精神生動細膩，然而人性的良善面成了非人性戰爭的共犯，作者完成的正是協助殖民當局合理化戰爭帶來的災難及困苦，這也是國策文學允許存在的模式。

它塞進體系裡去的西歐知性之間相生相克，故即使在個人方面也無法心悅誠服…在這之間『近代的超克』是唯一的指示燈。」「近代的超克」可說是當時知識分子積極主動參與戰爭的行爲，日常表現則爲「驅逐歐美」的意思。1944 年 9 月大政翼贊會展開「一億憤激米英擊摧」國民運動，旨在昂揚敵愾心，並高喊「鬼畜米英」的標語。參考竹內好著、李冬木等譯，《近代的超克》（北京：三聯書店，2005 年 3 月），頁 302～313；濱崎一敏〈日本における戰時下の文學者たち〉，《長崎大學教養部紀要人文科學篇》38.1（1997 年 9 月），頁 66～79；櫻本富雄，前引書，頁 255。

〔註66〕爲了武器增產所需，1943 年台灣總督府根據〈國家總動員法〉「金屬類回收令」，下令進行貴金屬回收。1944 年 9 月 11 日至 11 月 4 日訂爲白金繳納日，如未確實繳交將受嚴重處分。11 月 13 日還聚集婦女，爲沒有生命卻可能有特別意義的白金、鑽石舉行送別會。回收物資範圍之廣，可見日本當時物資之困乏。參考竹中信子，《植民地台灣の日本女性生活史》（昭和篇下）（東京：田畑書店，2001 年 10 月），頁 290；黃靜嘉，前引書，頁 423。

第五節　小　結

　　決戰時期在台日人協助宣傳戰爭的內容，從 1941 年開始大量出現在《文藝臺灣》陣營作家的小說中，可以說《文藝臺灣》陣營的作家都持有濃厚的擁護國策意識，符合他們一貫的統治者立場文學觀。《文藝臺灣》第二卷第六期（1941 年 9 月），除了刊載川合三良〈出生〉和周金波〈志願兵〉等呼應時局的作品，並設置「戰爭詩特輯」，已充分顯現了文學奉公的熱忱。太平洋戰爭爆發後，進一步以呼應時局的各種特輯協助戰爭。〔註 67〕把台灣文學當作日本文學一翼的外地文學經營的《文藝臺灣》陣營，這些協助戰爭宣傳的作品多以台灣為背景〔註 68〕，然而深入分析，充滿著統治者知識階層對台灣人的教化意識，也有對在台日本人再教育的意圖，為促進皇民化寫出理想皇民應有的行為與態度，以塑造皇民的榜樣。

　　以台籍作家為主的《臺灣文學》陣營，在太平洋戰爭爆發後，雖也表明對時局的關心，但宣傳國策的態度傾向消極。參與《臺灣文學》陣營的日人作家，文學觀雖較尊重被統治者的立場，然而隨著戰爭的進展，本身的民族意識與日益強化的國家主義，使得他們擁護國策的意識也越來越明顯，表現在小說中是對戰爭的歌頌與皇民化的認同。

　　國策文學的寫作使作家放棄了自我的藝術追求，完全喪失批判的精神，以呼應國家至上命令，加強了作品的宣傳性質，就本章節所歸納出的戰爭文學內容來看，以描寫有關台灣人軍事動員的最多，這是否也可以說明皇民化的目的在於補充戰爭中的人力資源，然而是否因此達到了軍事動員的目的。或者國策文學所要迎合的讀者應該是總督府官員，因此在外部膨脹、內部麻痺的政策下，作品極力呈現出勝利在望的假象，並持續到戰敗為止，使得此類擁護大東亞聖戰小說的寫作，最終只發揮「戰爭文宣」的工具價值而已。

〔註 67〕　根據井手勇的調查，《文藝臺灣》各號的特輯如：5.2「詩集大東亞戰爭」、5.3「大東亞文學者大會特輯」、6.1「國民詩特輯」、6.2「辻小說特輯」、7.1「詩集大東亞戰爭」，以及終刊號「臺灣決戰文學會議特輯」。《文藝臺灣》對投稿者要求要留意時局（3.3），表明不會刊登完全無視時勢的作品（3.6）。參考井手勇，前引書，頁 105～108、頁 155。

〔註 68〕　在台日人作家也有描寫日本本土、中國大陸佔領區或菲律賓的戰爭題材小說，且多為《臺灣文學》陣營的作家，如折井敏雄〈墓標を搜す女〉（《臺灣文學》3.1，1943 年 1 月），坂口䙥子〈川は流れ止まず——父母に代りて記す〉（《臺灣文藝》1.7，1944 年 12 月）、〈盂蘭盆〉（《臺灣文學》4.1，1943 年 12 月），吉村敏〈敵愾心〉（《臺灣文學》3.2，1943 年 4 月）、〈建設の譜〉（《臺灣公論》1943 年 1 月）等，書中主角為日本人。

第八章　歷史敘事與日本統治合理化

第一節　帝國歷史的發現者──西川滿的歷史小說

　　兩歲隨父母渡台，直到青少年時期第一次回到父母故鄉的西川滿，雖不是出生在台灣的第二代日本人（灣生），但與灣生同樣經歷了望鄉、雙鄉情結，到接受台灣爲故鄉的過程，西川滿憑藉著故鄉的歷史回應故鄉的召喚：

　　　　（家鄉）的一草一木，彷彿和我們祖先的血脈相連，感受到無以名
　　　　狀的感動……自幼離開故鄉的我，連一個朋友都沒有。但是故鄉的
　　　　歷史代替了朋友，不斷安慰我。〔註1〕

離開台灣、返回內地往往引發灣生自我認同的危機與轉機，西川滿以父祖故鄉的山川作爲文化認同對象，歷史替代了故鄉的人情，掩飾了殖民地日本人在父祖家鄉爲異客的尷尬與矛盾。大學主修法國文學時認識了地方文學重要性的西川滿，於是回頭尋找台灣的歷史文化，爲既是同鄉人也是異鄉人的在台身分尋求認同。「有歷史的台灣」在西川滿心目中是「無限的歷史寶庫」、「百花盛開的宗教藝廊」、「未經琢磨的史界鑽石」、「西歐與東洋文化融合的華麗島」。〔註2〕

　　面對精神的雙重結構與浮動的身分認同處境，西川滿從自己特定的地域和文化視角出發，藉著再詮釋歷史書面資料的「過去」，企圖對自身的主體性加以合法化。工藤好美指出西川滿的《赤嵌記》〔註3〕是藉著描繪「過去」以

〔註1〕　西川滿，〈歷史のある臺灣〉，前引書，頁449～450。
〔註2〕　同前注，頁451。
〔註3〕　〈赤嵌記〉，《文藝臺灣》1.6（1940年12月），中文版爲陳千武譯，《西川滿

托付自身感懷〔註4〕，由西川滿的歷史小說發現，他所認同的台灣，是一個經過篩選、想像、加工的華麗世界，並以此以一世界的代言人自豪。透過將殖民地社會、文化與日本母國一體化的過程，以符合重新整編的殖民地統治方向——南方共榮圈想像，那種游離、不安定、兩處茫然的雙鄉情結，得以暫時棲止在呼應時局的文本安排上。

在建構屬於帝國史一部分的台灣歷史小說時，〈赤嵌記〉中直指「台南人不太愛惜自己所在的土地和歷史」（頁435），顯現出西川滿居高臨下的視線。與陳永華家族有宗親關係的陳姓青年，向「我」傳遞地位遭史家埋沒的延平郡王三世克壓夫婦的願望，青年熱心慫恿「我」撰寫歷史性文章，因為「鄭氏時代的赤嵌樓，留下了相當值得記錄的事蹟」（頁436），彷彿克壓夫婦精靈再現的陳姓青年及女子，將歷史翻案的重責大任交由「我」，帶出西川滿寫作殖民地台灣史的「正當性」、「使命感」。

〈朱氏記〉〔註5〕中住在萬華古建築裡的台灣青年朱木英，身著西裝、專攻油畫，嫌惡因襲、不泥於過去，對「我」視為寶物的「文魁」匾、繪有西王母像的古燈等古物，表現出無知與不屑。面對朱氏急於脫古入今卻又杜門自絕的態度，「我」站在旁觀者的立場同情之餘，也展現了對台灣古建築物、民俗文物品鑑的自信。「我」對朱木英的姓與明朝國姓加以穿鑿附會，對葫蘆運與葫蘆巷的解說，隱然比當時台灣人更能洞悉朱氏祖先作為。在〈雲林記〉〔註6〕中，斗六士紳鄭芳春的孫子梅里君對「我」清楚其祖父事蹟的表現十分驚訝，「我」氣定神閒的說：

> 早就調查過了，很訝異吧。所以你不早點完成斗六史是不應該的。
>
> （頁139）

至此，為台灣修史作傳的人選呼之欲出。

西川滿根據清代郁永河〈裨海紀遊〉改寫的歷史小說〈採硫記〉，以一個二十世紀殖民地旅人，化身為清朝官吏郁永河，用感性浪漫的筆調細數著漢人開發台灣的甘苦，使得在「日本歷史小說」中的台灣，蒙上了日本化的詮

小說集2》。引文中譯為筆者參照原文與中譯版完成，所示頁次為日文版。

〔註4〕 工藤好美，〈臺灣文化賞と臺灣文學〉，《臺灣時報》279（1943年3月），中譯引自黃英哲主編，《日治時期臺灣文藝評論集雜誌篇》第4冊，邱香凝譯，頁111。

〔註5〕 本文依據《文藝臺灣》3.4（1942年1月），原文為日文，中文為筆者自譯。

〔註6〕 本文依據《文藝臺灣》2.1（1941年3月），原文為日文，中文為筆者自譯。

釋觀點，以便與帝國統治史鍛接。

　　西川滿企圖將個人生命史與帝國歷史接軌的歷史小說，以統治者的眼光回顧日本統治台灣的歷史，為日本讀者展示異國風俗與開拓海外領地的神話，從血統和現代化切入，將明鄭、滿清時期的台灣史加以截取、轉化，在政權交替的敘事中滲入帝國的陰影。這類將台灣的歷史人物、歷史事件，加以提煉想像，並以虛構手法再現的歷史小說，顯示作家在殖民統治位階下，將日本統治台灣的意義正當化的意圖。

一、從血統到正統

　　日本天皇世世代代，不論是兄弟相承或父子相傳，皆出自同一血緣家氏。在以血為名的國家認同理念下，日本國體論強調維持血統純粹的重要性。甲午一役打敗大清帝國，令日本民族證明自己血統的優秀性。占領台灣後，在殖民帝國優生學的觀念下，日本人單一民族「優越血統」的神話，面臨將殖民地「低劣血統」的台灣人納入帝國臣民的威脅。〔註7〕

　　中日混血的政治人物鄭成功，18世紀在日本透過文學作品與戲劇已廣為人知。日本統治台灣後，鄭成功的政治性功能受到日本官方關注。〔註8〕因為他承接自母親的日本血緣，使他成了第一位遠征台灣的日本人後裔。這個日據時期被刻意日本化的政治符碼，以及「其來有自」的中日關係，緩和了異族與單一血統神話的衝突，合理化了日本殖民台灣的行為。而鄭氏反清復明的英雄形象，與日本打敗大清帝國的戰果，串連成日本帝國歷史的一部分。〔註9〕

〔註7〕 日本殖民政策的同化政策所遭遇的混血問題，混合民族論者主張以混血抹消被支配者，人種思想與優生學者主張優秀人種與低劣人種必須隔離。二派學者勢力消長情形，參考小熊英二，《單一民族神話の起源》，第十三章〈皇民化対優生学〉，頁235～270。

〔註8〕 根據高致華的研究，日本統治台灣後，開始正視鄭成功所具有的象徵意義，經由民間宗教信仰等潛在力量，藉以淡化台灣人敵我意識與對立。詳見高致華，《鄭成功信仰》（合肥：黃山書社，2006年5月），第三章〈日治時期鄭成功信仰在台灣的發展〉，頁57～64。

〔註9〕 明治維新後，鄭成功成了日本海外擴張時的精神資產，例如1873年滿川成種《臺灣紀聞》、染崎延房《臺灣外記》，1875年東條保《臺灣事略》皆記載鄭成功在台灣的事蹟，並視之為日本人在台歷史的一部分。參考江仁傑，《解構鄭成功——英雄、神話與形象的歷史》（台北：三民書局，2006年4月），頁56～58。

　　被「日本化」了的鄭成功出現在日本的歷史劇、小說中〔註10〕，鄭氏家族的血緣關係與南洋發展藍圖，成了小說家嫁接總督府南進政策的材料，典型的作品如吉村敏〈悲運の鄭氏〉〔註11〕，在敘述承傳日本「大義之國」（頁93）血統的鄭氏家族與文臣陳永華，為反清復明大業奮鬥終告失敗的經過時，以日本天皇年號紀年，因此鄭成功病逝於寬文二年（1662）、陳永華死於延寶八年（1680）、克塽死於天和元年（1681），將中國紀年以日本年號代替以確立自己的主體位置，明鄭時期歷史被納入東洋史，鄭成功成功轉為日本的英雄人物。

　　西川滿〈赤嵌記〉的「轉章」，記述了作者參考《臺灣外記》完成的鄭氏家族興亡史，強調克塽並不是螟蛉子的說法。當父親鄭經在廈門失利後，克塽決定建設台灣為國富兵強的基地，再結合西班牙，征服安南、緬甸，建立以台灣為中心的大明帝國：

> 啊！祖父攻佔的鹿耳門、祖父攻陷的紅毛砦。身為孫子必須從祖父所獲之地重新出發。成為這個渺小台灣的統治者有什麼意思呢？要復興大明，要在南方建立大明帝國。走出鹿耳門，航向大海……祖父的母親是日本人，是祖父那一代唯一的驕傲。如此看來，我這五尺之軀內必然也流著連綿的日本血統。珍惜這血緣，順著這血緣的命令前進南方。（頁 457）

藤井省三指出克塽所說的「新體制」（頁 449）、「高度國防國家」（頁 458）都是日本第二次近衛文麿內閣成立前後的標語，十七世紀台灣的悲劇英雄，和一九四〇年代的現實重疊。〔註12〕克塽是不是螟蛉子的問題並不重要，但

〔註10〕 神田喜一郎、島田謹二〈關於在臺灣的文學〉提到：「從近松巢林子的〈國姓爺合戰〉（1715）開始，日中荷三國繁衍出許多的『國姓爺』文學，到後來更將想像添加進史實之中」，原刊於《愛書》14（1941 年 5 月），引自黃英哲主編，《日治時期臺灣文藝評論集雜誌篇》第 3 冊，張文薰譯，頁 82。近松門左衛門以降，日本出現了十幾種以鄭成功為主角的文學作品與戲劇，呈現鄭成功日本武士般的形象。參考高致華前引書，頁 278～281。在台日人作家中，鹿島櫻巷有《國姓爺後日物語》劇本（1914）；庄司總一《陳夫人》第二部（1942）視鄭成功為日本和中國的協同體；西川滿〈赤嵌記〉（1940）、〈採硫記〉（1942）推崇鄭氏王朝；以鄭成功研究家著稱的吉村敏有〈悲運の鄭氏〉（1941）。

〔註11〕 本文依據《臺灣地方行政》7.7（1941 年 7 月）。

〔註12〕 參考藤井省三著、張季琳譯，〈台灣異國情調文學的敗戰預感：西川滿「赤嵌記」〉，《臺灣文學這一百年》，頁 141。藤井省三認為西川滿並未打算將鄭氏台灣的沒落史與後來日本的戰敗重疊，但將〈赤嵌記〉解讀為「意外成為殖民

他擁有八分之一的日本血統，邱雅芳認為縱使克塱身分的正統性遭懷疑，但他野心勃勃的將台灣引向南方，足以呼應日本佔領台灣的合法地位並向南擴張的謀略。〔註13〕而日本帝國打敗滿清，是在血脈相傳下「收復失土」，屬於合法的統治者。

　　1937年日本發動全面侵華戰爭，「中國」成為殖民當局統治下台灣的「敵國」，台灣總督府積極以日本化去中國化，以皇民意識消滅台灣人的民族意識。曾經將〈嘉定屠城紀略〉〔註14〕翻譯成日文的西川滿，在取材台灣歷史時，以民變反抗的主題暗含對滿清的輕蔑。取材自朱一貴滅清復明事蹟的〈鴨母皇帝〉〔註15〕，可說是西川滿以異國情調改寫台灣歷史的開山之作，將讀者設定為日本本土日本人，一開始就說：

> 到台灣旅遊的諸位，看過數百隻家鴨在養鴨人家一根鞭子自在驅使下游於基隆河之類的奇景吧。有個利用家鴨聽命於飼主的習性而成為一國之主的男子，就是自稱中興王、人稱鴨母皇帝的朱一貴。（頁28）

內容以朱一貴出生草莽、馴鴨有道而稱王的傳奇故事為主，仍不離西川以民間信仰與台灣風物入題的一貫作風，對朱氏起義抗清後壯烈犧牲的經過一筆帶過。文末並以當時流傳的諷刺性歌謠「頭戴明朝帽，身穿清朝衣，五月稱永和，六月還康熙」作結，朱一貴反貪腐、光復故明的英雄形象，隱沒在作家好奇異、重想像的個人趣味中，歷史題材成了宴饗日本本土讀者的異國書寫。

　　以日本旅人、殖民統治的視野置換歷史人物的心情，殖民統治的意識能不著痕跡滲透於文本中，西川滿改編〈裨海紀遊〉而成的〈採硫記〉中的郁永河，自幼跟著父親從福州山上遠眺坌嶺（觀音山），到台灣來採硫似乎不是他的主要目的，感性浪漫的筆調帶出郁永河對與台灣有關人事的懷想，以

<hr>

體制崩壞的預言書」，頁144。
〔註13〕邱雅芳，〈荒蕪美的系譜——試探佐藤春夫《女誡扇綺譚》與西川滿《赤崁記》〉，《文學與社會學研討會：2004青年文學會議論文集》（台南：國家台灣文學館，2004年12月），頁156。
〔註14〕分四回刊載於《臺灣地方行政》4.8、4～9、4～11、5～1（1938年8、9、11月，1939年1月），1939年4月由日孝山房出版。
〔註15〕〈鴨母皇帝〉原刊於《臺灣時報》1934年7、8月，收入中島利郎、河原功編，《日本統治期台湾文学日本人作家作品集》第1卷，原文為日文，中文為筆者自譯。

及爲亡父一償宿願的孺慕之情。與〈稗海紀遊〉最大的不同在於西川滿對鄭
氏家族的推崇，橫越台灣海峽時，郁永河想到這是當年「一代英傑鄭成功攻
下台灣」（頁 83）所經過的路；來到澎湖時想到「失法澎湖等於失去台灣。
由於澎湖淪陷，一下子鄭氏就投降也是理所當然的」（頁 85）；經過鹿耳門水
道時，懷想起絕代英傑將武器精良的紅毛奴輩趕回西方的事蹟，「鄭成功拋
下周章狼狽的荷軍，巧妙的進入這水路，掌握了致勝的關鍵」（頁 85）」；探
訪紅毛城時談論台灣海防的重要：

> 中國所謂的有識之士卻毫無定見。以前紅毛人看中的淡水，就如昨
> 天我們看到的那樣，任其荒廢，也沒有任何人提議修城……如果本
> 島再次落入紅毛夷狄手中，就再也不能回到我國版圖。僅鄭氏一族
> 據此地時，要攻略它就煞費苦心了，何況懷有大志、重視國防的紅
> 毛、西仔（法國）之類的，萬一占有本島，中國可說就面臨危殆了。
> 可是本島的官員並不著眼於此……把本島說成化外之地、瘴癘之地
> 的原本就是錯的……比起中國的貧瘠土地，實在是南海樂土、這世
> 界的淨土。（頁 124～126）

作爲日本後裔的鄭成功曾打敗荷蘭人，又有遠征南洋的計劃，在在與當時日
本帝國向英美列強宣戰、將台灣列爲南進基地的局勢若合符節。〈探硫記〉
即以郁永河追隨鄭氏足跡的心路歷程，藉著挪用歷史空間，時時以比滿清更
重視台灣的情感，突顯南方共榮圈中的台灣地位，再造擴張版圖的新帝國神
話。

二、現代化與統治合理化

日本明治維新近代化成功的表現，使得總督府在台進行的「皇民化」措
施往往被視爲邁向「現代化」的條件，獲得西川滿青睞寫入歷史小說的人物，
不論是〈元宵記〉〔註16〕中破除迷信的潘永清、〈臺灣の汽車〉（台灣火車）
〔註17〕系列中興建鐵路的劉銘傳，皆具有現代化的元素。〈雲林記〉將日據以

〔註16〕〈元宵記〉，《新潮》11（1941 年 11 月），收入中島利郎、河原功編，《日本統
　　　　治期台湾文学日本人作家作品集》第 1 卷。
〔註17〕〈臺灣の汽車〉，《臺灣時報》1942 年 6 月，原文爲日文，中文爲筆者自譯。
　　　　除了〈臺灣の汽車〉，西川滿在〈二人の獨逸人技師〉（兩位德國技師）、〈龍
　　　　脈記〉、〈臺灣縱貫鐵道〉、〈桃園の客〉小說中一再提及劉銘傳的鐵路建設事
　　　　業。

前的雲林比喻如《水滸傳》中怪賊亂盜巢穴，在「雲林事件」（1896 年）四十
年後，已是民情敦厚、物產豐饒的樂土。雲林川旁一望無際的蔗田、愛國蓖
麻，糖廠火車轟然通過雲林鐵橋，展現日本統治以來，化惡土成良田、令盜
匪變皇民的治績。文中截取當年歸順委員今村平藏《蠻烟瘴雨日誌》部分記
載，推崇皇軍高貴的犧牲換得今日的成果，掩飾了當年雲林地區在日軍兵燹
下肉山血河的慘狀。而當年參與招撫的斗六鎮長鄭芳春以「早日令欺壓良民
的匪賊歸順，成為日本帝國新臣民」為己任：

> 沙棠（現在的梅里尚德）已睡了吧。那孩子讓他進台南國語學校吧。
> 今後不學會國語是不行的。這樣的話，即使我這一代無法奉公，那
> 孩子，或孫子，經過二代三代，只要我的血脈綿延，定要展現皇民
> 的赤誠，為鄉土盡力。我對自己已成為日本人的想法感到自豪。（頁
> 133）

由於鄭芳春的「先見」，沙棠繼承父志成為鎮長，並率先改日本姓氏「梅里」。
與鄭家第三代梅里君友好的「我」，聽聞其為幼子在國語（日語）家庭教育下，
和附近孩童遊玩時學會了「台灣話」的無奈時，「我」深感那是「先覺者的煩
惱」。而梅里一家迎合殖民統治的事蹟，被「我」視為歷史的光環，「我」以
居高臨下的姿態省視著，有如一名驗收殖民統治成果的造史者。

　　鐵路是近代化事業的要項，關係著國家民族血脈。為台灣近代化繪製了
藍圖並開創基業的劉銘傳，和擁有日本血緣並收復台灣的鄭成功一樣，成了
西川滿歷史小說中一再推崇的對象。台灣的鐵路時代肇始於清朝台灣巡撫劉
銘傳集資興建，至日本佔領台灣後於 1908 年貫通縱貫線全線，這起於劉銘
傳而由日本人完成的鐵道史，成了鍛接台灣史與帝國史最佳的材料。在〈臺
灣の汽車〉中，「我」往來於台北車站、新公園、博物館、總督府圖書館的
空間，時間則今昔交混，從劉銘傳、德國技師畢特蘭、貝克爾到兒玉源太郎、
後藤新平，顯示出西川滿以近代化發展作為台灣歷史小說的布局。公園內展
示著令「我」掉入童年記憶的「騰雲號」機關車，這部由劉銘傳向德國霍亨
索機車製造廠購入的蒸汽車頭，從清代走到日據時期，有如台灣現代化的見
證者，而「我」也參與其中。「我」認真考證展示解說的錯誤，藉此批評清
人視火車為惡魔的反現代謬妄，稱讚劉銘傳的遠見、德國技師結合科學與愛
國的精神，「我」滿溢的情感與豐富的想像，彷彿穿越時空回到了 1888 年「騰
雲號」在台灣組裝完成的機器局。文末「我」指著地圖對總督府圖書館館員

說：

> 我總覺得劉銘傳還活著，你看，這個伐木局，現在也是木材場，這
> 個機器局，現在是鐵道部。喔，對了，我現在要去機器局，不對，
> 是鐵道部看看。（頁130）

不喜英法、重用德國技師與日本工匠的劉銘傳，間接呼應了二次大戰期間日本的外交關係，在〈二人の獨逸人技師〉（兩位德國技師）〔註18〕中強化了劉銘傳與德國技師畢特蘭、貝克爾相知相惜的情誼，畢特蘭更立志要在台灣開通南北縱貫、東西橫貫鐵路，以及南中國、南洋的航海造船事業，打的就是避免英美進佔台灣的卡位戰。再藉劉銘傳招待日本友人名倉松窓參觀機器局工廠時談論日本近代化的成果，劉銘傳慨歎說道：

> 同樣是東洋國家，任何事都能積極引進，並產生新血肉的日本，和
> 自古便只看重自己國家的事物，頑強抗拒新科學入侵的清朝，不得
> 不令人深思。要努力至少讓台灣不會跟不上文明的潮流。（頁28）

名倉了解了劉銘傳建設台灣的企圖後，也很樂意投入機器局的鑿井工程，日本人加入了台灣的現代化工程，暗示著能結合劉銘傳見解與德國技術的傳人非日本莫屬。日本與各國在政治、軍事場域角力之外，更以對台灣鐵路建設的決心重申統治台灣的正當性。

〈龍脈記〉〔註19〕描寫機器局德國工程師貝克爾挖掘獅球嶺隧道工程時所遭遇的困難與危險，藉此批評清朝官吏與軍隊的貪腐、迷信。在「龍脈」、「龍腦」說的阻礙下，一發生工程崩塌時，不滿貝克爾科學作為的鐵路商務總局總辦張士瑜，不僅認為眾怒難犯「不需查明原因，置之不理才好」（頁82），並改採英人麥迪遜鑿開獅球嶺的方式建造鐵路，雖然開工前經由在地地理師慎重的舉行了祈福儀式，但開鑿工程終因排水不良、豪雨沖刷而崩潰，證明了德國工程師貝克爾的先見之明，連帶的推崇擁德的劉銘傳。

面對令眾人裹足不前的「龍脈」信仰，劉銘傳表現出理性的思考：

> 有了人才有龍脈，絲毫沒有為龍脈來左右人的必要……這是時代潮
> 流，任誰也無法抗拒時代潮流，龍脈也是……為了一百人的生存而

〔註18〕 〈二人の獨逸人技師〉原刊於《臺灣鐵道》1942年7月號，收入中島利郎、河原功編，《日本統治期台湾文学日本人作家作品集》第1卷，原文為日文，中文為筆者自譯。

〔註19〕 〈龍脈記〉，《文藝臺灣》4.6（1942年9月），原文為日文，中文版參考葉石濤譯，《西川滿小説集》1。

犧牲一人也是無法避免的事。（頁 94～96）

當獅球嶺隧道開挖工程再度回到德人貝克爾手上時，一但遇到崩坍，劉欽差坐著夜行火車趕赴工地現場，以支持的行動與激勵的話語，為擔任工程的士兵燃起要挖通隧道的決心。當工程決定由北、南兩側同時挖掘時，貝爾克說：

　　為了子孫的繁榮，選擇風水好的地方挖掘墳墓是最好的，那在龍脈

　　上鋪設鐵路，一定會為後代社會帶來好結果。這樣的想法錯了嗎？

　　（頁 103）

以充滿動力的現代性置換對死亡、陳舊的執拗，來說明鐵路（現代化）的必然性。

　　在「現代化」面前不論表現出拒絕，或是遲疑不決，終究無法躲過「歷史」（帝國殖民史）的批判。西川滿在〈桃園の客〉〔註20〕中稱劉銘傳是進步的政治家，邵友濂是保守的政治家，而處在理念不合兩人間的顏沈元，為了回報邵友濂的知遇之恩，辭謝了劉銘傳延攬他加入現代化建設大業的厚意，隱居桃園不出。反對鋪設鐵路的顏氏，刻意把女兒嫁往遠離鐵路的樹林鄉下，而今說著流暢國語的外孫女，搭乘著日據時期修建的鐵道火車，很方便的探望照顧老顏沈元。中斷台灣鐵路工程的邵友濂，與完成台灣鐵路建設的日本殖民政府，誰是老顏沈元應該感謝的？作者認為「鐵路的恩情，他比誰都感受得深吧」（頁 96）。日本殖民被解釋成繼承並發展劉銘傳現代化建設的不二門，經過了日本殖民開發後，鐵路發展成了不可抗拒的現代化象徵，也掩蓋了殖民統治下台灣政治、思想層面近代化發展的遲滯。

　　被西川滿視為「超越寫實的運用寫實」〔註21〕代表作《臺灣縱貫鐵道》〔註22〕，以 1895 年台灣反抗日本佔據的乙未戰爭為題材。朱惠足研究指出西川滿根據文獻中的老照片，發揮想像力復原照片拍攝的經過與現場，觀察主體為攝影記者，其中穿插戰地記者村上的通訊報導與手記，模擬當年日本

〔註20〕　〈桃園客〉由日孝山房以單行本發行（1943.10），收入中島利郎、河原功編，
　　　　《日本統治期台湾文学日本人作家作品集》第 1 卷，原文為日文，中文為筆
　　　　者自譯。

〔註21〕　〈文藝時評〉，《文藝臺灣》6.2（1943.6），頁 27。

〔註22〕　〈臺灣縱貫鐵路〉1 至 11 回，自 1943 年 7 月起至 1944 年 12 月止，連載於《文
　　　　藝臺灣》6.3、6.4、6.5、6.6、7.2，以及《臺灣文藝》1.1、1.2、1.3、1.6、1.7。
　　　　本文所用版本為入中島利郎、河原功編，《日本統治期台湾文学日本人作家作
　　　　品集》第 2 卷，中譯本參考黃玉燕譯，《台灣縱貫鐵道》（台北：柏室科技，
　　　　2005 年 2 月）。

印刷傳播媒體報導日軍的海外遠征，製造國民想像的過程。〔註 23〕敘事者從殖民者的觀點發話時，反抗軍的形象成了「匪賊」、「台灣民主國」成了烏合之卒，敘述者深入「敵軍」——台灣抗日軍，描述內部分化、混亂的情形。這些裝備老舊的反抗者，和擁有「忠烈的士兵、優良的裝備、勤勉的醫官」（頁 360）的日本對峙時，在殖民者筆下成了一幕幕落後者自不量力的鬧劇，「毫無道義的爲反抗而反抗，難道不知道是自身的不幸？」而且完全不知日本是「爲了救台灣人民而戰」（頁 297）。因此日軍的大規模掃蕩「匪賊」，正是爲了天子（日本天皇）「救眞的良民，令台灣成爲皇土」的唯一方法。

　　日本帝國對西洋先進帝國在台灣勢力的繼承脈絡，至《臺灣縱貫鐵道》作了明白的交會轉移，畢特蘭告訴從軍記者村上「到台灣來值得我尊敬的清國人只有一個」劉銘傳（頁 181）。當日軍在台北車站發現並修復 1887 年德國製的「騰雲號」時，「八年後的今天，經由兩名日本人著手修理有某種因緣」（頁 148），表明台灣現代化建設已由清朝官僚與西洋工程師轉移到日本人手中。德國陸軍中尉舒瑪赫說：

> 台灣被平定後，也許仍有一部分頑冥之徒謀逆不軌，欲抵抗日本將經營的文明事業。但我認爲不必顧忌那種事。日本政府毅然保全歷史上獲得的此一大榮譽，在撫育住民下，必然從相信日本尊敬日本的住民中，編成活躍有爲的軍隊，由住民自動向日本政府負起義務。到那時與住民服從支那官吏壓制下的時代完全懸殊的繁榮將降臨台灣。（頁 361）

藉由友邦之口從文明教化的角度強調日本統治台灣的正當性，更預言台灣人民「志願從軍」的必然性，以正當化半世紀後在殖民地台灣所進行的異族軍事動員。

　　由於鐵路與戰爭補給關係密切，日軍一登陸台灣即組成鐵路調查隊進行勘查，日本不單只是取代清朝劉銘傳與德國工程師的地位，鐵路技師小山保政以專業形象批評獅球嶺結構不安全（頁 140），認爲工程上的不合理出於清國政府躁進政策的干擾（頁 264），並強調台灣舊有的鐵路不僅止於新竹，在「匪賊」蓄意破壞下也殘缺不全，重申建設台灣縱貫鐵路對日本殖民統治的重要性。而「匪賊」的破壞不僅妨礙日本「解救台灣」，也是反抗台灣的現代

〔註 23〕朱惠足，〈帝國主義、國族主義、「現代」的移植與翻譯：西川滿《台灣縱貫鐵道》與朱點人〈秋信〉〉，《中外文學》33.11（2005 年 4 月），頁 117～118。

化建設，因此爲了台灣的現代化，必然要掃蕩匪徒，「現代化」名正言順的成了殖民者統治台灣的動機與理由。

　　日軍攻台時因熱病喪命的人數多過戰死者，其中還包括日本皇族北白川宮能久，顯示一踏上殖民土地，任誰都逃不過「台灣熱」──瘧疾的襲擊，軍醫部長森林太郎認爲如果不改變市街結構、房舍樣式，要遏止傳染病好比待黃河清（頁 186），從醫療衛生的角度暗示日本殖民政權將超越中國在台灣的文化傳統，公共衛生也成爲殖民者建設現代化台灣的一環。德國陸軍中尉舒瑪赫認爲日本擁有與德國不相上下的軍醫，而且不僅盡忠職守的醫治本國的傷兵，對遭賊徒槍擊負傷的本地居民也細心治療（頁 359），預言：

> 日本的軍醫們必定在不久的將來，把台灣從不健康的土地改變成東洋的寶庫。（頁 360）

在這裡「台灣」成爲等待日本殖民宗主國解救的瘴癘之地，日軍不再是不行仁慈、專主殺伐的侵略者，而是使台灣良民恢復更生的再造者。

　　《臺灣縱貫鐵道》以「大招魂祭」爲終章，記述「天長節」（指當時天皇生日 11 月 3 日）在台南舉行「臺灣役戰死病歿諸子之靈」的招魂儀式（頁382），這場令敘述者動容的儀式，朱惠足指出顯示了帝國的時間接枝到殖民地台灣，台灣已成爲日軍魂魄回歸的帝國空間〔註24〕。

　　這部長篇小說於雜誌連載時，以「白露の章」作副標題，但並未完成「縱貫」的題旨。三十四年後（1978 年）發行《臺灣縱貫鐵道》單行本時，西川滿在後記說明當年已計畫撰寫「連霧の章」，內容將延伸至縱貫鐵路全線開通，然而不知爲何沒完成。〔註25〕台灣光復後，成爲戰敗國一員的西川滿，曾因擔任台灣文化最高指導者被列入舊臺灣總督府情報課提出的戰犯名單中〔註26〕，或許回到日本的西川滿，當「個人的台灣」與「殖民帝國」漸漸成爲歷史時，卻失去了縱貫創作台灣歷史小說的動力。

第二節　統治者代言人──濱田隼雄的歷史小說

　　1933 年起在台灣擔任國文（日文）教師的濱田隼雄〔註27〕，與西川滿同

〔註24〕 朱惠足，前引文，頁 120。

〔註25〕 參考中島利郎，〈西川滿作品解說〉，《日本統治期台湾文学日本人作家作品集》第 2 卷，頁 411。

〔註26〕 參考中島利郎編，《日本統治期台湾文学小事典》，頁 86～87。

〔註27〕 本節有關濱田隼雄的文學軌跡參考松尾直太，前引書，第二章第一節、第三

爲《文藝台灣》社團中具影響力的作家。1939 年成爲「臺灣文藝家協會」會員，成立了「小說研究會」，以島田謹二的外地文學理論作爲指導性理論。1941 年總督府情報部介入成立新「臺灣文藝家協會」，濱田成爲小說部理事，並擔任「文藝臺灣社」同人社友的小說評論。1942 年 11 月濱田代表參加了「大東亞文學者大會」，翌年 2 月以《南方移民村》獲得「臺灣文學賞」，成了當局所認可的擁有最高榮譽的台灣文化人，在 1943 年 4 月發表的〈非文學的な感想〉提到：

> 在如今這個時局，內心不曾思考著戰爭的事而動筆爲文，胸無點墨而談文學報國，我無論如何都不認爲這是文學人應有的態度……我在大東亞文學者大會中最早體會到的感動，就是這場大會正是大東亞戰爭的產物，是它的戰果之一。這場戰爭是不斷向東亞擴展的一個理想，只有在這個理想之下，我們才得以談論大東亞的文學。〔註28〕

根據松尾直太統計，從 1940 到 45 年間，濱田共發表小說 22 篇，其中包含了中、長篇歷史小說〈西鄉從道〉、《南方移民村》、〈草創〉。濱田對文藝團體發展方向的努力，與自身小說創作的熱情，使他躍居決戰時期台灣文壇指導地位。隨著戰時體制對文學協助戰爭的要求越烈，濱田率先摸索小說家「職場奉公」的作爲，以及作爲「文學報國」的台灣文學樣貌，作品越來越反映出國家的政策，呈現出大東亞戰爭必勝的意識。

不同於西川滿對歷史素材的截取、轉化以虛構手法再現的歷史小說，濱田隼雄則直接強烈的在歷史敘述中，傳達帝國的大東亞共榮意識，並以歷史的必然信念鼓舞聖戰。工藤好美曾針《南方移民村》提出這種「調查工作做得很好的小說」，加上外界給予的官方命題，使歷史成爲真正的歷史觀，如果不是在挖掘歷史現實本身的過程中發現的，歷史最終只是一個空虛的概念。〔註29〕因而濱田的歷史小說在史料的基礎下賦予傳達官方命令的功能。

章第一節、第四章第一節。

〔註28〕原刊於《臺灣時報》1943 年 4 月，中譯引自黃英哲主編，《日治時期臺灣文藝評論集雜誌篇》第 4 冊，邱香凝譯，頁 130～132。

〔註29〕工藤好美認爲真正的歷史小說，必須在歷史的事實與歷史觀互相妥協，並建立了在歷史觀的引導下處理事實，在事實中找出足以作爲事實本身的意義和趨勢的歷史觀之類的關係下完成。參考工藤好美，〈臺灣文化賞と臺灣文學〉，中譯引自黃英哲主編，《日治時期臺灣文藝評論集雜誌篇》第 4 冊，邱香凝譯，頁 115。

一、敘事觀點國策化

縱觀濱田三部歷史小說，可以明顯看出為統治者宣傳的意願。1941 年 2 月開始見報的〈西鄉從道〉〔註 30〕，是「總督府臨時情報部」命題委託的創作，分十次連載在《部報》。小說以 1871 年的琉球難民事件、1874 年 5 月陸軍中將西鄉從道領軍犯台的史事，演繹成歷史小說。

這部濱田初次嘗試將文學報國的政治性置入文學的小說，松尾直太在論文中曾詳細討論，根據研究成果顯示，西鄉從道堅持進攻台灣、「討伐」原住民，並強求清廷賠償，認為這是即使淪為海盜也不得不向南亞發展的命運（19410215 號頁 30）。到了六十多年後的四〇年代，西鄉被推崇為洞悉日本必然向南方發展的先知。這個向中國展示日本皇國武威的第一個戰爭被故事化後，與當時日本侵華戰爭、台灣作為南進政策基地的重要性重疊。而藉著替琉球人民報仇的日本「正義」敘事觀點，正當化「強大的日本」對「狡猾的清國（中國）」的侵略行為，並強化日本皇民意識。故事的終結，濱田對「征台戰役的歷史意義」提出以下觀點：

> 征臺之役後的日清戰爭、領臺以來、日俄戰爭、第一次世界大戰、目前是第五年的支那事變與第二次世界大戰，在這世界性紛亂中，臺灣現在更是向南方擴大的日本國力的發動點……臺灣現在又是展現昭和日本向南方伸展國力的重大時期。現今我們更應緬懷以從道為首的征臺戰役將士們的氣概，衷心向病死於瘟疫的勇敢人們之靈表示敬意，必須以他們為模範燃燒起南進的熱忱吧。（19411015 號頁 23）

濱田露骨的配合體制書寫，回應了情報部對通過文藝作品達成皇民鍊成的目標要求。〔註 31〕

松尾直太指出濱田隼雄在台灣小說家時代初期仍能實踐理想性興趣的創作，而隨著戰時局勢緊迫，濱田逐漸萌生體制性興趣，中期則擺盪與並存兩者間，〔註 32〕在本論文第六章已討論過的《南方移民村》，可視為濱田為日本農業移民與殖民開拓事業作史的作品，小說連載期間，爆發了太平洋戰爭，日軍在南方戰場所向披靡，濱田的小說結局向國策傾斜，使得原本以農

〔註 30〕　《部報》1941.2.1、2.15、3.1、3.15、4.1、5.1、6.1、8.1、9.1、10.15，一共十回。
〔註 31〕　參考松尾直太，前引書，頁 118～123。
〔註 32〕　參考松尾直太，前引書，頁 297。

業移民扎根於殖民地台灣作爲眞正佔領殖民地的理想（頁 87），搖身一變而視台灣爲內地向南方前進的重要樞紐。小說結尾將台灣移民村的出路寄託在東亞共榮圈的聖戰想像，一部原本可能是描寫開拓移民充滿血汗的慘敗歷史，卻成了具有光輝的、當局所熱衷的「南方經營」發展史，成了烙有時局扭曲烙印〔註33〕的國策文學。

1942 年 6 月，濱田隼雄在與西川滿、龍瑛宗座談中提到「今後的台灣文學」時說：

> 目前需求量最大的題材，就是描寫爲了建設南方而歷經千辛萬苦的日本人的模樣，想想看，馬來西亞、菲律賓，往後的建設工作確實都會採用很多占領台灣當時的經驗，而且住在台灣的人們多半不知道先人的辛苦，所以一定要多多描寫這類題材。〔註34〕

以濱田歷史小說的目標來看，一方面作爲帝國經營南方的參照，將文學的可能性依附在決戰體制下，另一方面也提出理想的皇民形象，以提高殖民地人民的「皇民意識」，實踐了「文學報國」與樹立「皇民文學」的理想。

原本計畫描寫「嘉南大圳水利工程」的濱田，在〈技師八田氏についての覺書〉（關於技師八田氏的紀錄）〔註35〕文中提到，自己放眼所及的在台日人生活滿是卑鄙，在揭露在台日人負面形象的小說寫作中感到鬱悶，直到著手描寫移民村的小說（指《南方移民村》），才令自己發覺在台內地人的懿行。而原本認爲唯搾取是圖的台灣糖業資本，也讓作者看到了糖業文化對台灣島民的正面影響，特別是嘉南大圳的完成，加速了台灣農業的近代化，令濱田想執筆記錄這「大建設的美」。（頁 201～202）而令濱田推崇的理想在台日人八田與一，卻死於赴菲律賓考察灌漑工程途中，但八田與一自始至終致力於日本帝國南方現代化工程的技術人員形象，的確合乎濱田創作歷史小說的人物條件，只是隨著八田與一的驟逝，濱田始終未展開嘉南大圳相關歷史的小說寫作。

自學生時代即關心台灣糖業資本、甘蔗種植、蔗農運動等問題的濱田，1943 年 4 月開始在《文藝台灣》連載〈草創〉〔註36〕，描寫明治三十年代日

〔註33〕尾崎秀樹，前引書，頁 192。

〔註34〕原刊《文藝臺灣》4.3（1942 年 6 月）〈鼎談〉，中譯引自黃英哲主編，《日治時期臺灣文藝評論集雜誌篇》第 3 冊，涂翠花譯，頁 309。

〔註35〕《文藝臺灣》4.6（1942 年 9 月），原文爲日文，中文爲筆者自譯。

〔註36〕濱田隼雄〈草創〉1 至 6 回，連載於《文藝臺灣》5.6 至 7.3（1943 年 4 月至

本佔領台灣後，在台灣南部發展糖業的過程。松尾直太指出，濱田在〈非文學的な感想〉一文中對於〈橫丁之圖〉、《南方移民村》等自己作品在內的台灣文學提出反省，認爲皆缺乏對大東亞戰爭眞意的理解。〔註37〕第三部歷史小說〈草創〉是以官方體制立場作爲敘事邏輯，可視爲濱田以歷史小說完成文學報國使命的代表作，實踐了濱田所感動的「大東亞理想」的作品。

二、近代化與大東亞共榮意識

在《南方移民村》之前的作品，濱田多以批判的寫實主義描寫大都會的在台日本人，而《南方移民村》歌頌日本農業移民在台灣土地上與大自然奮鬥的精神，較側重指導階層知識分子的書寫，呈現出以知識階級領導蔗糖經濟的基層勞動者構圖，但也正可適時調整成爲統治者代言人的角度。書末作者放下對總督府的農業移民政策問題，以及糖業公司制度組織缺陷等問題的批判，而將農業移民的失敗經歷嫁接到南方發展史上，台灣移民村的出路最終寄託在聖戰想像，土地認同的失敗經驗一經披上皇民聖袍，大東亞共榮的理想彷彿指日可待。

然而畢竟是歧出濱田最初理想性主軸急速向國策文學傾斜的作品，使得《南方移民村》的農業移民只能帶著近三十年如殖民母國棄民般的體驗，到更炎熱的南方，重複著未知的苦難。爲了展現對未來的信念，濱田在以統治者立場敘述日本殖民台灣的歷史時，必須強調日本帝國「近代化技術」的成果，並依此「解放」東亞各個落後國家，以完成大東亞共榮的「理想」。這種藉由官方命題所形成的透視未來的歷史觀，也是濱田藉以完成文學報國使命的信念。

在〈草創〉中，作者將日本帝國在台灣的現代化製糖事業，視爲日本正當統治台灣的依據，民政長官後藤新平對台南橋仔頭庄庄長參事與有力人士說：

> 日本在此地建廠，不論遭遇任何困難，絕對盡全力發展以巨大機械力量，生產較以前數千倍量砂糖的事業。這不是只爲日本一國，也是開拓島民之福的基礎。（頁 264～265）

1944 年 1 月），7、8 回連載於《臺灣文藝》1.1 至 1.2（1944 年 5 月至 1944 年 6 月），本文所依據的版本爲中島利郎、河原功編，《日本統治期台湾文学日本人作家作品集》第 3 卷所收，原文爲日文，中文爲筆者自譯。
〔註37〕松尾直太，前引書，頁 204～205。

第五回台灣製糖公司山本經理說：

> 藉由製造砂糖，將新文明注入尚處於低度文明的本島，這也可說是
> 領臺的意義。（頁 337）

小說中努力從事糖業的日本人、台灣人，被塑造成刻苦勤勉的好人，襲擊糖廠的「土匪」，在以「高度文明」的糖業建設台灣的「百年大計」下，被視為是魯莽愚昧的無謂抵抗（頁 261），夜間機械運作令糖廠明亮如白晝，與「土匪」的山寨篝火遙相抗衡，「土匪」終須降伏於日本近代化武力。在與糖廠草創期奔波勞苦的日本人技師相對照下，食古不化、性情偏狹的農民，以及不接受現代化生產方式的舊糖廠工人，註定嚐到衰敗的滋味。藉此說明台灣未開化的、落伍的人事物，被進步的、有力的日本取代的必然性。

濱田在第三回以一整回的篇幅描述台灣甘蔗的病蟲害，以擬人化方式介紹四種害蟲的生長過程、對甘蔗為害的狀況，以及農民束手無策的情形。這一回有如甘蔗病蟲害手冊般的描寫，彷彿可以作為帝國南方農業發展的參考資料。對這些俗名「白蟻」、「食心蟲」、「土猴」、「草耳」的害蟲，不但翻譯成日文，漢字旁還以片假名標上台語發音，它們是造成砂糖產量減少的禍因，但台灣傳統蔗農敲鑼吶喊的撲滅方式，並無法解決這些生命力頑強的害蟲所產生的問題。作者強調只有日本殖民政府技術人員帶來的新耕法與新品種，才能為台灣糖業帶來發展。

在濱田小說中較少出現的台灣人描寫，從〈攜帶屈折計〉〔註 38〕起，濱田似乎找到了以蔗農面對糖業現代化的心情作為描寫台灣人心理的入口〔註 39〕，但這種以贊許追求現代化為理想皇民的敘事觀點，與其視為小說人物的突破，不如說是更僵化的寫作方式，這一點也被後來的〈草創〉所繼承。第五回中藉著祖孫三代面對將土地賣給製糖公司的不同心情，帶出歷史進步的必然性，台灣農民只有勇於打破變賣祖先土地為不肖的迷思，才能讓子孫有更好的未來 —— 成為公家糖業部門人員，父親純青高興的說：

> 土地即使變成公司的東西，我也不會變成佃農或苦力，是個有規模
> 公司的雇員。再加上你有公家薪水可領，然後你培養的蔗苗由我來
> 種植，這實在是太奇妙了。（頁 327）

而從來在濱田小說中只有日本人居指導階層的安排，在〈草創〉則要具

〔註 38〕《臺灣時報》1942 年 5 月號。
〔註 39〕此觀點參考松尾直太，前引書，頁 173。

指導立場的台灣人——引進新機械的舊糖廠第二代彭甲暉，率先成為糖師，研習新的製糖技術，作為台灣人皇民鍊成的示範。而為了增加糖廠的產量，彭甲暉透過父親向守舊的伯父調度資金，結果彭父為自家糖廠的發展鞠躬盡瘁，臨終時要兒子繼續完成糖廠的改良工作，這一動人的插曲，改變了原本反對日本新式作法的伯父想法，他高聲對甲暉說：

> 做吧，做吧，照你所想的去做，雖然我不懂什麼日本式的作法，但你定可以跟隨日本，去吧。（頁 395）

藉由親情召喚使一個守舊世代激動反省自己反近代化的疏失，卻不是出於對事物本身的了解，表現的是作者自身理想的台灣人形象，意即「跟隨日本去吧」。

濱田在台灣糖業草創期的主題中，穿插了日俄戰爭前夕（1904）台灣社會的狀況，指出對這場遠在「滿洲」的戰爭表現出懷疑的台灣人是無智的，信賴日本的則是真心奉獻的新國民，認為戰勝滿清的日本，必定打敗大俄羅斯帝國，屆時台灣將成為列強日本帝國唯一的南方探題（頁 372）。「藉此次戰爭的好機會奉還國庫補助，讓台灣財政獨立」（頁 376～377）、「戰爭似乎成為台灣經濟全面徹底發展的機會」（頁 388），頌揚戰爭所帶來的經濟效益，鞏固台灣作為東亞共榮圈的重要地位。

這種日本帝國戰無不克的論調，在小說中形成大東亞戰爭必勝的氣氛。這部以官方說法歷史觀發展的小說，結果卻無法與歷史事實相互妥協，也使得台灣糖業發展的歷史意義顯得片斷而空洞。

第三節 小 結

日據時期在台日人小說家藉由「歷史小說」表現殖民者統治的觀點、改造並滲透台灣歷史，因此在台日人對「歷史小說」的投入，表現得比台灣作家積極，。當時居文壇指導者地位的西川滿、濱田隼雄，對歷史小說的創作不遺餘力，他們運用了不同的手法轉化歷史素材，共同為政治、意識形態服務，完成官方「文學報國」的命題。

透過這一套歷史敘事，殖民者得以將日本帝國統治台灣的歷史，表述成悠久綿長、連續不斷的神話，把一個繼軍事行動而來的殖民剝削，轉化為正當的、現代化的自然進程。從事件的篩選到人物的塑造，小說家在小說中對日方掩惡揚善，對台灣人懲惡勸善，視小說為教化的工具。所有與這個歷史

敘事相關的人，被剝奪了自身的歷史，而以一個空洞的姿勢爲「日本帝國」的概念効勞。正如尾崎秀樹談到決戰下的台灣文學時說：

> 這五年，用一段話來說，就是把每個作家或者組織所擁有的個性及其實現的可能性全部搗碎，並將之統制、統合到南進基地台灣的文化決戰體制上來這一過程的最後階段。〔註40〕

西川滿、濱田隼雄在決戰時期以統治者的驕傲爲殖民帝國創造歷史小說，而殖民帝國的歷史卻終結在戰爭失敗下。歷史原本由勝利者寫下的，然而當我們重讀著西川或濱田在文化決戰體制下完成的歷史敘事，我們不但不能無視於這歷史的嘲諷，更要對以「現代化」、「基礎建設」作爲日本統治台灣的歷史貢獻的心態心生警惕。

〔註40〕尾崎秀樹，前引書，頁156。

第九章 結 論

　　本論文以日據時期刊登在雜誌的在台日人純文學小說爲對象，試圖歸納出作家及作品的共通性，以釐清日據時期在台日人文學的內部脈絡。從作家到文學團體的觀察，從小說思想內容到人物形象的分析，面對大量的小說文本與作者生平詳略不一等問題，由於筆者尙無法對日據時期文學現象作整體的觀照，因此本論文以「小說重要主題」作爲研究切入的角度。

　　將所歸納出的六個重要主題從質與量的層面觀察發現，「原住民」與「農業移民」是殖民地上的特殊存在，其中「原住民」主題從作爲滿足好奇的書寫，逐漸顯示統治策略介入後的形象演變，呈現了殖民統治對原住民所產生的影響。「農業移民」是統治者社會結構中的下層階級，雖同屬於殖民者，但由於作家缺少實際接觸的經驗，或者根本不知道殖民地上存在著母國的「農業移民」，因此只有坂口襦子、濱田隼雄針對此一主題發揮，但所完成的作品已表現出時代意義。「身分認同」問題與「台灣女性」形象，是在要求台灣人民皇民鍊成的殖民政策下，因於日本民族優越性思惟所引發的各種議題，囿於作家的階級意識與創作意圖，在階級、性別上所反映的矛盾衝突顯得薄弱。「聖戰」是多數在台日人作家投入寫作的主題，相關作品的數量也最多。「歷史小說」的創作展現作家對歷史議題的掌握與長期投入材料搜集的心血，西川滿、濱田隼雄是同時期最具備寫作歷史小說條件的在台日人作家，雙雙完成了合理化統治的歷史敘事。

　　從小說重要主題的角度觀察在台日人小說發現，重要主題也是作家從殖民者角度所反映的殖民地重要問題，而且與當時在台日人評論者島田謹二所指出的外地文學的三種志向，即「外地人的鄉愁」、「描寫土地的特殊景觀」

（異國情調）、「解釋土著人的生活」（寫實主義）發展方向並無二致。然而
對在台日人作家而言，「台灣文學」的意義是建立在「台灣」作為「日本新
領土」、「日本南進基地」之下。因此，一方面無法不注意日本中央文壇的動
靜觀瞻，一方面也必須追尋殖民地的文化特色，企圖摸索出「領台」近四十
年所形成的在台日人文化。「台灣」在當時被作家稱為「本島」，相對於被稱
為「內地」的日本原有領土，台灣是「殖民地」、「外地」，身為移住「外地」
的在台日人仍自稱「內地人」。這批被日本「內地人」視為「外地人」的在
台日人作家，雖有不模仿日本中央文壇的志向，實際上如柳書琴指出的「並
未跳脫以殖民地文學的特殊性，供養、附庸、取媚帝國文學的姿態」〔註1〕。

　　1937 年以後，日本因應戰局所展開的政治、軍事與文化等政策，使得文
學表現的語言與內容幅度受到很大限制，台灣新文學的發展面臨極艱難的局
面，台灣文壇的主導權也因此移轉至在台日人作家手中，其中以西川滿為首
的《文藝臺灣》文學社團所產生的影響最明顯。初期不僅結合島內台日文藝
人士、學術文化菁英，展開島內的文學活動，之後促使編輯理念不合的張文
環、中山侑等人另組「啓文社」，創辦《臺灣文學》。而「臺灣決戰文學會議」
後，也因西川滿使得《文藝臺灣》、《臺灣文學》等雜誌相繼廢刊。西川滿充
滿個人色彩的小說創作，未必足以涵蓋所有在台日人作家的風格，但西川滿
與統治階層若即若離，卻又與總督府文藝政策若合符節的情形，使他具有文
壇領導人的形象，對日據時期的台灣文壇影響力不可謂不深。

　　考察西川滿小說創作的軌跡，也可看出在台日人小說發展的方向，不論
是取材於台灣風物、民間傳說的傳奇式小說，或是雜糅台灣歷史、野史、地
誌的歷史小說，充分呈現以異國、異色的筆調書寫台灣風物的耽美浪漫風格
走向，雖然講求藝術至上主義的作風，但作品中所發出的殖民統治者聲音也
不曾間斷。當時言論內容較傾向《臺灣文學》的台北帝大文政學部教授中村
哲，曾為文批評標榜異國情調的文學，不是超越而是逃避寫實主義，根本是
外地文學的邪門外道。〔註2〕身為「臺灣文學賞」審查委員之一的台北帝國大
學教授工藤好美，為文批評文學賞設立的矛盾，並對兩位得主張文環、濱田

〔註1〕柳書琴，〈誰的文學？誰的歷史？——日據末期台灣文壇主體與歷史詮釋之
　　　爭〉，頁 57。
〔註2〕中村哲，〈昨今の臺灣文學について〉，《臺灣文學》2.1（1942 年 2 月），引自
　　　黃英哲主編，《日治時期臺灣文藝評論集雜誌篇》第 3 冊，吳豪人譯，頁 224
　　　～225。

隼雄現實主義創作的懸殊表現提出評論〔註3〕，使得西川滿也開始有了「超越寫實、運用寫實」〔註4〕的主張與嘗試。然而在以樹立「南方文學」、「皇民文學」典範爲文學社團宗旨的偏狹文學觀下，作家個別的嘗試與突破，仍不能避免文學朝政治化、標籤化的方向前進，而在台日人小說家最終藉著投入順應時局與配合戰爭宣傳的寫作，規避了對殖民地問題的深究、反省與批判。

　　台灣被日本視爲外地、最初的熱帶殖民地。面對與溫帶截然不同的風土，從對作爲彰顯殖民者文明身分的「原住民」描寫，到宴饗日本本土讀者的異國書寫，例如濱田隼雄的台北市容、新垣宏一的台南街景，以及去主體性的西川滿式地景描寫，隨著殖民統治建設的推進，台灣社會逐漸被視爲日本一部分的南方文化，殖民地上再現的日本帝國圖景，一一滿足了作家處於殖民地所享有的居高臨下的凝視姿態，在文本中由點連成線的浮現出帝國統治者殖民化台灣的軌跡，而殖民地人民的生活，便是以殖民建設者的規矩繩墨來加以檢視。

　　在台日人由於生活範圍的侷限，在殖民地享有較好的待遇與地位，加上文學刊物編輯方針的導引，形成集體性的文藝路線，作品取材方向與台籍作家的小說呈現不同結果。而反映在小說中的台灣社會各層面現象，從種族、階級、性別以及預設讀者的角度來看，在台日人小說所呈現的寫作觀點，與台籍小說家傾向批判、諷刺以及關懷的態度不同。

　　日據時期在台日人的「台灣觀」決定了小說家看待台灣人事物的視野。一群對文學缺乏深遠理想、缺少在地深刻情感的知識人，受限於本身的階級意識，以及視台灣爲日本海外第一個殖民地的高傲態度，以台灣爲日本外地、以台灣文學爲「外地文學」「南方文學」的格局，無法與台灣人有所交集，對台灣鄉土無法發展出深化的在地視野，使得在台日人文學發展成帶邊緣性與離地性的非正常文學。

　　因此，在台日人小說作家，雖然出生地、成長背景各不相同，甚至生平不可考，少數是出生成長於台灣的「灣生」，但皆稱不上眞正具有小說家情懷，所受的創作訓練也不盡完整。處在封閉性殖民者社會，面對「外界」的殖民地社會與人民，或刻意或不經意的顯現出身爲純日本人的優越意識，侷限了他們對台灣人民族處境的觀察與理解。由於缺乏與台灣人實際生活的經

〔註3〕　工藤好美，前引文，頁98～110。
〔註4〕　〈文藝時評〉，《文藝臺灣》6.2（1943.6），頁27。

驗，因此對台灣傳統社會的批評多於理解，對台灣人的想像多於寫實，面對本然存在的民族差異，潛藏著殖民父權體系揮之不去的鄙夷視線，使得台灣傳統習俗成了需要被改造的奇異風俗。

在日人小說家筆下，台灣人都爲成爲「眞正的」日本人而奮鬥、煩惱著，擔心自己「皇民化」得不夠徹底，小說家們企圖爲殖民地人民尋找一條成爲「眞正日本人」的道路。然而不論是透過精神系譜法，或是血統融合法，被殖民者即使已內化爲皇民，結果卻反照出「內台融合」始終存在著難以跨越的藩籬。即使作家對同樣在台灣的日本人作了理想性的陳述，呼籲以身作則以呼應「內台融合」的殖民政策口號。但在以從外在到內心、從言行到精神徹底皇民化的衡量標準下，以及如影隨行的純血觀念，反而暴露出「一視同仁」理論的矛盾與虛妄。

反觀在台灣的日本人，不論是灣生或農業移民，即便面對的是擬帝國本土的圖景，甚至優於本土的生活條件，對殖民地的土地認同仍是困難重重。小說中灣生的處境，在日本本土的地位也被推向邊緣，當他們如何也不可能找回殖民地化以前的自己時，只得嘗試從自己特定的地域和文化視角出發，企圖對自己的主體性加以合法化，而這也象徵著在台日人作家與作品難逃遭中央文壇邊緣化的命運。

這些殖民者與被殖民者間的種種矛盾，還只是針對在台灣的漢、和民族間的問題而來。理應屬於帝國一員的台灣原住民，由於殖民宗主國的經濟利益考量，被強迫脫野蠻入文明，從「野蠻人」直到成爲文明的模仿者時，不但沒有被視爲文明者，反而遭噤聲與禁止越界，以免令殖民者露出破綻。這群被隱匿在文本下的沉默族群，最終引發了令殖民者始終無法釐清原因的「霧社事件」，使得對原住民的統治更趨於偏執。

在台日人作家對殖民地台灣感受的普遍性與個別性，可由台灣女性形象的描寫看出。「台灣女性」作爲殖民者建構他者的對象，是一群遭消音的被支配者。在殖民政策領導下，男性作家無意傾聽台灣女性的聲音，並不賦予她們主體意識或獨立性，她們或者成爲襯托日本女性優越性的扁平人物，或者很容易便擺脫禮教束縛，在皇民鍊成中充滿著理想性，並積極參與社會，對成爲日本人不懷疑也無掙扎，形成一種教化功能大於寫實或批判的寫作結果。女性作家如坂口䙒子、德澄晶，以女性視點將觀照面放在皇民化下女性精神世界的不安與苦悶，雖然作家本身視日本統治台灣爲一種歷史使命，但以

寫實精神刻劃皇民化或戰爭動員所帶給女性的苦惱，呈現一種跳脫統治者殖民地想像框架的寫作結果，讀者能從小說人物皇民化進程中遭異文化擠壓產生扞格時所發出的輕微雜音，讀出被殖民者在認同發展中所面臨的困境。

　　隨著戰爭的推進，在台日人小說家由於民族意識與日益強化的國家主義，表現得比台籍小說家更積極熱切呼應總督府的國策要求，最終得以與日本中央文壇同步，投入順應時局與配合戰爭宣傳的寫作。由於始終對殖民地人民的想像多於理解，故在「皇民化」議題下，輕言殖民地人民「品質／種」的改造，將殖民社會的矛盾與衝突，隱沒在聖戰協力與大東亞共榮的想像中。而所有在殖民地上發生的事，不論是日本統治前、後，或未來的大東亞理想藍圖，過去的現在的和未來的台灣，都被剝奪了自身的歷史，而以一個空洞的姿勢，為「日本帝國」的概念效勞，「歷史小說」也成了為意識形態服務的小道，殖民者把一個繼軍事行動而來的殖民剝削，轉化為正當的、現代化的自然進程。文學發展至此已全然喪失了文學的正常性，作家放棄了自我的藝術追求，小說成了宣傳意識形態的工具。

　　在台日人小說創作，在國家權力的干擾下，無反省、無批判的文學成為主流，結果不但未能締造新的「外地文學」，與滯礙難展的台灣新文學同樣失去了文學的主體性。這種為樹立「南方文學」、「皇民文學」典範的文學觀，注定無法創作出擁有歷史現實價值的作品，結果既未能如島田謹二或西川滿當年所願的，進入日本文學史，隨著台灣光復，也在台灣文壇上消聲匿跡。

　　日據時期日本人「在台灣時空下發生的文學書寫」發展成了「不正常」、「沒有差異」的國策文學，在殖民帝國戰敗後劃下句點。歷史原本是由勝利者執筆的，當我們重讀在台日人作家為迎合總督府外部膨脹、內部麻痺的統治政策所極力呈現勝利在望假象的作品時，我們不但不能無視於這歷史的嘲諷，在承續日據時期所引進的「現代化」、「基礎建設」時，不能就此遺忘或漠視殖民統治所存在的對台灣人的不均與不公，以及被殖民者面對永不可能消失的差別待遇時的精神苦痛。唯有如此，業已盤據在島上近百年的殖民陰影才有獲得清理的可能。

附錄一 日據時期在台日人新小說刊行表 [註1] （初編）

表一 本論文列入主題討論的小說

西曆	（月）小說篇名／書名	署　名	發表刊物／原出版社
1934	6 城隍爺祭	西川滿	臺灣婦人界 1-2
	7 鴨母皇帝	西川滿	臺灣時報 7、8 月
1935	11 楚楚公主	西川滿	媽祖 2-1
1936	11 曙光	英文子	臺灣新文學 1-9
1937	3 歌ごゑ	西川滿	媽祖 3-1
1940	1 稻江冶春詞	西川滿	文藝臺灣 1-1
	3 病床日記	濱田隼雄	文藝臺灣 1-2
	11 黑土	坂口襦子	臺灣放送局放送物語特選
	11 《陳夫人》第一部	庄司總一	東京：通文閣
	12 赤嵌記	西川滿	文藝臺灣 1-6

〔註 1〕 本表製作參考許俊雅，《日據時期臺灣小說研究》附錄三；中島利郎、河原功編，《日本統治期台湾文学日本人作家作品集》各卷之作家年譜；星名宏修、中島利郎編，《日本統治期台湾文学集成 6・台湾純文学集二》（東京：綠陰書房，2002 年 11 月）；中島利郎編，《日本統治期台湾文学小事典》，以及當時各文學刊物目錄、廣告等完成。

1941	2 西鄉從道	濱田隼雄	總督府情報部部報 2-10
	2 行道	濱田隼雄	臺灣時報 2 月號
	3 雲林記	西川滿	文藝臺灣 2-1
	4 春秋	坂口䙥子	臺灣時報 4 月號
	5 池畔の家	新田淳	臺灣時報 5 月號
	5 轉校	川合三良	文藝臺灣 2-2
	6 動力の人	西川滿	臺灣時報 6 月號
	6 盜難之圖	濱田隼雄	文藝臺灣 2-3
	7 或る時期	川合三良	文藝臺灣 2-4
	7 ふるさと寒く	龜田惠美子	文藝臺灣 2-5
	7 悲運の鄭氏	吉村敏	臺灣地方行政 7-7
	9 鄭一家	坂口䙥子	臺灣時報 9/1
	9 出生	川合三良	文藝臺灣 2-6
	10 南方移民村	濱田隼雄	文藝臺灣 3-1〜4-3
	11 元宵記	西川滿	新潮 11
	11 山路	吉村敏	臺灣警察時報 312〜313
1942	1 朱氏記	西川滿	文藝臺灣 3-4
	1 城門	新垣宏一	文藝臺灣 3-4
	1 婚約	川合三良	文藝臺灣 3-4
	2 時計草	坂口䙥子	臺灣文學 2-1
	2 採硫記	西川滿	文藝臺灣 3-6、4-1、4-2
	4 盛り場にて	新垣宏一	文藝臺灣 4-1
	5 乏しけれど	濱田隼雄	臺灣鐵道 5 月號
	6 臺灣の汽車	西川滿	臺灣時報 6 月號
	7 微涼	坂口䙥子	臺灣文學 2-3
	7 弔旗中空に高く	山川不二人	臺灣文學 2-3
	7 二人の獨逸人技師	西川滿	臺灣鐵道 7 月號
	7 《陳夫人》第二部	庄司總一	東京：通文閣
	7 《南方移民村》	濱田隼雄	東京：海洋文化社
	9 技師八田氏についての覺書	濱田隼雄	文藝臺灣 4-6
	9 襁褓	川合三良	文藝臺灣 4-6
	9 龍脈記	西川滿	文藝臺灣 4-6
	12 康吉と增子	川合三良	文藝臺灣 5-3

	11 軍事郵便	吉村敏	臺灣公論 11
	12 過客	美濃信太郎	臺灣公論 84〜85
	12《赤嵌記》	西川滿	臺北：日孝山房
1943	2 轉勤	大河原光廣	文藝臺灣 5-4
	4 燈	坂口䙥子	臺灣文學 3-2
	4 心象	野田康男	臺灣文學 3-2
	4 牛のゐる村	西川滿	文藝臺灣 5-6
	4 山の火	新垣宏一	文藝臺灣 5-6
	4 草創 1〜8	濱田隼雄	文藝臺灣 5-6、6-3〜6-6、7-2；臺灣文藝 1-1〜1-2
	6 眼（辻小說）	河野慶彥	文藝臺灣 6-2
	6 浚渫船（辻小說）	今田喜翁	文藝臺灣 6-2
	6 若い水兵（辻小說）	新垣宏一	文藝臺灣 6-2
	6 死生（辻小說）	西川滿	文藝臺灣 6-2
	6 地圖（辻小說）	大河原光廣	文藝臺灣 6-2
	6 雨晴れて（辻小說）	中島俊男	文藝臺灣 6-2
	6 娘の圖（辻小說）	濱田隼雄	文藝臺灣 6-2
	6 ある一座	新田淳	文藝臺灣 6-2
	7 臺灣縱貫鐵道	西川滿	文藝臺灣 6-3〜6、7-2，臺灣文藝 1-2、3、6 未刊畢
	7 湯わかし	河野慶彥	文藝臺灣 6-3
	7 曙光	坂口䙥子	臺灣文學 3-3
	8 再生（辻小說）	今田喜翁	文藝臺灣 6-4
	8 濱の子供（辻小說）	小林井津志	文藝臺灣 6-4
	9 海ほほづき	德澄畠	文藝臺灣 6-5
	9 繪のある葉書（辻小說）	大河原光廣	文藝臺灣 6-5
	10《桃園の客》	西川滿	臺北；日孝山房
	11 加代の結婚	大河原光廣	文藝臺灣 6-6
	11 小豆飯	德澄畠	文藝臺灣 6-6
	11 弟の四郎	小林井津志	文藝臺灣 6-6
	11 落磐	土井はる	文藝臺灣 6-6
	11 扁柏の蔭	河野慶彥	文藝臺灣 6-6
	11 遺書	坂口䙥子	臺灣公論 11
	11 山の父親	新垣宏一	臺灣鐵道 11
	12 秋夜	坂口䙥子	臺灣鐵道 12 終刊號

1944	1 とんぼ玉	河野慶彦	文藝臺灣 7-2
	1 砂塵	新垣宏一	文藝臺灣 7-2
	1 青空（辻小說）	河野慶彦	新建設 19 號
	1 花嫁衣裳（辻小說）	坂口䙽子	新建設 19 號
	1 廻覽板（辻小說）	竹內治	新建設 19 號
	1 最低限度（辻小說）	濱田隼雄	新建設 19 號
	1 願書（辻小說）	松居桃樓	新建設 19 號
	1 爆風に弱いガラス（辻小說）	新垣宏一	新建設 19 號
	1 儀禮の衣裳（辻小說）	大河原光廣	新建設 19 號
	1 五十年（辻小說）	吉村敏	新建設 19 號
	2 サプラルヤルヤン　とサシミダルー高砂義勇隊に捧ぐ	濱田隼雄	文學報國 16
	3《生死の海》	西川滿編	臺北：臺灣出版文化株式會社
	4 最低限度（辻小說）	濱田隼雄	新建設 4
	5 墓前報告	神川清	臺灣文藝創刊號
	5 兵の父	濱田隼雄	臺灣藝術 53
	6 十二月九日	川崎傳二	臺灣文藝 1-2
	7 鄰人	坂口䙽子	臺灣文藝 1-3
	7 たそがれ	坂口䙽子	旬刊臺新 1-1
	7 爐番	濱田隼雄	臺灣時報 7/15,294 號
	8 幾山河	西川滿	旬刊臺新 1-2
	8 生產命令	濱田隼雄	臺灣文藝 1-4
	9 月來香 1～9	庄司總一	旬刊臺新 1-5～13
	11 船渠（情報課委囑）	新垣宏一	臺灣文藝 1-5
	11 鑿井工（情報課委囑）	河野慶彦	臺灣文藝 1-5
	11 蓖麻は伸びる	小林井津志	臺灣文藝 1-5
	11《荻》	濱田隼雄編	臺北：臺灣出版文化株式會社
	12 畜生（辻小說）	濱田隼雄	臺灣文藝 1-6
	12 醜敵（辻小說）	新垣宏一	臺灣文藝 1-6
	12 監視臺（辻小說）	小林井津志	臺灣文藝 1-6
	12 投石（辻小說）	喜納政明	臺灣文藝 1-6
	12 空爆と白金（辻小說）	鶴丸詩光	臺灣文藝 1-6
	12 十月十二日（辻小說）	河野慶彦	臺灣文藝 1-6
	12《決戰臺灣小說集》乾の卷	臺灣總督府情報科編	臺北：臺灣出版文化株式會社
	12《草創》	濱田隼雄	臺北：臺灣出版文化株式會社

1945	1 《決戰臺灣小說集》坤の卷	臺灣總督府情報科編	臺北：臺灣出版文化株式會社
	1 いとなみ	新垣宏一	臺灣文藝 2-1
	7 兵隊 1-25	濱田隼雄	臺灣新報 7.15～8.15

表二　本論文未列入討論的小說

西曆	（月）小說篇名	署　名	發　表　刊　物
1927	1 船出	三木二十一	翔風 2
	1 鷲は鷄であり得るか	森政勝	翔風 2
	1 子	山路清	翔風 2
	1 嘘と敵意	田中正義	翔風 2
	3 停電	山路清	翔風 3
	3 毛巾	倭正旗	翔風 3
	3 下宿	鈴木英一	翔風 3
	3 馬の千太	森政勝	翔風 3
	11 夏眠	森政勝	翔風 4
	11 谿流に溶けた挿話	下津皓	翔風 4
	11 街の埃	倭正旗	翔風 4
1928	2 風を孕む	大場泰	翔風 5
	2 黑潮	網野正雄	翔風 5
	2 窗から	倭正旗	翔風 5
	11 發狂	中村地平	翔風 6
	11 寂しむ	長濱誠三	翔風 6
	11 蜃気楼に棲む少年	平田藤吉郎	翔風 6
	11 朝	富安虎太	翔風 6
1929	2 首になる	森政勝	翔風 7
	2 天理教	中村地平	翔風 7
	10 初秋の魚	佐藤哲男	翔風 8
	10 捨犬	長濱誠三	翔風 8
	10 僕の場合	中村地平	翔風 8
	10 魚の精神	船橋尚美	翔風 8
	11 陳忠少年の話	藤原泉三郎	無軌道時代 11 月

1930	3 應接間の客	奥田鐘夫	風景 2
	3 十円紙幣の行方	福田正輝	風景 2
1931	2 たぷすすの花	中尾徳蔵	翔風 9
	2 廃れた港	良鰍一	翔風 9
	2 生活の冬	本多修	翔風 9
	2 清吉とその赤坊	大木安夫	臺灣文學 1、2 月合併號
	2 守錢奴	安西保子	臺灣文學 1、2 月合併號
	2 病床の同志	松井晴夫	臺灣文學 1、2 月合併號
	2 伸びる（二）	岡田俊一	臺灣文學 1、2 月合併號
	2 繪のない繪本	等々力亘	臺灣文學 1、2 月合併號
	6 或る土方の話	上田茂	臺灣文學 6 月合併號
1932	1 風の踊子	平田藤吉郎	翔風 10
	12 馬	三木道夫	翔風 11
1934	2 表情	珠井律夫	翔風 12
	6 少女作文	新谷毅一	翔風 13
	6 驟雨	原史彦	翔風 13
	6 破	中村忠行	翔風 13
1935	1 風袋戲	新谷毅一	翔風 14
	1 ねずみ	原史彦	翔風 14
	3 泥沼	母里行榮	臺灣文藝 2-3
	3 荊棘の道	光明靜夫	臺灣文藝 2-3
	4 夫婦	英文夫	臺灣文藝 2-4
	4 おばあさんと指輪	谷孫吉	臺灣文藝 2-4
	6 訣別（上）（中）	新垣光一	臺灣文藝 2-6〜7
	6 奥樣と音樂會	谷孫吉	臺灣文藝 2-6
	7 歪められた男	谷孫吉	臺灣文藝 2-7
	8 手紙	谷孫吉	臺灣文藝 8、9 合併號
	8 噂	瀧坂陽之助	臺灣文藝 8、9 合併號
	8 戀愛流線型	鶴丸耿之介	臺灣文藝 8、9 合併號
	12 麗姫	新谷毅一	翔風 15
	12 なつかしき隣人	原史彦	翔風 15
	12 りんだう	喜久元八郎	翔風 15

1936	3 見參	谷孫吉	臺灣新文學 1-2
	3 泥沼	峰村毅	臺灣新文學 1-2 及 3
	3 轟轟と流れるもの	西川滿	臺灣婦人界 1-1～4-4 十三回
	4 繩	英文夫	臺灣文藝 3-4、5 合併號
	4 屈辱	藤田三一	臺灣文藝 3-4、5 合併號
	5 女と女	谷孫吉	臺灣文藝 3-6
	5 靴	佐賀久男	臺灣新文學 1-4
	6 盲目（入選候補）	佐賀久男	臺灣新文學 1-5
	7 生きる（入選候補）	英文夫	臺灣新文學 1-6
	11 野村屋	英文子	臺灣文藝 3-7、8 合併號
	12 出奔	佐賀久男	臺灣新文學 1-10
	12 にじとつむじかぜ	坂井一彥	翔風 16
	12 霧映	小野文朗	翔風 16
	12 ホグロ	母里行榮	臺灣新文學 2-1
	12 妹	增田正俊	臺灣新文學 2-1
1937	1 梨花夫人	西川滿	媽祖 2-6
	12 劉夫人の秘密	西川滿	媽祖 3-3
1938	1 白愁	稻田公	翔風 17
	2 新潟	松谷哲男	翔風 17
	2 ふるさと	牧田稔	翔風 17
	2 蛹	坂井一彥	翔風 17
	10 啼かぬ日	坂井一彥	翔風 18
	10 佗びしき歌	那須利夫	翔風 18
	10 白い花	安房毅	翔風 18
1939	12 瘟王爺	西川滿	華麗島創刊號
1940	1 秋の肖像	藤原登喜夫	翔風 20
	1 白虹	日野原康史	翔風 20
	1 熱（ほとほり）	宮崎端	翔風 20
	1 東海岸	猪原勝男	翔風 20
	1 顫へる手	豐見山昌一	翔風 20
	1 ぬひとり	安房毅	翔風 20
	7 橫丁之圖	濱田隼雄	文藝臺灣 1-4～5

	7 滿潮	坂口䙥子	臺灣新聞 7/6	
	7 小心	坂口䙥子	臺灣新聞 7/10	
	7 破調	坂口䙥子	臺灣新聞 7/20-24	
	8 母子愛憐	坂口䙥子	臺灣新聞 8/3	
	9 杜秋泉	坂口䙥子	臺灣新聞 9/21	
	10 犬	新田淳	文藝臺灣 1-5	
	10 海邊にて	日野原康史	文藝臺灣 1-5	
	10 芝山巖	北原政吉	文藝臺灣 1-5	
	11 霧	坂口䙥子	臺灣新聞 11/27-30	
	12 破壞	坂口䙥子	臺灣新聞 12/4，12/7，12/11	
1941	1 南の人	國分一太郎	臺灣時報 253	
	2 みなとの三日	清野進	翔風 21	
	2 小さな記錄	日野原康史	翔風 21	
	2 南端	元岡正嘉	翔風 21	
	3 公園之圖	濱田隼雄	文藝臺灣 2-1	
	5 河のほとり	日野原康史	文藝臺灣 2-2	
	5 礁風	多賀谷俊三	臺灣文學 1-1	
	5 ある抗議	中山侑	臺灣文學 1-1	
	5 煽地	名和榮一	臺灣文學 1-1、2，2-1	
	5 再出發	多田均	臺灣文學 1-1	
	6 芭蕉畑（前、後篇）	新田淳	文藝臺灣 2-3、4	
	6 風獅	西川滿	臺灣地方行政 7-6	
	7 お京さん	氏家春水	翔風 22	
	7 三崎の上京	日野原康史	翔風 22	
	9 出生	川合三良	文藝臺灣 2-6	
	9 海口印象記	紺谷淑藻郎	臺灣文學 1-2	
	10 五號室	日野原康史	文藝臺灣 3-1	
	11 パンの木の下 1～12	新田淳	臺灣藝術 19～30	
	11 蕃女圖	濱田隼雄	日本の風俗（東京）4-11	
	11 浪漫	西川滿	文藝臺灣 3-2	
	12 綠の章	日野原康史	翔風 23	

1942	1 現地日本人	地中海海男	臺灣時報 265～266
	1 阿里山通信	日野原康史	文藝臺灣 3-4
	1 元旦の插話	新田淳	文藝臺灣 3-4
	1 小春日和	吉村敏	臺灣警察時報 314
	2 蟷螂歌	山川不二人	臺灣文學 2-1
	2 寄港の一夜	中山ちゑ	臺灣文學 2-1
	2 魚鶴	新田淳	臺灣鐵道 2 月號
	3 女心秋空	山川不二人	臺灣文學 2-2
	3 二人の印度兵	古城落月	臺灣公論 75
	5 一つの縮圖	川合三良	文藝臺灣 4-2
	5 攜帶屈折計	濱田隼雄	臺灣時報 5 月號
	6 台北（2）	川合三良	文藝臺灣 4-3
	6 台北（3）	新田淳	文藝臺灣 4-4
	7 盤谷丸	村田義清	文藝臺灣 4-4
	7 石男	小林井津志	文藝臺灣 4-4
	7 苦力	蔭山滿美	文藝臺灣 4-4
	7 家主との經緯	名和榮一	臺灣文學 2-3
	8 蝙翅	濱田隼雄	西川滿編《臺灣文學集》
	9 ううぼう	濱田隼雄	民俗臺灣 2-9
	10 職業奉公論	山川不二人	臺灣文學 2-4
	10 天竺の死	石津隆	臺灣文學 2-4
	10 遐かなる母に	名和榮一	文藝臺灣 2-4
	10 甘井君の私小說	濱田隼雄	文藝臺灣 5-1
	12 訂盟	新垣宏一	文藝臺灣 5-3
1943	1 建設の譜	吉村敏	臺灣公論 85
	1 墓標を搜す女	折井敏雄	臺灣文學 3-1
	3 南山開闢	濱田隼雄	若草 19-3
	4 敵愾心	吉村敏	臺灣文學 3-2
	4 流れ	河野慶彦	文藝臺灣 5-6
	4 陀佛靈多	新垣宏一	臺灣鐵道 4
	4 家のない家主	川合三良	文藝臺灣 5-6
	5 稚心	居川貫二	翔風 25

	6 死生（辻小說）	西川滿	文藝臺灣 6-2
	6 雨晴れて（辻小說）	中島俊男	文藝臺灣 6-2
	6 青年の門 1〜10	庄司總一	新建設 9〜19 未刊畢
	8 海（辻小說）	相澤誠	文藝臺灣 6-4
	11 夢像の部屋	日野原康史	文藝臺灣 6-6
	11 赤城山埋藏金	宮崎端	文藝臺灣 6-6
	11 鐵樹	相澤誠	文藝臺灣 6-6
	11 盂蘭盆	坂口䙥子	臺灣文學 4-1
	11 侏儒	山路又八郎	臺灣公論 95
	11 發表の後（辻小說）	坂口䙥子	臺灣藝術 43
	12 シンゴラまで	中村地平	臺灣公論 96
1944	1 斷崖	土井はる	文藝臺灣 7-2
	1 爆風に弱いガラス（辻小說）	新垣宏一	新建設 19 號
	2 丸木橋（辻小說）	新垣宏一	いしずゑ 2
	2 新しき系圖	西川滿	臺灣藝術 5-2〜9
	3 朝晴れ	新垣宏一	臺灣藝術 47
	5 築城の抄	吉村敏	臺灣藝術 53
	5 兵の父	濱田隼雄	臺灣藝術 53
	8 西瓜	神崎武雄	臺灣公論 104
	8 生產命令	濱田隼雄	臺灣文藝 1-4
	8 抑留	河野慶彥	旬刊臺新 1-4
	8 寅太郎	新垣宏一	臺灣新報青年版 96
	8 予備學生	濱田隼雄	臺灣新報青年版 97
	8 清純	吉村敏	臺灣新報青年版 98
	8 兄鷲弟鷲	佐藤孝夫	臺灣新報青年版 102
	9 九月七日	河野慶彥	臺灣新報青年版 112
	10 ワシントン爆擊（辻小說）	西川滿	臺灣新報青年版 141
	10 鐵石の志（辻小說）	吉村敏	臺灣新報青年版 147
	10 泣かぬ弟（辻小說）	坂口䙥子	臺灣新報青年版 154
	11 羽搏き	河野慶彥	臺灣新報青年版（連載 70 次）
	11 その日（辻小說）	濱田隼雄	臺灣新報青年版 173
	11 母から母へ（辻小說）	坂口䙥子	臺灣新報青年版 174

	11 父への便り（辻小説）	新垣宏一	臺灣新報青年版 176
	12 前夜（辻小説）	通山秀治	臺灣文藝 1-6
	12 デマ（辻小説）	佐藤孝夫	臺灣文藝 1-6
	12 ある矛盾（辻小説）	吉村敏	臺灣文藝 1-6
	12 銃後	宇治春榮子	旬刊臺新 1-14〜15
	12 此の手此の足	新垣宏一	旬刊臺新 1-16
1945	7 美しき印象	古川和朗	翔風 26

附錄二　辻小說刊行表（1943～1944）

發表刊物　／　署名／篇名	《文藝臺灣》	《文藝臺灣》	《文藝臺灣》	《新建設》	《臺灣文藝》	《臺灣鐵道》〔註1〕	《臺灣鐵道》	《いしずゑ》	《いしずゑ》	《臺灣新報青年版》〔註2〕	《臺灣新報青年版》
	6.2 '4306	6.4 '4308	6.5 '4309	19 '4401	1.6 '4412	'4309	'4310	'4402	'4404	'4410	'4411
大河原光廣	地圖		繪のある葉書	儀禮の衣裳							

〔註1〕 《臺灣鐵道》1944 年更名爲《いしずゑ》（磐石），刊載的辻小説，内容仍不出翼贊聖戰，塑造戰爭下人與人之間團結互信，同仇敵愾的形象。作品收錄於中島利郎編，《日本統治期台湾文学集成》22《台湾鉄道作品集二》。

〔註2〕 1944 年 3 月總督府爲因應戰鬥台灣需要，統合《臺灣日日新報》、《興南新聞》、《臺灣日報》、《高雄新報》、《臺灣新聞》六報成《臺灣新報》，並在 5 月發行《臺灣新報青年版》，以加強台灣青少年的皇民化。10 月至 11 月共刊載了 11 篇辻小説，西川滿〈ワシントン爆撃〉（華盛頓轟炸）、吉村敏〈鐵石の志〉、呂赫若〈畦道〉、楊逵〈ラバウルの空を見よ〉（看拉包爾的天空）、坂口䙥子〈泣かぬ弟〉（不哭的弟弟）、黃得時〈模型飛行機〉、濱田隼雄〈その日〉（那一天）、坂口䙥子〈母から母へ〉（母親給母親）、楊逵〈鳶と油揚〉（老鷹與油豆腐）、新垣宏一〈父への便り〉（給父親的信）、黃得時〈通信簿〉，應是鼓勵青少年志願從軍的命題作品，宣傳的意味濃厚。參考中島利郎編，《日本統治期台湾文学集成》23《「台湾新報・青年版」作品集》（東京：綠蔭書房，2007 年 3 月），頁 453。

中島俊男	雨晴れて								
小林井津志		濱の子供		監視臺					
今田喜翁	浚渫船	再生							
古畑享					信賴				
西川滿	死生							ワシントン爆擊	
吉村敏			五十年	ある矛盾		傷の毛	鐵路	鐵石の志	
竹內治			廻覽板						
坂口襑子			花嫁衣裳					泣かぬ弟	母から母へ
呂赫若				百姓				畦道	
佐藤孝夫				デマ					

河野慶彦	眼			青空	十月十二日						
松居桃樓				願書							
周金波	銃後の便り	第一信				横丁之圖					
相澤誠		海									
高山凡石				體感	峯太郎の戰果						
通山秀治					前夜						
野田康男							刀痕				
新垣宏一	若い水兵			爆風に弱いガラス	醜敵			丸木橋			父への便り
喜納政明					投石						
黃得時											模型飛行機／通信簿

楊逵				チビ群長				ラバウルの空を見よ	鳶と油揚
葉石濤				米機敗走					
濱田隼雄	娘の圖		最低限度	畜生					その日
龍瑛宗	煙草つくり		時	青き風		街にて			
鶴丸詩光				空爆と白金					

參考書目

一、小說文本

（一）中譯本

1. 庄司總一著，黃玉燕譯，《陳夫人》，台北：文英堂出版社，1999年6月。

2. 西川滿著，葉石濤譯，《西川滿小說集》1，高雄：春暉出版社，1997年2月。

3. 西川滿著，陳千武譯，《西川滿小說集》2，高雄：春暉出版社，1997年2月。

4. 西川滿著，黃玉燕譯，《台灣縱貫鐵道》，台北：柏室科技，2005年2月。

5. 佐藤春夫著，邱若山譯，《殖民地之旅》，台北：草根文化，2002年9月。

6. 濱田隼雄著，黃玉燕譯，《南方移民村》，台北：柏室科技，2004年10月。

（二）日　文

1. 大河原光廣，〈轉勤〉，《文藝臺灣》5卷4期，1943年2月。

2. 大河原光廣，〈地圖〉，《文藝臺灣》6卷2期，1943年6月。

3. 大河原光廣，〈繪のある葉書〉，《文藝臺灣》6卷5期，1943年9月。

4. 大河原光廣，〈加代の婚禮〉，《文藝臺灣》6卷6期，1943年11月。

5. 大河原光廣，〈儀禮の衣裳〉，《新建設》通卷19號，1944年1月。

6. 大鹿卓，〈野蠻人〉，河原功監修《日本植民地文学精選集・野蠻人》，東京：ゆまに書房，2000年9月；川村湊監修，《日本植民地文学精選集45・大鹿卓作品集》，東京：ゆまに書房，2001年。

7. 大鹿卓，〈蕃婦〉，河原功監修，《日本植民地文学精選集・野蠻人》，東

京：ゆまに書房，2000 年 9 月。

8. 土井はる，〈落磐〉，《文藝臺灣》6 卷 6 期，1943 年 11 月。

9. 山川不二人，〈弔旗中空に高く〉，《臺灣文學》2 卷 3 期，1942 年 7 月。

10. 川合三良，〈轉校〉，《文藝臺灣》2 卷 2 期，1941 年 5 月。

11. 川合三良，〈或る時期〉，《文藝臺灣》2 卷 4 期，1941 年 7 月。

12. 川合三良，〈出生〉，《文藝臺灣》2 卷 6 期，1941 年 9 月。

13. 川合三良，〈婚約〉，《文藝臺灣》3 卷 4 期，1942 年 1 月。

14. 川合三良，〈禰褓〉，《文藝臺灣》4 卷 6 期，1942 年 9 月。

15. 川合三良，〈康吉と增子〉，《文藝臺灣》5 卷 3 期，1942 年 12 月。

16. 川崎傳二，〈十二月九日〉，《臺灣文藝》1 卷 2 期，1944 年 6 月。

17. 小林井津志，〈濱の子供〉，《文藝臺灣》6 卷 4 期，1943 年 8 月。

18. 小林井津志，〈弟の四郎〉，《文藝臺灣》6 卷 6 期，1943 年 11 月。

19. 小林井津志，〈蓖麻は伸びる〉，《臺灣文藝》1 卷 5 期，1944 年 11 月。

20. 小林井津志，〈監視臺〉，《臺灣文藝》1 卷 6 期，1944 年 12 月。

21. 小林井津志，〈竹筏渡し〉，中島利郎編，《日本統治期台湾文学集成》4 《台湾短篇小説集》，東京：綠蔭書房，2002 年 8 月。

22. 中村地平，〈長耳國漂流記〉，《中村地平全集》1，東京：皆美社，1971 年。

23. 中村地平，〈熱帶柳の種子〉，河原功監修，《日本植民地文学精選集・臺灣小説集》，東京：ゆまに書房，2000 年 9 月。

24. 中村地平，〈霧の蕃社〉，河原功監修，《日本植民地文学精選集・臺灣小説集》，東京：ゆまに書房，2000 年 9 月。

25. 中村地平，〈蕃界の女〉，河原功監修，《日本植民地文学精選集・臺灣小説集》，東京：ゆまに書房，2000 年 9 月。

26. 中村地平，〈蕃人の娘〉，河原功監修，《日本植民地文学精選集・臺灣小説集》，東京：ゆまに書房，2000 年 9 月。

27. 今田喜翁，〈浚渫船〉，《文藝臺灣》6 卷 2 期，1943 年 6 月。

28. 今田喜翁，〈再生〉，《文藝臺灣》6 卷 4 期，1943 年 8 月。

29. 庄司總一，〈月來香〉，《旬刊臺新》1 卷 5 期至 1 卷 13 期，1944 年 9 月至 11 月。

30. 庄司總一，《陳夫人》，リバイバル（外地）文學選集（第二回配本）第二十卷，東京：大空社，2000 年 10 月。

31. 西川滿，〈稻江冶春詞〉，《文藝臺灣》1 卷 1 期，1940 年 1 月。

32. 西川滿，〈赤嵌記〉，《文藝臺灣》1 卷 6 期，1940 年 12 月。

33. 西川滿，〈雲林記〉，《文藝臺灣》2 卷 1 期，1941 年 3 月。

34. 西川滿，〈動力の人〉，《臺灣時報》，1941 年 6 月。

35. 西川滿，〈朱氏記〉，《文藝臺灣》3 卷 4 期，1942 年 1 月。

36. 西川滿，〈採硫記〉，《文藝臺灣》3 卷 6 期、4 卷 1 期、4 卷 2 期，1942 年 3、4、5 月。

37. 西川滿，〈臺灣の汽車〉，《臺灣時報》1942 年 6 月。

38. 西川滿，〈龍脈記〉，《文藝臺灣》4 卷 6 期，1942 年 9 月。

39. 西川滿，〈稻江記〉，《赤嵌記》，台北：日孝山房，1942 年 12 月。

40. 西川滿，〈牛のゐる村〉，《文藝臺灣》5 卷 6 期，1943 年 4 月。

41. 西川滿，〈城隍爺祭〉，中島利郎、河原功編，《日本統治期台湾文学日本人作家作品集》1，東京：綠蔭書房，1998 年 7 月。

42. 西川滿，〈楚楚公主〉，中島利郎、河原功編，《日本統治期台湾文学日本人作家作品集》1，東京：綠蔭書房，1998 年 7 月。

43. 西川滿，〈歌ごゑ〉，中島利郎、河原功編，《日本統治期台灣文學日本人作家作品集》1，東京：綠蔭書房，1998 年 7 月。

44. 西川滿，〈鴨母皇帝〉，中島利郎、河原功編，《日本統治期台湾文学日本人作家作品集》1，東京：綠蔭書房，1998 年 7 月。

45. 西川滿，〈元宵記〉，中島利郎、河原功編，《日本統治期台湾文学日本人作家作品集》1，東京：綠蔭書房，1998 年 7 月。

46. 西川滿，〈二人の獨逸人技師〉，中島利郎、河原功編，《日本統治期台湾文学日本人作家作品集》1，東京：綠蔭書房，1998 年 7 月。

47. 西川滿，〈桃園客〉，中島利郎、河原功編，《日本統治期台湾文学日本人作家作品集》1，東京：綠蔭書房，1998 年 7 月。

48. 西川滿，〈臺灣縱貫鐵路〉，中島利郎、河原功編，《日本統治期台湾文学日本人作家作品集》2，東京：綠蔭書房，1998 年 7 月。

49. 西川滿，〈幾山河〉，台灣總督府情報課編，河原功監修，《決戰臺灣小說集》坤卷，東京：ゆまに書房，2000 年 9 月。

50. 吉村敏，〈悲運の鄭氏〉，《臺灣地方行政》7 卷 7 期，1941 年 7 月。

51. 吉村敏，〈山路〉，《臺灣警察時報》312、313，1941 年 11 月、12 月。

52. 吉村敏，〈軍事郵便〉，《臺灣公論》11 月號，1942 年 11 月。

53. 吉村敏，〈五十年〉，《新建設》通卷 19 號，1944 年 1 月。

54. 竹內治，〈廻覽板〉，《新建設》通卷 19 號，1944 年 1 月。

55. 竹內治，〈夢の兵舍〉，中島利郎編，《日本統治期台湾文学集成》4《台湾短篇小説集》，東京：綠蔭書房，2002 年 8 月。

56. 坂口䙅子,〈微涼〉,《臺灣文學》2 卷 3 期,1942 年 7 月。

57. 坂口䙅子,〈燈〉,《臺灣文學》3 卷 2 期,1943 年 4 月。

58. 坂口䙅子,〈黑土〉,《鄭一家》,台北:清水書店,1943 年 9 月。

59. 坂口䙅子,〈花嫁衣裳〉,《新建設》通卷 19 號,1944 年 1 月。

60. 坂口䙅子,〈たそがれ〉,《旬刊臺新》1 卷 1 期,1944 年 7 月。

61. 坂口䙅子,《蕃婦ロポウの話》,東京:大和出版,1961 年 4 月。

62. 坂口䙅子,〈春秋〉,黑川創編,《〈外地〉の日本語文學選 1 南方・南洋／台灣》,東京:新宿書房,1996 年 1 月。

63. 坂口䙅子,〈鄰人〉,黑川創編,《〈外地〉の日本語文學選 1 南方・南洋／台湾》,東京:新宿書房,1996 年 1 月。

64. 坂口䙅子,〈遺書〉,中島利郎、河原功編,《日本統治期台湾文学日本人作家作品集》5,東京:綠蔭書房,1998 年 7 月。

65. 坂口䙅子,〈鄭一家〉,中島利郎、河原功編,《日本統治期台灣文學日本人作家作品集》5,東京:綠蔭書房,1998 年 7 月。

66. 坂口䙅子,〈時計草〉,中島利郎、河原功編,《日本統治期台湾文学日本人作家作品集》5,東京:綠蔭書房,1998 年 7 月。

67. 坂口䙅子,〈曙光〉,中島利郎、河原功編,《日本統治期台湾文学日本人作家作品集》5,東京:綠蔭書房,1998 年 7 月。

68. 坂口䙅子,〈秋夜〉,中島利郎編,《日本統治期台湾文学集成》22《台湾鉄道作品集二》,東京:綠蔭書房,2007 年 2 月。

69. 佐藤春夫,〈女誡扇綺譚〉,中島利郎、河原功編,《日本統治期台湾文学日本人作家作品集》別卷,東京:綠蔭書房,1998 年 7 月。

70. 佐藤春夫,〈霧社〉,中島利郎、河原功編,《日本統治期台湾文学日本人作家作品集》別卷,東京:綠蔭書房,1998 年 7 月。

71. 呂赫若,〈百姓〉,《臺灣文藝》1 卷 6 期,1944 年 12 月。

72. 河野慶彥,〈眼〉,《文藝臺灣》6 卷 2 期,1943 年 6 月。

73. 河野慶彥,〈湯わかし〉,《文藝臺灣》6 卷 3 期,1943 年 7 月。

74. 河野慶彥,〈扁柏の蔭〉,《文藝臺灣》6 卷 6 期,1943 年 11 月。

75. 河野慶彥,〈とんぼ玉〉,《文藝臺灣》7 卷 2 期,1944 年 1 月。

76. 河野慶彥,〈青空〉,《新建設》通卷 19 號,1944 年 1 月。

77. 河野慶彥,〈十月十二日〉,《臺灣文藝》1 卷 6 期,1944 年 12 月。

78. 松居桃樓,〈願書〉,《新建設》通卷 19 號,1944 年 1 月。

79. 神川清,〈墓前報告〉,《臺灣文藝》創刊號,1944 年 5 月。

80. 美濃信太郎,〈過客〉,《臺灣公論》1942 年 12 月、1943 年 1 月。

81. 英文夫，〈曙光〉，《臺灣新文學》1 卷 9 期，1936 年 11 月。

82. 野田康男，〈心象〉，《臺灣文學》3 卷 2 期，1943 年 4 月。

83. 喜納政明，〈投石〉，《臺灣文藝》1 卷 6 期，1944 年 12 月。

84. 新田淳，〈池畔の家〉，《臺灣時報》，1941 年 5 月。

85. 新田淳，〈ある一座〉，《文藝臺灣》6 卷 2 期，1943 年 6 月。

86. 新垣宏一，〈城門〉，《文藝臺灣》3 卷 4 期，1942 年 1 月。

87. 新垣宏一，〈山の火〉，《文藝臺灣》5 卷 6 期，1943 年 4 月。

88. 新垣宏一，〈若い水兵〉，《文藝臺灣》6 卷 2 期，1943 年 6 月。

89. 新垣宏一，〈砂塵〉，《文藝臺灣》7 卷 2 期，1944 年 1 月。

90. 新垣宏一，〈爆風に弱いガラス〉，《新建設》通卷 19 號，1944 年 1 月。

91. 新垣宏一，〈船渠〉，《臺灣文藝》1 卷 5 期，1944 年 11 月。

92. 新垣宏一，〈醜敵〉，《臺灣文藝》1 卷 6 期，1944 年 12 月。

93. 新垣宏一，〈いとなみ〉，《臺灣文藝》2 卷 1 期，1945 年 1 月。

94. 新垣宏一，〈山の父親〉，中島利郎編，《日本統治期台湾文学集成》22《台湾鉄道作品集二》，東京：綠蔭書房，2007 年 2 月。

95. 楊逵，〈チビ群長〉，《臺灣文藝》1 卷 6 期，1944 年 12 月。

96. 德澄晶，〈海ほほづき〉，《文藝臺灣》6 卷 5 期，1943 年 9 月。

97. 德澄晶，，〈小豆飯〉，《文藝臺灣》6 卷 6 期，1943 年 11 月。

98. 德澄晶，〈潮鳴り〉，中島利郎編，《日本統治期台湾文学集成》4《台湾短篇小説集》，東京：綠蔭書房，2002 年 8 月。

99. 龜田惠美子，〈ふるさと寒く〉，《文藝臺灣》2 卷 4 期，1941 年 7 月。

100. 濱田隼雄，〈病牀日記〉，《文藝臺灣》1 卷 2 期，1940 年 3 月。

101. 濱田隼雄，〈西鄉從道〉，總督府情報部《部報》1941 年 2 月 1 日至 1941 年 10 月 15 日。

102. 濱田隼雄，〈盜難之圖〉，《文藝臺灣》2 卷 3 期，1941 年 6 月。

103. 濱田隼雄，〈技師八田氏についての覺書〉，《文藝臺灣》4 卷 6 期，1942 年 9 月。

104. 濱田隼雄，〈娘の圖〉，《文藝臺灣》6 卷 2 期，1943 年 6 月。

105. 濱田隼雄，〈最低限度〉，《新建設》通卷 19 號，1944 年 1 月。

106. 濱田隼雄，〈サプラルヤルヤンとサシミダル——高砂義勇隊に捧ぐ〉，《文學報國》16，1944 年 2 月。

107. 濱田隼雄，〈生産命令〉，《臺灣文藝》1 卷 4 期，1944 年 8 月。

108. 濱田隼雄，〈畜生〉，《臺灣文藝》1 卷 6 期，1944 年 12 月。

109. 濱田隼雄,〈兵隊〉,《臺灣新報》1945 年 7 月 15 日至 8 月 15 日。

110. 濱田隼雄,〈南方移民村〉,中島利郎、河原功編,《日本統治期台湾文学日本人作家作品集》3,東京:綠蔭書房,1998 年 7 月。

111. 濱田隼雄,〈爐番〉,中島利郎、河原功編,《日本統治期台灣文學日本人作家作品集》4,東京:綠蔭書房,1998 年 7 月。

112. 濱田隼雄,〈草創〉,中島利郎、河原功編,《日本統治期台湾文学日本人作家作品集》3,東京:綠蔭書房,1998 年 7 月。

113. 濱田隼雄,〈萩〉,中島利郎編,《日本統治期台湾文学集成》4《台湾短篇小説集》,東京:綠蔭書房,2002 年 8 月。

114. 濱田隼雄,〈乏しけれど〉,中島利郎編《日本統治期台湾文学集成》22《台湾鉄道作品集二》,東京:綠蔭書房,2007 年 2 月。

115. 藤原泉三郎,《陳忠少年の話》,河原功監修,《日本植民地文学精選集》台湾編 9,東京:ゆまに書房,2001 年 9 月。

116. 鶴丸詩光,〈空爆と白金〉,《臺灣文藝》1 卷 6 期,1944 年 12 月。

二、日據時期雜誌、報刊

1. 《文藝臺灣》,臺灣文藝家協會、文藝臺灣社,1940 年 1 月至 1944 年 1 月。

2. 《民俗臺灣》,東都書局臺北分店,1941 年 7 月至 1945 年 1 月。

3. 《旬刊臺新》,臺灣新報社,1944 年 7 月至 1945 年 4 月。

4. 《翔風》,臺北高等學校文藝部,1929 年、1931 年至 1943 年。

5. 《新建設》,皇民奉公會中央本部,1944 年 1 月至 9 月。

6. 《臺灣文學》啓文社,臺灣文學社,1941 年 5 月至 1943 年 12 月。

7. 《臺灣文藝》,臺灣文藝聯盟,1934 年 11 月至 1936 年 8 月。

8. 《臺灣文藝》,臺灣文學奉公會,1944 年 5 月至 1945 年 1 月。

9. 《臺灣日日新報》,臺灣日日新報社,1898 年 5 月至 1944 年 3 月。

10. 《臺灣公論》,臺灣公論社,1942 年 1 月至 1945 年 3 月。

11. 《臺灣時報》,臺灣總督府情報課,1898 年至 1945 年。

12. 《臺灣新文學》,臺灣新文學社,1935 年 6 月至 1937 年 6 月。

三、專　著

(一) 中　文

1. 井手勇,《決戰時期台灣的日人作家與「皇民文學」》,台南:台南市立圖

書館，2001 年 12 月。

2. 矢内原忠雄著，周憲文譯，《日本帝國主義下之臺灣》，台北：海峽學術出版社，2003 年 4 月。

3. 江仁傑，《解構鄭成功 —— 英雄、神話與形象的歷史》，台北：三民書局，2006 年 4 月。

4. 竹内好著、李冬木等譯，《近代的超克》，北京：三聯書店，2005 年 3 月。

5. 呂正惠，《殖民地的傷痕 —— 台灣文學問題》，台北：人間出版社，2002 年 6 月。

6. 尾崎秀樹著、陸平舟間ふさ子共譯，《舊殖民地文學的研究》，台北：人間出版社，2004 年 3 月。

7. 河原功著、莫素微譯，《台灣新文學運動的展開 —— 與日本文學的接點》，台北：全華科技，2004 年 3 月。

8. 林明德，《近代中日關係史》，台北：三民書局，2005 年 1 月修訂二版一刷。

9. 東嘉生著，周憲文譯，《台灣經濟史概說》，台北：海峽學術出版社，2002 年 5 月。

10. 吳密察，《台灣近代史研究》，台北：稻鄉出版社，2001 年 9 月再版二刷。

11. 松尾直太，《濱田隼雄研究 —— 文學創作於台灣（1940～1945）》，台南：台南市立圖書館，2007 年 12 月。

12. 垂水千惠著，涂翠花譯，《台灣的日本語文學》，台北：前衛出版社，1998 年 2 月。

13. 周婉窈，《海行兮的年代》，台北：允晨文化，2003 年 2 月。

14. 施淑，《兩岸文學論集》，台北：新地文學出版社，1997 年 6 月。

15. 范燕秋，《疫病、醫學與殖民現代性：日治台灣醫學史》，台北：稻鄉出版社，2005 年 3 月。

16. 柳書琴，《荊棘之道：臺灣旅日青年的文學活動與文化抗爭》，台北：聯經出版事業，2009 年 5 月。

17. 高致華，《鄭成功信仰》，合肥：黃山書社，2006 年 5 月。

18. 荊子馨著，鄭力軒譯，《成為「日本人」》，台北：麥田出版，2006 年 1 月。

19. 許俊雅，《日據時期臺灣小說研究》，台北：國立編譯館，1999 年 9 月初版二刷。

20. 張素玢，《臺灣的日本農業移民（1905～1945）：以官營移民為中心》，台北：國史館，2001 年 9 月。

21. 陳孔立，《台灣歷史綱要》，台北：人間出版社，1996 年 4 月。

22. 陳光興，《去帝國——亞洲作爲方法》，台北：行人出版社，2006 年 10 月。

23. 陳明台，《臺灣文學研究論集》，台北：文史哲出版社，1997 年 4 月。

24. 陳芳明，《台灣新文學史》，台北：聯經出版，2011 年 10 月。

25. 陳培豐著，王興安、鳳氣至純平編譯，《「同化」の同床異夢：日治時期臺灣語言政策・近代化與認同》，台北：麥田出版，2006 年 11 月。

26. 黃昭堂著、黃英哲譯，《台灣總督府》，台北：前衛出版社，2004 年 11 月修定一版六刷。

27. 黃英哲編、涂翠花譯，《台灣文學研究在日本》，台北：前衛出版社，1994 年 12 月。

28. 黃英哲主編，《日治時期臺灣文藝評論集雜誌篇》，台南：國家臺灣文學館籌備處，2006 年 10 月。

29. 黃靜嘉，《春帆樓下晚濤急——日本對臺灣殖民統治及其影響》，台北：臺灣商務印書館，2002 年 5 月初版二刷。

30. 游珮芸，《日治時期台灣的兒童文化》，台北：玉山社，2007 年 1 月。

31. 新垣宏一，《華麗島歲月》，台北：前衛出版社，2002 年 8 月。

32. 趙遐秋、呂正惠主編，《新文學思潮史綱》，台北：人間出版社，2002 年 6 月。

33. 趙勳達，《〈臺灣新文學〉（1935～1937）定位及其抵殖民精神研究》，台南：台南市立圖書館，2006 年 12 月。

34. 博埃默著，盛寧譯，《殖民與後殖民文學》，香港：牛津大學出版社，1998 年。

35. 葉石濤，《台灣文學的回顧》，台北：九歌出版社，2004 年 11 月。

36. 劉崇稜，《日本近代文學概說》，台北：三民書局，1997 年 3 月。

37. 戴國煇編著、魏廷朝譯，《臺灣霧社蜂起事件研究與資料》，台北：國史館，2002 年 4 月。

38. 藤井志津枝，《日治時期臺灣總督府理蕃政策》，台北：文英堂，2001 年 10 月二版一刷。

39. 藤井省三著、張季琳譯，《臺灣文學這一百年》，台北：麥田出版社，2004 年 8 月。

（二）日　文

1. 下村作次郎，《「サヨンの鐘」関係資料集・解説》，東京：綠蔭書房，2007 年 6 月。

2. 川村湊，《異郷の昭和文学——「満州」と近代日本——》，東京：岩波

書店，1990 年 10 月。

3. 川村湊，《南洋・樺太の日本文学》，東京：筑摩書房，1994 年 12 月。

4. 小熊英二，《單一民族神話の起源》，東京：新曜社，2004 年 8 月初版 18 刷。

5. 山路勝彦，《台湾の植民地統治 ──〈無主の野蛮人〉という言説の展開》，東京：日本図書センター，2004 年 1 月。

6. 中島利郎編，《日本統治期台湾文学集成 4・台湾短篇小説集》，東京：綠蔭書房，2002 年 8 月。

7. 中島利郎，《日本統治期台湾文学研究序説》，東京：綠蔭書房，2004 年 3 月。

8. 中島利郎，《日本統治期台湾文学小事典》，東京：綠蔭書房，2005 年 6 月。

9. 中島利郎，《日本統治期台湾文学集成 22・台湾鉄道作品集二》，東京：綠蔭書房，2007 年 2 月。

10. 中島利郎，《日本統治期台湾文学集成 23・「台湾新報・青年版」作品集》，東京：綠蔭書房，2007 年 3 月。

11. 中島利郎，《日本人作家の系譜》，東京：研文出版，2013 年 3 月。

12. 中島利郎、河原功編，《日本統治期台湾文学日本人作家作品集》，東京：綠蔭書房，1998 年 7 月。

13. 中島利郎、河原功、下村作次郎編，《日本統治期台湾文学文芸評論集》，東京：綠蔭書房，2001 年 4 月。

14. 中島利郎、河原功、下村作次郎、黄英哲編，《日本統治期台湾文学研究文献目録》，東京：綠蔭書房，2000 年 3 月。

15. 水野直樹，《生活の中の植民地主義》，京都：人文書院，2004 年 1 月。

16. 市古貞次編，《日本文学全史》6，東京：學燈社，1994 年 7 月二版。

17. 竹内清，《事變と臺灣人》，東京：現代書房，1939 年 12 月。

18. 竹中信子，《植民地台湾の日本女性生活史》（明治篇），東京：田畑書店，1995 年 12 月。

19. 竹中信子，《植民地台湾の日本女性生活史》（昭和篇），東京：田畑書店，2001 年 10 月。

20. 尾崎秀樹，《旧植民地文学の研究》，東京：勁草書房，1971 年 6 月。

21. 尾崎秀樹，《近代文学の傷痕：旧植民地文学論》，東京：岩波書店，1991 年 6 月。

22. 阮斐娜（フェイ・阮・クリーマン Faye Yuan Kleeman）著、林ゆう子譯，《大日本帝国のクレオール──植民地期台湾の日本語文学》，東京：

慶應義塾大学出版，2007 年 11 月。

23. 里見岸雄，《八紘一宇——東亞新秩序と日本國體》，東京：錦正社，1940年。

24. 東鄉實，《臺灣農業殖民論》，東京：富山房，1914 年。

25. 邱若山，《佐藤春夫台灣旅行関係作品研究》，台北：致良出版社，2002年 9 月。

26. 洪郁如，《近代台湾女性史》，東京：勁草書房，2002 年 10 月一版三刷。

27. 紅野敏郎、三好行雄等編，《昭和の文学》，東京：有斐閣，1992 年 9 月初版十三刷。

28. 星名宏修、中島利郎編，《日本統治期台湾文学集成 6・台湾純文学集二》，東京：綠蔭書房，2002 年 11 月。

29. 陳艷紅，《『民俗臺灣』と日本人》，台北：致良出版社，2006 年 4 月。

30. 黑川創編，《〈外地〉の日本語文学選 1 南方・南洋／台湾》，東京：新宿書房，1996 年 1 月。

31. 福武直，《日本の農村社會》，東京：東京大學出版會，1953 年。

32. 蜂矢宣朗，《南方憧憬——佐藤春夫と中村地平》，台北：東吳大學日本文化研究所，1991 年 5 月。

33. 臺灣總督府警務局編，《臺灣總督府警察沿革誌第二編》，東京：綠蔭書房，1986 年 9 月。

34. 臺灣總督府情報課編，河原功監修《決戰臺灣小説集》乾、坤二卷，東京：ゆまに書房，2000 年 9 月。

35. 藤井省三、黃英哲、垂水千恵編，《台湾の「大東亜戦争」文学・メディア・文化》，東京：東京大學出版会，2002 年 12 月。

36. 櫻本富雄，《文化人たちの大東亜戦争——PK 部隊が行く》，東京：青木書店，1993 年 7 月。

37. 櫻本富雄，《日本文学報国会——大東亜戦争下の文学者たち》，東京：青木書店，1995 年 1 月一版二刷。

四、單篇論文

（一）中　文

1. 朱惠足，〈帝國主義、國族主義、「現代」的移植與翻譯：西川滿《台灣縱貫鐵道》與朱點人《秋信》〉，《中外文學》33 卷 11 期，2005 年 4 月。

2. 朱惠足，〈帝國下的漢人家族再現：滿洲國與殖民地台灣〉，《中外文學》37 卷 1 期，2008 年 3 月。

3. 巫毓荃、鄧惠文,〈熱、神經衰弱與在台日人——殖民晚期台灣的精神醫學論述〉,《台灣社會研究季刊》54,2004 年 6 月。

4. 沈乃慧,〈日據時代台灣小說的女性議題探析〉,《台灣文學》16,1995 年 10 月。

5. 阮斐娜,〈西川滿和《文藝臺灣》——東方主義的視線〉,《中國文哲研究通訊》11 卷 1 期,2001 年 3 月。

6. 阮斐娜,〈本地文化與殖民想像——鬼怪、景觀與歷史陳述〉,柳書琴、邱貴芬主編,《後殖民的東亞在地化思考:臺灣文學場域》,台南:國家台灣文學館籌備處,2006 年 4 月。

7. 李文卿,〈穿越皇民化運動時期的動員表象——《決戰台灣小說集》編輯結構析探〉,《台灣文學學報》3,2002 年 12 月。

8. 近藤正己,〈西川滿札記〉,《文學季刊》2 卷 3 期,1984 年 9 月。

9. 林巾力,〈西川滿「糞現實主義」論述中的西方、日本與台灣〉,《中外文學》34 卷 7 期,2005 年 12 月。

10. 林雪星,〈兩個祖國的漂泊者——從坂口䙥子的《鄭一家》及眞杉靜枝的《南方紀行》《囑附》中的人物來看〉,《東吳外語學報》22,2006 年 3 月。

11. 林肇豐,〈「批判」抑或「妥協」——論庄司總一《陳夫人》的書寫策略〉,《台灣人文》(師大)10,2005 年 12 月。

12. 林慧君,〈坂口䙥子小說人物的身分認同——以《鄭一家》、《時計草》爲中心〉《台灣文學學報》8,2006 年 6 月。

13. 林慧君,〈殖民帝國女性之眼——論坂口䙥子小說中的台灣女性形象〉,《中外文學》36 卷 1 期,2007 年 3 月。

14. 邱雅芳,〈荒廢美的系譜——試探佐藤春夫《女誡扇綺譚》與西川滿《赤崁記》〉,《文學與社會學研討會:2004 青年文學會議論文集》,台南:國家台灣文學館,2004 年 12 月。

15. 邱雅芳,〈殖民地的隱喻:以佐藤春夫的台灣旅行書寫爲中心〉,《中外文學》34 卷 11 期,2006 年 4 月。

16. 邱雅芳,〈南方與蠻荒——以中村地平的《臺灣小說集》爲中心〉,《台灣文學學報》8,2006 年 6 月。

17. 垂水千惠,〈糞 realism 論爭之背景——與《人民文庫》批判之關係爲中心〉,《越浪前行的一代——葉石濤及其同時代作家文學國際學術研討會論文集》,高雄:春暉出版社,2002 年。

18. 垂水千惠,〈呂赫若文學中《風頭水尾》的位置〉,《台灣文學學報》3,2002 年 12 月。

19. 神田喜一郎、島田謹二,〈關於在臺灣的文學〉,《愛書》14,1941 年 5

月，收入黃英哲主編，《日治時期臺灣文藝評論集雜誌篇》3，台南：國家臺灣文學館籌備處，2006 年 10 月。

20. 柳書琴，〈他者之眼或他山之石：從近年日本的日治時期台灣文學研究談起〉，《現代學術研究》11，2001 年 12 月。

21. 柳書琴，〈誰的文學？誰的歷史？── 日據末期台灣文壇主體與歷史詮釋之爭〉，《新地文學》4，2008 年 6 月。

22. 郭祐慈，〈文學與歷史：濱田隼雄《南方移民村》之文學史定位〉，《台灣風物》55 卷 3 期，2006 年 9 月。

23. 張文薰，〈「外地」的意義── 濱田隼雄的文學軌跡〉，《台灣文學的東亞思考── 台灣文學藝術與東亞現代性國際學術研討會論文集》，台北：行政院文化建設委員會，2007 年 7 月。

24. 陳芳明，〈鄭成功與施琅〉，張炎憲、李筱峰、戴寶村編《台灣史論文精選》上，台北：玉山社，2004 年 3 月初版七刷。

25. 陳芳明，〈台灣新文學史 7── 皇民化運動下的四○年代文學〉，《聯合文學》16 卷 7 期，2000 年 5 月。

26. 陳芳明，〈台灣新文學史 8── 殖民地傷痕及其終結〉，《聯合文學》16 卷 11 期，2000 年 9 月。

27. 陳伯軒，〈含蓄的解答── 論《陳夫人》的空間隱喻與文化歸屬〉，《臺灣文學評論》7 卷 1 期，2007 年 1 月。

28. 陳映真，〈西川滿與台灣文學〉，《文季》1 卷 6 期，1984 年 3 月。

29. 陳康芬，〈歷史記憶的置換── 論西川滿《赤嵌記》中的台灣歷史話語與神話論述〉，《全國研究生文學符號學論文集》，嘉義：南華大學文學研究所，2001 年。

30. 游鑑明，〈日據時期的職業變遷與婦女地位〉，《臺灣近代史》（社會篇），南投：臺灣省文獻委員會，1995 年。

31. 渡邊晴夫，〈日本近現代的掌篇小說〉，《陝西師範大學學報》25 卷 4 期，1996 年 12 月。

32. 黃文鉅，〈官方民族主義與殖民地女性主體的失落── 以庄司總一《陳夫人》為例〉，《臺灣文學評論》7 卷 1 期，2007 年 1 月。

33. 黃美娥，〈二十世紀初期台灣通俗小說的女性形象── 以李逸濤在《漢文臺灣日日新報》的作品為討論對象〉，《台灣文學學報》5，2004 年 6 月。

34. 黃素珍，〈台灣移民書寫一隅：日本農業移民小說論述── 以日據時期女性作家坂口䙥子之移民小說為研究中心〉，《第三屆全國台灣文學研究生學術論文研討會論文集》，台南：國家臺灣文學館籌備處，2006 年 7 月。

35. 黃惠禎，〈楊逵與糞現實主義文學論爭〉，《台灣文學學報》5，2004 年 6 月。

36. 褚昱志，〈殖民地上國族認同的迷思 —— 論庄司總一的《陳夫人》〉，《臺灣觀光學報》4，2007 年 7 月。

37. 蔡錦堂，〈日本治台時期所謂「同化政策」的實像與虛像初探〉，《淡江史學》13，2002 年。

38. 蔡錦堂，〈再論「皇民化運動」〉，《淡江史學》18，2007 年 9 月。

39. 謝柳枝，〈大東亞戰爭下的批判 —— 論庄司總一之《陳夫人》國家原鄉的失落與虛構〉，《台北教育大學集刊》10，2005 年 11 月。

（二）日　文

1. 工藤好美，〈臺灣文化賞と臺灣文學 —— 特に濱田・西川・張文環の三氏について〉，《臺灣時報》279，1943 年 3 月。

2. 下村作次郎，〈1990 年以後の日本における台湾文学のいくつかの特徵〉，《天理大学国際文化学部アジア学科中国語コー》23，2007 年。

3. 川村湊，〈華麗島という鏡 —— 日本近代文学と台湾〉，《早稲田文学》144，1988 年 5 月。

4. 川村湊，〈「植民地」の憂鬱 —— 埴谷雄高と楊逵〉，《社会文学》13，1999 年 6 月。

5. 川村湊，〈移民と棄民 —— 移民文學論序説〉，《國文學・解釈と教材の研究》44（12），1999 年 10 月。

6. 川村湊，〈大衆オリエンタリズムとアジア認識〉，收入《近代日本と植民地 7 —— 文化のなかの植民地》，東京：岩波書店，2001 年 7 月。

7. 犬田卯，〈農民文學と戰後〉，《リベルテ》19，1948 年 11 月

8. 王曉芸，〈坂口れい子の「時計草」を中心に —— 異民族統治への協力〉，《天理台湾学会年報》10，2001 年 3 月。

9. 中村地平，〈旅びとの眼 —— 作家の觀た臺灣〉，《臺灣時報》1939 年 5 月。

10. 中村哲，〈昨今の臺灣文學について〉，《臺灣文學》2 卷 1 期，1942 年 2 月。

11. 中村勝，〈植民統治と「科学以前的生活世界」の思想史的考察 —— 台湾「教化植民地主義」における「理蕃」を中心に〉，《名古屋大院大論集社会科篇》41（4），2005 年。

12. 中脩三，〈臺灣の自然と精神病〉，《臺灣時報》1936 年 10 月。

13. 中島利郎，〈日本統治期台湾文学研究 —— 日本人作家の抬頭 —— 西川滿と「台湾詩人協会」の成立〉，《岐阜聖徳大学紀要・外国語学部編》

44，2005 年。

14. 中島利郎，〈日本統治期台湾文学研究——「台湾文芸家協会」の成立と『文芸台湾』——西川滿「南方の烽火」から〉，《岐阜聖德大学紀要・外国語学部編》45，2006 年。

15. 中島利郎，〈日本統治期台湾文学研究——西川滿論〉，《岐阜聖德学園大学紀要外国語学部編》46，2007 年。

16. 石崎等，〈イラ　フォルモーサの誘惑——佐藤春夫と植民地台湾〉(2)，《立教大学日本文学》90，2003 年 7 月。

17. 北見吉弘，〈大鹿卓の小説における野蛮性崇拜〉，《眞理大學人文學報》3，2005 年 3 月。

18. 北見吉弘，〈坂口れい子が描いた農業移民像に関して〉，《眞理大學人文學報》5，2007 年 4 月。

19. 矢野峰人，〈臺灣文學の黎明〉，《文藝臺灣》5 卷 3 期，1942 年 12 月。

20. 辻義男，〈《牛のゐる村》に就て—台湾の文学のために〉，《台灣公論》8.6，1943 年 6 月。

21. 池田浩士，〈海外進出と文学表現の謎〉，收入藤井省三、黃英哲、垂水千惠等著，《台湾の大東亜戦争——文学・メディア・文化》，東京：東京大學出版社，2002 年 12 月。

22. 西川滿，〈臺灣文藝界の展望〉，《臺灣時報》1939 年 1 月。

23. 池田浩士，〈新體制下の外地文化〉，《臺灣時報》1940 年 12 月。

24. 池田浩士，〈外地文學の獎勵〉，《新潮》7，1942 年 7 月。

25. 池田浩士，〈文藝時評〉，《文藝臺灣》6 卷 2 期，1943 年 6 月。

26. 池田浩士，〈歷史のある臺灣〉，《臺灣時報》1938 年 2 月，收入中島利郎、河原功編，《日本統治期台湾文学日本人作家作品集》1，東京：綠蔭書房，1998 年 7 月。

27. 西川滿、濱田隼雄、龍瑛宗，〈鼎談〉，《文藝臺灣》4 卷 3 期，1942 年 6 月。

28. 竹村猛，〈『南方移民村』近傍〉，《文藝臺灣》5.1，1942 年 10 月。

29. 朱惠足，〈帝國浪漫主義之下的移民開拓先鋒——濱田隼雄《南方移民村》與「内地人」農業移民〉，《南台應用日言學報》3，2003 年 6 月。

30. 坂口䙥子，〈雜草のように〉，《新潮》53（3），1956 年 3 月。

31. 志馬陸平，〈青年と臺灣——文學運動の變遷〉8、9，《臺灣時報》1936 年 11、12 月。

32. 李文茹，〈偽裝アイデンティティ——坂口䙥子「鄭一家」をめぐって〉，《表現と創造》3，2002 年 7 月。

33. 李文茹，〈坂口䙥子の移民小説と戦争協力〉，《天理台湾学会年報》13，2004 年 7 月。

34. 李文茹，〈「蕃人」・ジエンダー・セクシュアリティ —— 眞杉静枝と中村地平による植民地台湾表象からの一考察〉，《日本台湾学会報》7，2005 年 5 月。

35. 阮文雅，〈憧憬與嫌惡的交界 —— 中村地平《熱帶柳的種子》〉，《東吳日語教育學報》2002 年。

36. 阮文雅，〈中村地平「霧の蕃社」 —— 重層的なジレンマ〉，《現代台湾研究》24，2003 年 3 月。

37. 阮文雅，〈中村地平「長耳国漂流記」における台湾観〉，《天理台湾学会年報》12，2003 年 6 月。

38. 和泉司，〈日本統治期台灣文壇における「女誡扇綺譚」受容の行方〉，《芸文学会》83，2002 年 5 月。

39. 和泉司，〈「引揚」後の植民地文學 —— 一九四〇年代後半の西川満を中心に ——〉，《藝文研究》94，2008 年。

40. 岡林稔，〈中村地平と台湾 ——「熱帯柳の種子」をめぐって〉，《社会文学》19，2003 年。

41. 河原功，〈台湾原住民の悲哀 —— 日本文学作品からの鳥瞰〉，《天理台湾学会年報》10，2001 年 3 月。

42. 松風子，〈南島文學志〉，《臺灣時報》1938 年 1 月。

43. 松風子，〈臺灣に於けるわが文學〉，《臺灣時報》1939 年 2 月。

44. 松風子，〈臺灣の文學的過去に就いて〉，《臺灣時報》1940 年 1 月。

45. 星名宏修，〈大東亞文學賞受賞作『陳夫人』を読む〉，《中国文学あれこれ》43，1998 年 3 月。

46. 星名宏修，〈「血液」の政治学 —— 台湾「皇民化期文学」を読む〉，《日本東洋文化論集》7，2001 年。

47. 星名宏修，〈植民地の「混血児」 ——「内台結婚」の政治学〉，收入藤井省三、黄英哲、垂水千恵等著，《台湾の大東亜戦争 —— 文学・メディア・文化》，東京：東京大學出版社，2002 年 12 月。

48. 星名宏修，〈共感の「臨界点」 —— 徳澄晶の作品を読む〉，《野草》73，2004 年 2 月。

49. 星名宏修，〈「兇蕃」と高砂義勇隊の「あいだ」 —— 河野慶彦「扁柏の蔭」を読む〉，《野草》75，2005 年 2 月。

50. 垂水千恵，〈坂口䙥子・その人と作品〉，《日中言語文化比較研究》2，1993 年 10 月。

51. 垂水千恵,〈坂口䙥子インタビュー〉,《日中言語文化比較研究》3,1994年12月。

52. 姚巧梅,〈佐藤春夫の台湾物「女誡扇綺譚」を読む〉,《日本台湾学会報》第3號,2001年5月。

53. 姚巧梅,〈植民地台湾に見る女性像——佐藤春夫「女誡扇綺譚」における沈女と下婢〉,《日本社会文学会》17,2002年。

54. 秋吉收,〈植民地台湾を描く視点——佐藤春夫『霧社』と賴和「南国哀歌」〉,佐賀大学文化教育学部研究論文集8(2),2004年3月。

55. 高橋春雄,〈戦争下における農民文学の位相〉,《日本近代文学》12,1970年5月。

56. 島田謹二,〈臺灣の文學的過現未〉,《文藝臺灣》2卷2期,1941年5月。

57. 島田彌市,〈臺灣の植物〉,《東洋・始政四十年臺灣特輯號》,1935,收入《中國方志叢書・臺灣地區》174號,台北:文成出版社,1985年。

58. 張文薰,〈日本統治期台灣文學における「女性」イメージの機能性〉,《日本台湾学会報》7,2005年5月。

59. 張良澤,〈戦前の台湾に於ける日本文学——西川滿を例として〉,《アンドロメダ》125,1980年3月。

60. 曾田長宗,〈臺灣に於ける内地人の體質變化〉,《臺灣時報》1942年3月。

61. 黃振源,〈濱田隼雄『南方移民村』論〉,《論究日本文学》63,1996年1月。

62. 黃振源,〈濱田隼雄『草創』について——戦争と濱田と『草創』——〉,《文學と教育》31,1996年6月。

63. 黃得時,〈臺灣文壇建設論〉,《臺灣文學》1卷2期,1941年9月。

64. 新垣宏一,〈第二世の文学〉,《臺灣日日新報》1941年6月17、19日。

65. 楊智景,〈旅行記におけるジエンダー・エクリチュール——日本統治初期の植民地台湾〈蕃地〉探檢記から1930年代の山地ものへ——〉,《国文》102,2005年2月。

66. 橋本恭子,〈在台日本人の郷土主義——島田謹二と西川滿の目指したもの〉,《日本台湾学会報》9,2007年5月。

67. 濱田隼雄,〈二千六百一年の春——臺灣文藝の新體制に寄せて〉,《臺灣日日新報》1941年1月3日。

68. 濱田隼雄,〈臺灣文學の春によせて〉,《臺灣日報》1941年3月8日。

69. 濱田隼雄,〈大東亞文學者大會の成果〉,《臺灣文學》3卷1期,1943年1月。

70. 濱田隼雄，〈非文學的な感想〉，《臺灣時報》1943 年 4 月。

71. 濱崎一敏，〈日本における戰時下の文學者たち〉，《長崎大學教養部紀要人文科学篇》38 卷 1 期，1997 年 9 月。

72. 龍瑛宗，〈「文藝臺灣」作家論〉，《文藝臺灣》1 卷 5 期，1941 年 10 月。

73. 鹽見薰，〈坂口れい子の《鄭一家》について〉，《臺灣公論》9 卷 1 期，1944 年 1 月。

74. W，〈皇民化と第二世の問題〉，《臺灣時報》1940 年 11 月。

75. ダグラス・Ｌ・フィックス著，金築由紀譯〈徵用作家たちの「戰爭協力物語」——決戰期の台湾文學〉，下村作次郎等編，《よみがえる台湾文学——日本統治期の作家と作品》，東京：東方書店，1995 年 10 月。

五、學位論文

1. 王昭文，《日治末期台灣的知識社群（1940～1945）——〈文藝台灣〉、〈台灣文學〉、〈民俗台灣〉三雜誌的歷史研究》，清華大學歷史研究所碩士論文，1991 年。

2. 大原美智，《坂口䙺子研究》，成功大學歷史研究所碩士論文，1996 年。

3. 石川香代子，《周金波〈志願兵〉析論》，清華大學中國文學系碩士論文，2004 年。

4. 石婉舜，《一九四三年臺灣「厚生演劇研究會」研究》，台灣大學戲劇學系碩士論文，2002 年。

5. 李文卿，《殖民地作家書寫策略研究——以皇民化運動時期〈決戰台灣小說集〉爲中心》，暨南國際大學中文系碩士論文，2001 年。

6. 邱雅芳，《聖戰與聖女：以皇民化文學作品的女性形象爲中心（1937～1945）》，靜宜大學中文研究所碩士論文，2001 年。

7. 邱雅萍，《從日刊報紙「漢文欄廢止」探究「臺灣式白話文」的面貌》，成功大學台灣文學系碩士論文，2007 年。

8. 柳書琴，《戰爭與文壇——日據末期台灣的文學活動》，台灣大學歷史學研究所碩士論文，1994 年。

9. 郭侑欣，《憂鬱的亞熱帶：郁永河〈裨海紀遊〉中的台灣圖像及其衍異》，靜宜大學中國文學系碩士論文，2001 年。

10. 張春華，《庄司總一〈陳夫人〉身分認同研究》，東吳大學日本語文學系碩士論文，2008 年。

11. 游鑑明，《日據時期台灣的女子教育》，臺灣師範大學歷史研究所碩士論文，1987 年。

12. 游鑑明，《日據時期台灣的職業婦女》，臺灣師範大學歷史研究所博士論

文，1995 年。

13. 黃宗彬，《台灣日治時期文學作品研究 —— 庄司總一之〈陳夫人〉》，中國文化大學日本研究所碩士論文，1999 年。

14. 楊雅慧，《戰時體制下的台灣婦女：日本殖民政府的教化與動員》，清華大學歷史研究所碩士論文，1994 年。

15. 鳳氣至純平，《中山侑研究 —— 分析他的「灣生」身分及其文化活動》，成功大學台灣文學研究所碩士論文，2006 年。

16. 橋本恭子，《島田謹二〈華麗島文學志〉研究 —— 以「外地文學論」爲中心》，清華大學中國文學系碩士論文，2003 年。

17. 陳藻香，《日據時代日人在台作家 —— 以西川滿爲中心》，東吳大學日本文化研究所博士論文，1995 年。

18. 黃素珍，《坂口䙥子小説研究 —— 以日本統期在台期間之小説研究爲中心》，淡江大學日本研究所碩士論文，2006 年。

19. 蔡宗明，《庄司總一の『陳夫人』について》，東吳大學日本研究所碩士論文，1991。